월가 최고의 수익률, 최적의 투자전략

왜 추세추종전략인가

마이클 코벨 지음 | 박준형 옮김

월가 최고의 수익률, 최적의 투자전략

왜 추세추종 전략인가

마이클 코벨 지음 | 박준형 옮김

 이레미디어

영화 〈티파니에서 아침을〉에
이 책을 바친다.

《왜 추세추종전략인가》에 대한 찬사

"까마귀 바비큐 준비를 해야겠다. 마이클 코벨은 트레이딩과 인생에서 성공하기 위해 필요한 간결한 진실들로 월가의 겁 많은 까마귀들을 잡아 꼬챙이에 꿰어버렸다. 폭넓고, 이해관계에 얽히지 않으며, 진실을 그대로 보여줄 뿐 아니라, 인용할 만한 내용이 가득하고, 돈에 관해 정확하게 설명한 책이다."

—찰스 포크너Charles Faulkner, 투자자문

"추세추종기법의 기본적인 내용을 명확하게 전달하기 위해 매우 빠르면서도, 아주 기술적이지는 않으며, 고정관념에 얽매이지 않으려는 노력을 기울인 책이다."

—피터 보리시Peter Borish, 컴퓨터 트레이딩 코퍼레이션Computer Trading Corp 회장 겸 CEO

"추세추종기법의 진실과 전통적 투자 방식의 문제점을 유쾌하게 풀어냈다."

—잭 슈웨거Jack Schwager, 《시장의 마법사들Market Wizards》, 《선물투자기법Schwager on Futures》저자

"마이클 코벨의 《왜 추세추종전략인가》는 추세추종기법의 장점을 직설법적인 화술로 간략하게 설명하면서 실용적인 지혜를 가득 담아냈다. 소장할 만한 가치가 있는 투자 필독서다."

—데이비드 스텐달David Stendahl, 시그널 파이낸셜 그룹Signal Financial Group

"마이클 코벨은 성공적인 추세추종기법의 개념을 쉽게 설명하는 데 있어서 타의 추종을 불허한다.《왜 추세추종전략인가》가 설명한 투자 아이디어를 따라한다면 누구나 성공한 트레이더가 될 수 있다! 우리 사무실에 새로 채용한 직원들에게 이전에 출판된 마이클 코벨의 책과 함께 꼭 읽어야 할 필독서로 추천하고 있다."

—스티브 스주게러드Steve Sjuggerud, 데일리웰스DailyWealth

"투자를 해서 부자가 되길 원하는 모든 이에게 꼭 추천하고 싶은 책이다. 최근 정부의 규제와 금융 및 통화 정책 때문에 금융 시장의 왜곡이 심해졌다. 코벨은 이 조작된 시장 환경 속에서 자신의 바람이나 기대대로 시장이 움직일 거라고 생각해서는 안 되는 이유를 정확하게 설명한다. 펀더멘털을 믿기보다는 단순하게 시장의 추세를 따라야 한다. 꼭 추천하고 싶은 책이다!"

—마크 파버Marc Faber, 마크 파버 리미티드Marc Faber Ltd. 이사,

〈글룸 붐 앤 둠 리포트Gloom Boom & Doom Report〉 편집장

"투자자들은 최근 10년 동안 베어마켓을 두 번이나 겪었다. 이후 시장은 더욱 변덕스럽고 불확실해졌다. 이에 투자자들의 불안은 점점 커지고 있다. 하지만 이 기간은 누구에게는 잃어버린 10년이었지만, 또 다른 누구에게는 기회의 10년이었다.《왜 추세추종전략인가》는 투자자들이 가장 중요한 문제에 집중할 수 있도록 도움을 준다. 상방이건 하방이건 시장의 추세에 주목해야 한다는 것이다. 요즘처럼 빠르게 변화하는 투자시장에서 살아남고 성공하길 바라는 모든 사람을 위한 필독서다."

—짐 펍라바Jim Puplava, PFS 그룹 CEO 겸 수석투자 전략가

"지난 10년 동안 매수 보유 전략으로는 투자 수익을 올리기가 쉽지 않았다. 《왜 추세추종전략인가》는 지금까지 오랫동안 시장의 '진실'이라고 믿어온 모든 것을 의심하라고 주장한다. 미리 경고하는데, 이 책을 읽으면 세상이 다르게 보일 것이다."

—메베인 퍼버Mebane Faber, 캠브리아 투자회사Cambria Investment Management

"투자 경력을 쌓고 싶다면 다른 책은 덮어두고 일단《왜 추세추종전략인가》부터 사서 읽어보라. 그것만으로도 당신의 투자 경력은 시작될 것이다."

—제임스 알투처James Altucher, 포뮬러 캐피털Formula Capital 이사

"《왜 추세추종전략인가》는 심각한 문제를 재미있게 풀어낸 매력적인 책이다. 그중에서도 '비효율적인 시장'은 꼭 읽어보라고 추천하고 싶다. 나는 '중독'을 읽을 때마다 낄낄거리곤 한다. 유머 속에 진실이 숨어 있기 때문이다.

—마크 H. 멜린Mark H. Melin, 《효율적인 선물투자High Performance Managed Futures》저자,

페레그린 파이낸셜 그룹Peregrin Financial Group 펀드매니저

"성공하는 트레이더는 원칙을 지켜야 한다. 그런데 이 책에 소개된 투자 원칙은 단연 최고다. 세계에서 가장 성공한 트레이더들의 규칙이기 때문이다. 내 말뜻을 눈치챘는가? 투자에 성공하려면 이 책에 소개된 원칙을 배우고 적용해야 한다. 나는 이 책에 '×3'이라는 평가를 내리고 싶다. 적어도 3번은 읽어야 한다는 의미다.

—티머시 사이키스Timothy Sykes, 《미국의 헤지펀드American Hedge Fund》저자

"마이클 코벨은《왜 추세추종전략인가》에 "배움을 거부할 정도로 자존심을 내세워서는 안 된다. 나는 그렇지 않다. 경기의 기본을 배우고 지킨다"는 전설적인 골퍼 잭 니클라우스Jack Nicklaus의 말을 인용했다. 이제 막 걸음을 뗀 투자자뿐만 아니라 숙련된 추세추종 트레이더들도 마이클 코벨의《왜 추세추종전략인가》와 코벨의 이전 책들을 통해 배워야 한다. 나는 40년간 추세추종기법을 활용해왔지만 배우기를 거부할 정도로 자존심을 내세우지 않는다."

—제임스 O. 로어바흐James O. Rohrbach, 인베스트먼트 모델즈Investment Models, Inc.

마지막으로 선택할 기회를 주지.
지금이 아니면 돌아갈 수 없어.
파란 약을 먹으면
이야기는 여기서 끝이야.
잠에서 깨어나 마음 내키는 대로 믿으면 돼.
빨간 약을 먹으면
이상한 나라에서 계속 살아야 돼.
토끼굴이 얼마나 깊은지 보여줄게. ❶

---

❶ 〈매트릭스The Matrix〉, 앤디 워쇼스키Andy Wachowski, 래리 워쇼스키Larry Wachowski, 로렌스 피시번Laurence Fishburne, DVD, 워너 브러더스Warner Bros. Pictures, 1999년.

목차

감사의 말

나의 수석 연구원일 뿐 아니라 이 책의 편집을 맡아 준 미셸 생크스 Michelle Sanks에게 특히 감사의 말을 전하고 싶다.

그 외에도 살렘 에이브러햄Salem Abraham, 제임스 알투처James Altucher, 칼라 안셀모Karla Anselmo, 그레그 아발론Greg Avallon, 알라나 옐워드Arlana Aylward, 브라이언 옐워드Brian Aylward, 크리스찬 바하Christian Baha, 브라이언 뱅거터Brian Bangerter, 아이샤 바버Aisha Barber, 제시 바케이시Jesse Barkasy, 스티브 비머Steve Beamer, 마티 버긴Marty Bergin, 피터 보리시Peter Borish, 대니얼 보보Danielle Bourbeau, 팀 보르퀸Tim Bourquin, 짐 보이드Jim Boyd, 제이슨 부랙Jason Burack, 기븐스 버크Gibbons Burke, 스티브 번스Steve Burns, 샌디 브래셔Sandy Brasher, 케빈 브루스Kevin Bruce, 짐 바이어스Jim Byers, 척 케인Chuck Cain, 카비타 체인Kavita Channe, 마이클 클라크Michael Clarke, CME, 제롬 코벨Jerome Covel, 요한나 코벨Johanna Covel, 메리 코벨Mary Covel, 에릭 크리텐든Eric Crittenden, 루크 데이비드Luke David, 게리 데이비스Gary Davis, 레베카 클리어 딘Rebecca Clear Dean, 게리 드모스Gary Demoss, 니케시 드사이Nikesh Desai, 베르나르드 드루리Bernard Drury, 데이비드 드루즈David

Druz, 빌 던Bill Dunn, 가이 에드링턴Guy Edrington, 로빈 에거Robin Eggar, 마틴 에를리히Martin Ehrlich, 데이비드 아이프리그David Eifrig, 빌리 에머슨Billy Emerson, 알리스테어 에번스Alistair Evans, 메베인 파버Mebane Faber, 찰스 포크너Charles Faulkner, 잭 포레스트Jack Forrest, 블랙 프랜시스Black Francis, 데비 갤러허Debbie Gallaher, 케빈 갤러허Kevin Gallaher, 윌리엄 갈와스William Gallwas, 대누자 가트너Danuza Gartner, 제이슨 게를라흐Jason Gerlach, 마르쿠스 저스바흐Marcus Gersbach, 마이클 기븐스Michael Gibbons, 마크 조르맨드Mark Gjormand, 데이브 굿보이Dave Goodboy, 노먼 할렛Norman Hallett, 데이비드 하딩David Harding, 에스먼드 함스워스Esmond Harmsworth, 베시 해리스Betsy Harris, 리카 모넷Rika Monette, 베티 헤논Betty Henon, 브라이언 헐리Brian Hurley, 존 헐리John Hurley, 패트릭 헐리Patrick Hurley, 버지니아 헐리Virginia Hurley, 위더스 헐리Withers Hurley, 브라이언 헌트Brian Hunt, 버키 아이작슨Bucky Isaacson, 마셜 '제이크' 제이콥스Marshall "Jake" Jacobs, 아제이 자니Ajay Jani, 바비 존스Bobby Johns, 존폴 조키어JonPaul Jontheer, 페리 조키어Perry Jonkheer, 샤운 조던Shaun Jordan, 크리스 케처Chris Kacher, 조셉 카발리아우스카스Joseph Kavaliauskas, 실베스타 카발리아우스카스Sylvester Kavaliauskas, 크리스 켐프Chris Kemp, 브레이크아웃 스탁스Breakout Stocks의 켄Ken, 조던 키멜Jordan Kimmel, 마틴 클리츠너Martin Klitzner, 제프 코피워다Jeff Kopiwoda, 데이비드 크레인시스David Kreinces, 크리스털 플랜더Krystal Plandor, 카트리나 쿠르디Katrina Kurdy, 에릭 랭Eric Laing, 브랜든 랭리Brandon Langley,

킴벌리 로베Kimberly Laube, 제프리 레이Jeffrey Lay, 찰스 르보Charles LeBeau, 제즈 리버티Jez Liberty, 린제이 로벨로Lindsay LoBello, 샌디 린 장 Sandy Lyn Truong, 제프 마케Jeff Macke, 알렉스 맨Alex Mann, 에린 마리Erin Marie, 마이클 마틴Micahel Martin, 팔로마 마르티네즈Paloma Martinez, 루 시 마티넨Luci Mattinen, 브라이언 맥휴Brian McHugh, 마크 멜린Mark Melin, 후안 카를로스 멘도자Juan Carlos Mendoza, 토드 밀러Todd Miller, 개레 스 무어Gareth Moore, 길 모랄레스Gil Morales, 제리 멀린스Jerry Mullins, 폴 멀바니Paul Mulvaney, 제레드 머피Jered Murphy, 빅터 니더호퍼Victor Niederhoffer, 데이비드 노트David Nott, 톰 오코넬Tom O'Connell, 매튜 오스 본Mattew Osborne, 미셸 펠레Michelle Pelle, 줄리 파이퍼Julie Phifer, 팀 피커 링Tim Pickering, 짐 프레스톤Jim Preston, 낸시 프레스톤Nancy Preston, 짐 펍라바Jim Puplava, 배리 리솔츠Barry Ritholtz, 로이드 리터Lloyd Ritter, 배 론 로버슨Baron Robertson, 존 로빈슨Jon Robinson, 컬렌 로셰Cullen Roche, 짐 로어바흐Jim Rohrbach, 이안 러머Ian Rummer, 마를렌 산체즈Marlene Sanchez, 미셸 생크스Michelle Sanks, 바버라 슈미츠베일리Babara Schmidt-Bailey, 스티브 세거Steve Segar, 에드 세이코타Ed Seykota, 그렉 셔프니 시Greg Shughnessy, 마이크 셸Mike Shell, 마샤 셰퍼드Marsha Shepard, 스티 브 스주게러드Steve Sjuggerud, 리처드 슬로터Richard Slaughter, 넬 슬로안 Nell Sloane, 알렉스 스피로글로Spiroglou, 데이비드 스텐달David Stendahl, 클린트 스티븐스Clint Stevens, 매튜 스티츠Matthew Stich, 수전 스티츠 Susan Stich, 셀리아 스트라우스Celia Straus, 레오달리스 수아레즈Leodalys

Suarez, 서맨서 슈Samantha Sue, 존 순트Jon Sundt, 티머시 사이크스Timothy Sykes, 래리 텐타렐리Larry Tentarelli, 어브 타워스Irve Towers, 데니스 트랜 Dennis Tran, 프랜시스코 바카Francisco Vaca, 저스틴 밴더그리프트Justin Vandergrift, 로빈 밴더그리프트Robin Vandergrift, 트리시 비안나Trish Vianna, 데이먼 빅커스Damon Vickers, 대니 왈시Danny Walsh, 매트 와즈Matt Waz, 브라이언 웰러맨Bryan Werlemann, 폴 위그더Paul Wigdor, 애디슨 위긴 Addison Wiggin, 콜 윌콕스Cole Wilcox, 브라이스 우달Bryce Woodall, 루시아 나 안토넬로 자비에Luciana Antonello Xavier, 대니얼 요나스Daniele Yeonas, 모니카 요나스Monica Yeonas, 타이 잉Thai Yin, 잭 재너Jack Zaner, 제로헤 지닷컴zerohedge.com에 감사한다.

점화

어떤 일이든 자신의 원하는 대로
이끌어가려고 하지 마라.
다만 순리에 맞게 흘러가길 바라야 한다.
그러면 모든 일이 순조롭게 될 것이다. ❶

온갖 정보가 만들어내는 불협화음으로 정신분열증에 걸릴 지경인
요즘, 높은 투자수익을 올리는 건 어쩌면 불가능한 일인지도 모른다.

"불확실한 경제 상황과 변동성이 커진 시장에서 투자에 어떻게
접근해야 할까?"

"일자리가 사라지고 있다. 개인뿐만 아니라 기업도 지갑을 닫고
있다. 부동산 시장도 심상치 않다."

"금을 사야 할까?"

"앞으로 시장의 방향성은 어떨까?"

"유가가 연일 최고치를 경신하고 있다. 달러 가치는 하루가 다르
게 하락하고 있다. 일본은 아직 지진의 여파를 극복하지 못했다. 올
해 전 세계적으로 각종 선거가 치러진다!"

이 모두가 백색소음이다.

우리는 과거에 비해 훨씬 더 많은 선택권을 갖고 있으나, 한편으로
는 폭발적으로 늘어난 정보의 공격을 받고 있다. 좋아졌다기보다는
아무것도 모르겠다거나 혼란스럽다는 생각이 앞선다. 과거에는 거실
한구석에 놓여 있는 TV가 유일한 바보상자였다. 그런데 이제는 컴퓨
터, 스마트폰, 태블릿PC 등 수많은 바보상자가 존재한다. 사람들은
연예인들뿐 아니라 정치인들의 가십거리를 마치 수혈 받듯 흡수한
다. 지금은 다른 사람 혹은 다른 물건을 통해 대리만족을 느껴도 아
무렇지도 않게 용납할 뿐 아니라 오히려 이를 부추기기까지 하는 관
음증에 빠진 세상이다.

우리의 뇌는 끊임없이 자극을 받고 있다. 그래서 단 몇 초도 집중하
지 못한다. 하지만 최첨단 기계들을 끌어안고서 끊임없이 정보를 얻
는다고 해서 돈 걱정 없이 살 수 있을 만큼 부자가 되는 건 아니다.

쪼들릴 정도로 돈을 아껴 노후를 준비하고, 절대적으로 안전하다는
금에 투자하고, 미리 식량을 저장해두고, 위기에 대비하는 은퇴 계획

을 세우는 것은 해결책이 될 수 없다. 《왜 추세추종전략인가》는 이와 비슷한 계획을 세우고 있는 독자들에게 주는 따끔한 사랑의 매다. 이 책을 읽다 보면 돈에 관한 잔인할 정도의 솔직한 내용이 장맛비처럼 쏟아질 것이다. 서론은 이쯤이면 됐다. 이제 본격적으로 이야기를 시작해보자.

챗바퀴를 도는 햄스터가 될 필요는 없다. "아무리 화가 나도, 나는 어쩔 수 없이 우리 속에 갇혀 있는 쥐에 불과한 현실"은 절대 바꿀 수 없는 기정사실이 아니다.❷

무엇보다 필요한 건 성공을 위한 철학과 전략이다. 단, 자신이 직접 행동에 옮겨 긍정적인 결과를 도출하는 것으로 입증된 철학과 전략이어야 한다. 잠깐 조디 포스터Jodie Foster 주연의 영화 〈콘택트 Contact〉의 한 장면을 살펴보자.

주인공인 앨리Ellie는 은하계에서 외계 생명체가 보내는 신호를 연구하는 과학자다. 그러던 중 '프라이머primer'라는 중요한 실마리를 얻는다. 앨리는 미국의 천문학자 칼 세이건Carl Sagan을 꼭 닮은 영화 속 천재 과학자 S. R. 헤든S. R. Hadden의 도움을 받는다.

헤든: 얼마 전까지도 정신없이 바쁘던 거물들이 외계인들의 신호를 해석하는 21세기 과제를 수행하기 위해서 기를 쓰고 노력하고 있어. 내가 돕는다면 자네도 그 무리에 낄 수 있을 거야.

엘리: 저도 그 무리의 하나인 줄 알았는데요.

헤든: 그렇다고도 할 수 있지만, 지금은 좀 애매한 상태지. 나는 오
랫동안 많은 적을 만들어왔다네. 그래서 이제는 도움을 주고
싶군. 여기 지구인들을 위한 마지막 호의라고나 할까.

엘리: 프라이머를 찾았군요!

헤든: 역시 똑똑하군.

존 W. 헨리John W. Henry는 보스턴 레드 삭스Boston Red Sox 구단주다.
영국의 인기 축구팀 리버풀FCLiverpool Football Club 역시 그의 소유다.
레드 삭스 인수가격은 7억 달러, 리버풀 FC 인수 가격은 4억 7600
만 달러였다. 이렇게 엄청난 돈을 퍼붓고도 헨리의 돈줄은 마를 줄
몰랐다. 그는 어떻게 해서 이렇게 어마어마한 부를 축적할 수 있었
을까?

규칙을 지키고 단호하게 투자한 덕분이었다. 헨리는 미국 알칸사스
지방의 농부였다. 그는 수확량 변화에 따른 리스크를 헤지hedge하기
위해 투자를 시작했다. 그의 오랜 투자 경력에서도 특히 1995년의 사
례는 투기 역사상 한 획을 긋는 사건이었다. 헨리의 투자 전략은 베
어링스 은행Bearings Bank(베어링스는 여왕폐하의 은행Queen's Bank라고 불릴
정도로 영국의 대표적인 은행이다)의 악덕 트레이더 닉 리슨Nick Leeson이
잃은 돈을 얻어내는 것이었다. 당시 리슨은 13억 달러의 손실을 기록
했고, 베어링스 은행은 파산했다. 이 사건으로 리슨의 얼굴은 〈타임
Time〉 표지를 장식했고, 언론은 연일 베어링스 파산에 관한 기사를 보

도했다. 리슨의 실패는 전 세계적으로 떠벌려졌지만 헨리가 그 사건의 승자라는 사실을 아는 사람은 거의 없었다.

헨리는 시스템을 이용하는 추세추종 트레이더systematic trend following다. 그의 성공신화는 철저하게 비밀에 싸여 있었다(필자의 처녀작인《추세추종전략Trend Following》을 참고하길 바란다). 일부 측근만 알고 있는 사실이었는데, 필자는 철저한 조사를 바탕으로 알아낸 사실들을《추세추종전략》에 공개한 바 있다. 영화〈콘택트〉의 천문학자 헤든처럼 헨리의 수익 구조에도 '프라이머'가 있었다. 그것은 바로 자신에 대한 신뢰와 배짱이었다.

투자로 성공하기 위해서는 닷컴 붐 같은 일회성 이벤트가 지나간 후에도 지속적으로 수익을 내야 한다. 1998년 베어마켓처럼 주식시장이 붕괴하고 투자자들의 공포가 만연할 때도 수익을 내야 하고, 시장이 공포에 질려 있지 않은 때는 거대한 추세를 찾아내야 한다. 추세추종기법은 단순한 이론이나 학설이 아니다. 수십 년에 걸쳐 얻어낸 실제적인 증거로 입증된 효율적인 투자기법이다.

투자로 큰돈을 벌려면 파도처럼 밀려오는 시장의 추세를 타야만 한다. 시장에서 돈을 많이 버는 사람은 바로 시장의 추세를 타는 사람들이다. 그런데 여기에 한 가지 문제가 있다. 미래의 추세를 예측하는 것이 결코 쉬운 일이 아니라는 것이다. 확실한 건 추세의 거대한 물결을 제대로 타기만 한다면 지금까지와는 전혀 다른 해변에 도착할 수 있다는 사실뿐이다.

당연하게 들리는 이 논리 덕분에 금융시장은 유동성을 갖는다. 추세추종 트레이더들은 모든 시장에서 동일한 투자 철학에 따라 매매하기 때문이다. 불확실한 통화 시장이건, 정글 같은 개발도상국가의 주식 시장이건 상관없다. 추세추종기법은 시장의 종류와 방향에 개의치 않는다. 영화 〈007 시리즈〉에서 제임스 본드James Bond가 어느 곳에서든 임무를 수행하듯, 시장을 좇을 뿐이다.

베어링스 은행이 파산한 지 20년이 지난 지금도 헨리를 비롯한 추세추종 트레이더들은 지하조직처럼 비밀스러운 금융 세계에서 뛰어난 활약을 보이고 있다. 헨리의 성공도 놀랍지만, 다른 추세추종 트레이더들 역시 뛰어난 실적을 올리고 있다. 데이비드 하딩David Harding, 켄 트로핀Ken Tropin, 루이스 베이컨Louis Bacon, 브루스 코브너Bruce Kovner는 추세추종기법으로 수십억 달러를 벌어들였다.

이들뿐만이 아니다. 추세추종기법을 활용하는 투자 회사들은 간판급 트레이더의 이름을 내세운 적도 없고 언제나 베일에 가려져 있지만, 시장에서 막대한 돈을 긁어모으고 있다. 그중 대표적인 기업으로 선라이즈 캐피털Sunrise Capital, 트랜스트렌드Transtrend, 블루크레스트BlueCrest, 알티스 파트너즈Altis Partners, 애스펙트 캐피털Aspect Capital, 맨 인베스트먼트Man Investments를 들 수 있다. 이들은 조용하면서도 효율적으로 시장에서 수십억 달러의 수익을 내고 있다. 거의 모든 사람이 뮤추얼펀드, 뉴스, 정부 정책이 만들어낸 소문들에 홀려 있는 동안 추세추종 트레이더들은 묵묵히 자신만의 투자 기법을 고수한다.

이들을 영웅이라고 치켜세우려는 게 아니다. 다만 이들의 성공에서 배울 점이 있다는 말을 하고 싶은 것이다.

헨리는 얼마 전 한 인터뷰에서 어떻게 막대한 투자수익을 올릴 수 있었는지에 대한 질문을 받았다.

"제가 돈을 번 게 아니라 수학적 공식이 벌어들인 겁니다. 추세를 쫓다 보니 돈을 벌게 되더라고요."

"달러 가치의 하락을 예측하고 투자하신 건가요?"

헨리의 대답은 엉뚱했다.

"맞아요. 아주 좋아요."

"무슨 말씀이신지 모르겠습니다."

그러자 헨리는 냉소적으로 이렇게 덧붙였다. "독자들도 마찬가지겠죠." ❸

추세추종기법에도 X파일이나 51구역*처럼 음모론이 숨어 있다는 뜻일까? 맞다. 다른 투자자들이 손실을 기록할 때도 추세추종 트레이더들은 수익을 얻는다는 뜻일까? 그렇다. 상당수의 투자자가 요즘 같은 상황이라면 차라리 침대 밑에 돈을 숨겨놓는 게 낫겠다고 생각한다.

---

* 미국 네바다 주에 있는 것으로 알려진 공군 폭격 및 사격 연습장. 소문에 따르면 UFO와 외계인의 시신이 보관되어 있다고 한다-역주

예전에 안전자산이라고 생각되던 모든 것이 이제는 장담할 수 없게 됐다. 부동산 시장이 폭락했다. 주식 시장은 어느 날 상승하는가 싶으면 그다음 날 하락하면서 롤러코스터 장세를 거듭하고 있다. S&P 500지수는 10년 전 그대로다. 10년 전 S&P 500지수를 매수하고 지금까지 기다려온 투자자가 있다면 거의 수익을 내지 못했을 것이다. 닷컴 거품의 붕괴 여파는 여전히 사라지지 않고 있다. 정치인들은 우파 좌파 가릴 것 없이 모두 겁에 질려 있다. 최악의 상황에 대비하기 위해 금에 투자해야 한다고 외치는 사람도 있다.

그렇다고 겁먹지는 마라. 여기 희소식이 있다! 이 책이 투자자들에게 한 줄기 빛이 되어줄 것이다. 이 책은 추세추종기법으로 향하는 비밀의 문을 열어줄 '프라이머'다.

투자에 관한 새로운 생각으로 가득 차 있는 이 책《추세추종이란 무엇인가》는 불확실한 장세에서 투자에 나선 모든 이에게 도움이 될 것이다. 필자가 쓴 이전 책들과는 전혀 다르다. 분위기도 다르고, 스타일도 다르다. 이 책의 목적은 추세추종기법을 누구나 받아들일 수 있도록 좀 더 쉽게 설명하고, 특성보다는 원칙에 더 집중하는 것이다. 누구도 생각하지 못한 내용을 담으려 했고, 그래서 전혀 다른 접근 방법이 필요하다고 생각했다.

비판받지 않는다면, 그만큼 열심히 하지 않고 있다는 뜻이다.

불행히도 대부분의 사람이 투자에 대해 오해하고 있다. 특히 성공한 트레이더가 되기 위한 조건에 대해 말도 안 되는 억측을 한다.

▸ 성공한 트레이더는 특별한 재능을 가지고 있을까?

▸ 성공한 트레이더는 다고나는 게 아닐까?

▸ 성공한 트레이더는 어렸을 때부터 두각을 나타냈을까?

▸ 성공한 트레이더는 남모르는 정보를 알고 있는 건 아닐까?

▸ 성공한 트레이더에게는 시장을 예측하는 능력이 있을까?

▸ 성공한 트레이더는 경제 혹은 경영학을 전공했을까?

▸ 성공한 트레이더는 초기 투자금이 엄청났을까?

절대 아니다.

우리는 왜 모르는 걸까? 순간적인 탐욕이 우리의 취약점이다. 우리는 멀티태스킹이랍시고 이것저것 동시에 찝쩍거리는가 하면, 〈4차원 가족 카다시안 따라잡기Keeping Up with the Kardashians〉* 같은 자극적인 리얼리티 쇼를 즐긴다. 무조건 지금 당장 해야 하고, 좀 더 빨라야 하고, 더 쉬워야 한다. 인내심을 가지라고 했다가는 욕먹기 십상이다.

최신형 아이패드가 있다고 투자가 쉬워질까? 코드 핑크Code Pink나 티 파티Tea Party 같은 정치 집회에 참석한다고 도움이 될까? 하루 종

---

* 카다시안 가족의 이해할 수 없는 일상을 보여주는 리얼리티 쇼. 킴 카다시안(Kim Kardsashian)은 이 쇼 덕분에 일약 스타가 되었다–역주

일 인터넷을 하면 좋을까? 트윗덱TweetDeck＊에 접속하고, 각종 블로그를 검색하고, 최신 HTS프로그램을 쓰면 뭐가 달라질까? 자신이 좋아하는 정치인이 선거에서 당선되면 투자에 도움이 될까? 이집트, 리비아, 미국 정권이 바뀌면 나의 은퇴 후 삶이 달라질까?

'내일은 내일의 태양이 뜨겠지' 라는 건 영화 속에서나 하는 말이다.

인정할 건 인정하자. 이것이 바로 지금 당신의 모습이다. 당신뿐만 아니라 당신의 친구들, 가족들의 모습이다. 《왜 추세추종전략인가》는 평균을 앞서고 싶은 사람들을 위한 책이다. 쉽게 말해 돈을 많이 벌고, 성공하고 싶은 사람들을 위한 책이다. 지금 당장, 더 빨리, 더 쉽게 투자한다고 성공하는 건 아니다. 그건 전략이 아니다. 추세추종 트레이더들뿐만 아니라 누구나 피해야 할 방식이다.

필자는 10년쯤 전에 37시그널스37signals 창업자인 제이슨 프라이드 Jason Fried에게 웹사이트 디자인을 의뢰한 적이 있었다. 이후 프라이드는 웹디자인뿐만 아니라 다양한 웹 프로그램 서비스를 제공했다. 그가 쓴 《똑바로 일하라Rework》를 읽다가 《왜 추세추종전략인가》의 영감을 얻은 건 순전히 우연이었다. 이 책의 시작은 그 책에서 프라

＊ 트위터상에서 일어나는 일을 효율적으로 보여주는 애플리케이션－역주

이드가 던진 질문에서 비롯됐다. "입장을 정리하면 언제나 도움이 된다. 그렇다면 누구를 공략할 것인가?"❹

좋은 질문이다. 여기에 대한 내 대답은? 증권가, 정부, 언론이다. 이 세 가지로부터 벗어나야 한다.

다들 불황이네 경기 침체네 하며 말이 많다. 각종 예측이 끊이지 않는다. 경제학자들마저 전혀 실마리도 찾아내지 못하고 있다. 미국 연방준비위원회Federal Reserve는 각종 정책적 꼼수로 버티고 있다. 이런 분위기에서 이 책은 신선한 충격을 안겨줄 것이다. 《왜 추세추종전략인가》는 '분명히 시장에서 돈을 버는 방법이 있는데 내가 아직 배우지 못한 것일 뿐'이라고 믿는 사람들을 위한 책이다.

사실 투자의 비밀은 알고 보면 놀랄 만큼 단순하다.

유명한 작가인 세스 고딘Seth Godin의 블로그에는 매우 흥미로운 이야기가 소개되어 있다. 한 공학 교수가 보스턴에 있는 40층짜리 건물의 건식벽에 흉직한 검은 얼룩이 배어나오지 않게 해달라는 부탁을 받았다. 수백만 달러를 들여 건식벽을 철거하는 방법까지 고려하다가 마지막으로 이 교수에게 의뢰한 것이었다. 교수는 의뢰를 받자마자 "4만 5000달러면 해결할 수 있겠는데요"라고 말했다. 건물주는 당연히 반색했다. 공학 교수는 동네 건축자재 가게에서 파는 단순한 화학약품의 이름을 적어주고 4만 5000달러를 청구했고, 건물주는 생각했던 것보다 아주 저렴한 비용으로 문제를 해결할 수 있어서 매우 기뻐했다. ❺

《왜 추세추종전략인가》에는 필자가 지난 15년간 어깨너머로 봐온 뛰어난 추세추종 트레이더들의 투자 방식이 담겨 있다. 그 어디에서도 얻을 수 없는 귀중한 경험이고 소중한 지식이다. 필자가 쓴《추세추종전략》과《터틀 트레이딩Complete Turtle Trader》은 10만 권 이상 판매되었다(자랑하겠다는 게 아니라 정확한 사실을 전달하기 위해 밝히는 것일 뿐이다). 필자가 제작한 〈파산: 새로운 아메리칸드림Broke: The New American Dream〉은 대공황 시대를 추세추종기법의 관점에서 설명한 다큐멘터리 영화로, 제작을 위해 10만 마일을 여행했고 총 3년이 소요됐다.

> 추세추종기법은 아무것도 하지 않아야 할 때를 아는 것에서부터 시작된다. 시장이 미친 듯이 소리지르고 있는가? 그렇다면 시장에서 물러나야 한다. 이것이 바로 그 무엇보다 먼저 해야 하는 행동이다.

독자들이 책의 내용에 반박할지도 모르겠다. 하지만 필자의 열정과 조사 결과를 반박하기는 쉽지 않을 것이다. 필자를 신뢰하되, 책 속의 말 한마디 한마디를 꼼꼼하게 확인하면서 읽어주길 바란다. '왜?'라는 의문을 품고 책을 읽어주길 바란다. 책 속의 주장에 문제점은 없는지 찾아내주길 바란다. 만약 문제점을 발견하지 못했다면 그냥 감사편지를 한 장 보내주었으면 한다.

투자에 대한 자신감과 새로운 아이디어를 원하는가? 이 책이 바로 그 해답이다.

주: 《왜 추세추종전략인가》에는 성공 투자를 위해 지켜야 할 계명 외에도 다양한 시각과 다른 투자 방식과의 비교, 비판, 투자 규칙, 실제적인 예가 소개되어 있다. 첫 장부터 순서대로 읽을 필요는 없다. 눈이 가는 데부터 읽으면 된다. 투자 규칙(혹은 진입과 청산에 관한 규칙)에만 집착하지 않도록 하자. 노력, 투자심리, 인내심 등 장기적인 성공을 위한 요소가 배제된다면 절대로 투자에 성공할 수 없다.

❶ 에픽테토스Epictetus, 그리스 철학자.
❷ 스매싱 펌킨스Smashing Pumpkins, 〈불릿 위드 버터플라이 윙스Bullet With Butterfly Wings〉, 《멜론 콜리 앤드 더 인피니트 새드니스Mellon Collie and the Infinite Sadness》 수록곡, 버진 레코드Virgin Records, 1995년 10월 24일.
❸ 스탠 그로스펠드Stan Grossfeld, 보스턴 레드삭스 관계자 인터뷰, 2010년 11월 5일, http://www.boston.com/sports/baseball/redsox/articles/2010/11/05/plane_talk_with_sox_-higher_ups.
❹ 제이슨 프라이드Jason Fried, 데이비드 하이네마이어David Heinemeier, 《똑바로 일하라 Rework》, 21세기북스, 2011년.
❺ 세스 고딘Seth Godin의 블로그, 매 시간 하는 일 vs. 린치핀의 일Hourly Work vs. Linchpin Work, 2010년 6월 9일, http://sethgodin.typepad.com/seth_blog/ 2010/06/hourly-work-vs-linchpin-work.html.

기대

어쩔 수 없이 해야 하는 일이라면
세 가지를 먼저 정하고 시작해야 한다.
'게임의 규칙, 어느 정도 손실을 감수할지,
언제 그만두어야 할지'다. ❶

《왜 추세추종전략인가》는 누구를 위한 책일까? 이 책은 투자의 성공 비책 같은 건 존재하지 않지만 분명 자신이 아직 배우지 못한 무언가가 있을 거라는 생각을 가진 사람들을 위한 책이다. 깡통계좌나, 큰 리스크를 피하면서 가능한 한 많은 돈을 벌고 싶은 사람들을 위한 책이다. 투자 자산의 규모, 나이, 성별을 막론하고 모든 투자자

공포는 투자 자산을 파괴하지 않는다. 과거의 비생산적인 투자로 초래된 손실의 정도를 노출시킬 뿐이다. ❷

와 트레이더를 위한 책이다. 추세추종 트레이더들의 사고방식과 뛰어난 수익에 매료된 사람들을 위한 책이기도 하다. 그 외에 또 다른 이유가 있다면 그것도 좋다.

이 책에 '마법의 공식'이 들어 있어서 아무런 노력을 하지 않아도 무조건 부자로 만들어주는 것은 아니다. 금은보화로 가득찬 보물 단지를 얻으려면 책을 읽는 것 외에도 많은 노력이 필요하다. 하지만 적어도 이 책에 담겨 있는 상세한 정보는 독자가 자신이 맞서고 있는 상대를 알게 해줄 것이다.

> 묘사하고, 설명하고, 예측하고, 통제하려는 노력은 아무리 바보 같아 보여도 절대 잘못된 게 아니다. 아니, 바보가 되어도 상관없다. 그게 인간의 본성이다. [3]

정부, 증권가, 언론이 만들어낸 요새는 투자자들의 피를 말리는 거대한 성벽이다(핑크 플로이드Pink Floyd의 〈더 월The Wall〉을 떠올려보라). 이들은 독자들이 이 책의 내용을 이해하거나 여기에 따라 행동하는 것을 결코 원하지 않는다. 자신들이 권력과 돈을 잃게 될 것이기 때문이다. 그 어느 것도 잃고 싶지 않은 이들은 그래서 투자자들을 더욱 옥죄곤 한다. 부자가 되려면 한바탕 전투를 치러야 한다. 명심하라.

---

❶ 중국 속담.
❷ 존 밀스John Mills, 《신용 사이클과 상업적 공포의 기원On Credit Cycles and the Origin of Commercial Panic》 맨체스터Manchester: 맨체스터 통계학회Manchester Statistical Society, 1867년.
❸ 켄트 틴Kent Thune, 《순진한 과학과 금융 시장의 본성Naive Science and the Nature of Financial Markets》, 2011년 2월 2일, http://www.thefinancialphilosopher.com/2011/02/understanding-markets-nature-not-naivety-or-narcissism.html.

용어

고객에게 무엇을 원하느냐고 물으면,
대답은 언제나 '더 빠른 자동차'다. ❶

본격적인 논의에 들어가기 전에 독자들의 혼란을 방지하기 위해 월가에서 즐겨 언급하는 용어들을 정의할 필요가 있을 것 같다. 증권가의 양복쟁이들은 온갖 어려운 용어를 사용해 투자자들을 혼란스럽게 만들곤 한다. 용어에 속지 말자.

CTAcommodity trading adviser: 원자재 선물을 매매하는 펀드 매니저를 지칭하기 위해 미국 정부가 사용하는 용어다. 성공한 CTA는 대부분 추세추종기법을 활용한다. 언론에 정확하게 보도되지 않는 대상 중 하나다.

선물관리Managed Futures: 고객들이 맡긴 돈을 원자재 선물에 투자하는 펀드매니저를 뜻한다. 월가에서 사용되는 끔찍한 용어 중 하나다. 매매 대상이이 선물인 건 맞지만 선물을 관리하는 전략을 활용하지는 않는데도 '선물관리'라고 부르기 때문이다. 투자자들이 모르는 더러운 진실은 이들 역시 추세추종기법을 활용한다는 것이다. CTA와 혼용해서 사용되기도 한다. 유명한 라디오 프로그램 진행자이자 작가인 데이브 램지Dave Ramsey는 이렇게 말했다. "선물관리는 모순적인 단어다. 선물을 관리하는 게 아니라 미래 가격에 베팅하는 것일 뿐이기 때문이다. '금, 석유, 밀 등의 원자재의 가격이 앞으로 어떻게 될 것인가?' 이를 추측하고, 그 추측을 관리하는 것일 뿐이다. 선물관리라는 용어는 말장난에 불과하다!"❷《왜 추세추종전략인가》를 읽으면 이 말을 이해할 수 있을 것이다. 부자가 되려면 지금까지의 사고방식을 완전히 바꾸어야 한다.

극초단타매매High Frequency Trading: 최근 골드만삭스Goldman Sachs가 도입한 매매 방식으로, 매매까지 걸리는 시간의 길이와는 전혀 상관 없다. 다만 속도와 접근성으로 수익을 추구하는 기법이다. 일반 투자자

> 시장이 움직일 때, 월가의 애널리스트들은 그 이유를 알아야 할 것 같은 충동에 사로잡히는데, 이들이 하는 말은 거의 대부분 쓸모가 없다.

들은 사용하지 않는 방법으로(골드만삭스가 하는 방식을 그대로 따라할 생각이라면 또 모르겠다), 크게 신경 쓸 필요는 없다.

글로벌 매크로 Global Macro **혹은 시스터매틱 글로벌 매크로**Systematic Global Macro: 추세추종 트레이더들을 간접적으로 지칭하는 용어 중 하나다. 선물관리나 헤지펀드, 글로벌 매크로는 모두 추세추종 트레이더다. 리히텐슈타인공국이나 사우디아라비아 거부들이 안전을 위해 선호할 만한 방식이다. 물론 추세추종기법을 활용한다.

헤지펀드Hedge Fund: 일종의 뮤추얼펀드지만 시장의 상승뿐 아니라 하락 시에도 매매가 가능하며, 상당수의 헤지펀드가 레버리지로 롱-온리 포지션을 구축하는 끔찍한 트레이딩 전략을 활용한다. 신문에서 보도된 것처럼 대단한 건 아니다. 개중에는 굉장한 수익을 올리는 헤지펀드도 있는데, 이들 중 대다수가 시스템을 바탕으로 하는 추세추종기법을 활용하고 있다.

롱-온리 포지션 Long Only Position: 시장이 언제나 상승한다고 믿고 매수 포지션만을 구축하는 전략이다.

매입 보유 전략 Buy and Hold: 롱-온리 포지션과 비슷하다.

인덱스 투자 Index Investing: S&P 500 등 인덱스 펀드로 수익을 내려는 투자 기법이다.

가치투자Value Investing: 펀더멘털fundamentals 분석으로 저평가된 종목을 찾아내 투자하는 방법이다. 다시 말해 싼 주식을 매수하는 것이다(물론 종목은 투자자의 주관적인 판단에 따라 달라진다). 최악의 상태가 벌어지더라도 펀더멘털이 좋은 기업이라면 일단 살리고 보는 정부 덕분에 구제금융을 기대할 수 있다.

계량적 분석 Quant: 매매 결정을 내릴 때 시장 상황이나 펀더멘털에 의존하는 대신 공식이나 규칙을 활용하는 것이다. 정확한 계량적 분석이 이루어지기 전까지는 아무것도 모른다고 판단한다. 추세추종기법은 계량적 분석을 활용한다.

지속적인 알파수익 창출 Repeatable Alpha: 알파수익은 매매 기술로 벌어들인 수익을 뜻한다. 일례로 S&P 500 인덱스 펀드에 투자해서 번 돈은 알파수익이 아니다. 기술을 활용하지 않았기 때문에 이는 베타수익이라고 한다. 추세추종기법이 지속적인 알파수익을 창출하고 있다는 사실은 반박하기 쉽지 않다.

베타수익Beta: 인덱스에 투자해 시장의 평균만큼 수익을 올리는 방법으로, 별다른 투자 기술을 필요로 하지 않는다. 원숭이가 아무 생각 없이 벽에 붙어 있는 과녁에 다트를 던져 맞히는 것을 생각해보라. 딱 그 정도의 기술이 요구되는 투자 방식이다.

롱 포지션 Long: 주식 혹은 선물을 매수하는 것이다.

숏 포지션 Short: 주식 혹은 선물이 하락하더라도 수익을 창출하는 능력을 뜻한다.

영화 〈스타트렉Star Trek〉에 나오는 발칸족Vulcan은 신체 접촉을 통해 다른 사람의 생각, 경험, 기억, 지식을 공유한다.

S&P 500: 미국 대형주의 가치를 반영한다. 1957년 처음 발표되었으며, 미국 500대 기업으로 구성되어 있다.

이동평균Moving Average: 다양한 목적으로 계산되지만, 주로 시장의 가격에 적용된다. 단기적인 변동성을 완화시켜 장기적인 추세를 파악하는 데 활용된다.

ATRAverage True Range: 'http://en.wikipedia.org/wiki/Average_True_Range'를 한 번만 읽어보면 충분히 이해할 수 있을 것이다.

---

❶ 헨리 포드Henry Ford.

❷ http://www.foxbusiness.com/personal-finance/2011/04/05/quetionable-investment.

추세추종 트레이더들은
돈을 얼마나 벌었을까?

우리가 어느 방향으로 향하고 있는지 알 수 있는 방법은 없다. 우리가 어느 방향으로 노를 저어가고 있는지, 강이 어느 방향으로 흐르고 있는지 알 수 없다. 비가 내릴까? 눈이 내릴까? 폭풍이 불어닥치진 않을까? 한 줄기 빛도 보이지 않는 캄캄한 어둠 속이다. 위험은 더욱 커져만 간다. 지옥불이 활활 타오르고 있는 건 아닐까? 죽음의 신이 기다리고 있는 건 아닐까? 그래, 위험은 더욱 커져만 간다. 노를 젓는 사람들이 계속 노를 젓고 있기 때문이다. 그리고, 속도를 늦출 기미는 전혀 보이지 않는다! ❶

'추세추종기법에 낭만적인 구석이라고는 전혀 없다'고 말하는 이들이 있다. 하지만 꼭 그런 것만도 아니다. 수익이 낭만적이기 때문이다! 투자의 궁극적인 목표는 결국 돈이다.

어느 대학이나 금융 수업 시간에는 투자 수익률 자료를 기본 교재로 활용한다. 다른 과목은 오리엔테이션 때 강의 계획표와 참고 도서 목록을 나누어주지만, 금융 수업 시간에는 추세추종 트레이더들이 기록한 투자 실적 자료가 적혀 있는 종이를 나누어준다. 사실 학기 내내 투자 실적 자료만 공부해도 모자랄 정도다. 시스템을 이용하는 추세추종 트레이더들의 성과를 정확하게 판단하기 위해서는 기본적인 기준이 요구되는데, S&P 500지수를 이용해 이들이 시장에서 벌어들인 돈으로 판단하곤 한다. 반대 의견도 있지만, 그래도 가장 적절한 비교 기준이다.

그렇다면 지난 30년간 가장 돈을 많이 번 추세추종 트레이더들은 누구일까? 이들이 벌어들인 돈은 어느 정도일까? 유명 추세추종 트레이더들의 수익을 살펴보자.

- ▶ 브루스 코브너Bruce Kovner의 재산은 41억 달러가 넘는다. ❷
- ▶ 존 헨리John W. Henry의 재산은 8억 4000만 달러다. ❸
- ▶ 빌 던Bill Dunn은 2008년에만 8000만 달러를 벌었다. ❹
- ▶ 마이클 마커스Michael Marcus는 초기 투자금 3만 달러를 8000만 달러로 만들었다. ❺
- ▶ 데이비드 하딩David Harding의 재산은 6억 9000만 달러가 넘는다. ❻
- ▶ 에드 세이코타Ed Seykota는 12년 만에 5000달러를 1500만 달러로 만들었다. ❼

- ▶ 케네스 트로핀Kenneth Tropin은 2008년에만 1억 2000만 달러를 벌었다. ❽

- ▶ 래리 하이트Larry Hite는 30년에 걸쳐 수백만 달러를 벌고, 또 다시 수백만 달러를 벌었다. ❾

- ▶ 루이스 베이컨Louise Bacon의 재산은 17억 달러다. ❿

- ▶ 폴 튜더 존스Paul Tudor Jones의 재산은 30억 달러다. ⓫

- ▶ 트렌스트렌드Transtrend는 추세추종기법을 활용하는 펀드로 수십억 달러까지는 아니더라도 족히 수억 달러가 넘는 수익을 벌어들였다.

- ▶ 추세추종기법을 활용하는 투자기업 맨 그룹Man Group이 매매하는 자산의 규모는 686억 달러에 달한다. ⓬

추세추종 트레이더들의 실적을 대표하는 바클레이즈 CTA 지수 Barclays CTA Index는 1980년 1월부터 2008년 12월까지 2805%의 수익률을 기록했다. 연평균 12.2%에 해당한다. 2010년 현재 바클레이즈 CTA 지수에는 총 533명의 트레이더가 포함되어 있다.

"타의 추종을 불허할 만큼 성공한 트레이더들을 칭찬해대서 어쩌

관리하고 있는 자산의 규모가 크다고 해서 혹은 막대한 재산을 축적했다고 해서 무조건 훌륭한 트레이더라고 말할 수는 없다. 하지만 추세추종 트레이더들이 시장에서 상당한 신뢰를 얻고 있는 건 부정할 수 없는 사실이다.

자는 거지? 그게 나랑 무슨 상관이야?"라고 생각할지도 모르겠다. 이
렇게 쟁쟁한 트레이더들의 이름을 나열하는 이유는 단 한 가지, 이들
이 바로 추세추종기법의 성과를 보여주는 증거이기 때문이다. 이들
은 추세추종기법으로 얼마나 많은 돈을 벌 수 있는지 정확하게 보여
주는 산 증인들이다. 지난 40년에 걸친 추세추종 트레이더들의 기록
을 상세히 살펴보자.

〈차트 1〉 빌 던의 투자 실적

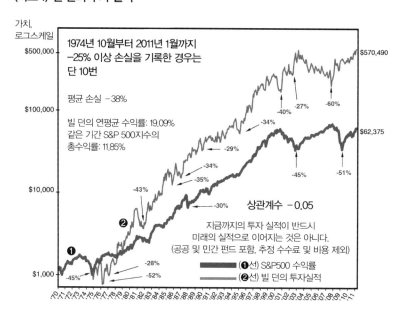

백문이 불여일견이다. 차트는 그 어떤 말보다 효과적으로 추세추종
기법의 우수성을 보여준다. 이외에도 많은 추세추종 트레이더가 지

〈차트 2〉 마크 왈시|Mark J. Walsh(2세대 터틀 투자자)의 월별 수익률

	1월	2월	3월	4월	5월	6월	7월	8월	9월	10월	11월	12월	연평균 수익률
2010	-2.49%	-4.27%	-1.29%	-2.11%	11.06%	2.73%	2.38%	4.92%	10.76%	10.08%	-4.86%	9.11%	39.91%
2009	-5.07%	-3.35%	-0.78%	-1.81%	8.87%	-4.27%	-1.24%	-1.25%	-1.85%	-8.28%	6.42%	-8.04%	-19.97%
2008	13.86%	19.55%	-10.03%	5.85%	3.98%	6.95%	-8.97%	3.44%	-1.71%	7.62%	2.27%	2.35%	50.30%
2007	2.42%	2.36%	-4.42%	4.27%	-1.42%	3.39%	-0.50%	-2.54%	11.30%	-5.08%	5.38%	3.66%	19.17%
2006	1.93%	-5.84%	4.43%	23.68%	2.26%	10.21%	-6.76%	0.66%	-3.96%	2.72%	9.85%	-10.93%	-5.17%
2005	8.13%	8.73%	3.81%	-4.27%	3.98%	0.03%	-4.63%	5.77%	1.73%	-3.91%	7.26%	-3.10%	-3.50%
2004	5.85%	8.19%	4.09%	-6.87%	-0.41	-5.33%	3.20%	-0.47%	2.12%	4.85%	8.81%	-4.70%	19.37%
2003	5.66%	4.35%	-12.40%	1.77%	9.74%	-4.18%	-0.06%	0.40%	7.12%	1.79%	-4.94%	3.56%	11.32%
2002	-6.57%	-3.63%	3.16%	-3.49%	10.10%	19.98%	12.46%	1.42%	8.19%	-9.70%	-2.89%	17.23%	46.46%
2001	0.88%	-3.67%	12.14%	-8.69%	-4.52%	-3.24%	-0.09%	7.19%	7.06%	3.76%	-9.61%	-3.78%	-4.88%
2000	0.92%	-3.34%	1.83%	1.12%	5.23%	2.56%	-2.19%	5.03%	-4.66%	-0.34%	6.10%	22.84%	37.92%
1999	-2.96%	16.10%	-7.88%	0.88%	-2.25%	-1.75%	0.87%	-8.04%	7.03%	-16.21%	1.80%	-3.01%	-17.39%
1998	5.61%	4.64%	-7.14%	-11.09%	2.82%	3.43%	-2.73%	40.83%	12.85%	-1.81%	0.58%	-5.33%	40.24%

〈차트 3〉 데이비드 드루즈David Druz의 월별 수익률

	1월	2월	3월	4월	5월	6월	7월	8월	9월	10월	11월	12월	연평균 수익률
2010	-1.63	-3.23	4.88	2.26	-2.40	3.24	-0.54	-3.65	19.98	18.27	9.23	10.55	68.90
2009	0.30	-1.12	-8.39	-2.65	15.67	-3.40	5.33	10.29	-1.99	-1.49	10.46	-1.98	20.00
2008	8.09	21.39	-7.18	0.14	2.05	6.78	-12.30	-1.64	-1.55	26.62	1.38	1.98	48.35
2007	-6.33	-1.68	-7.15	8.58	-0.61	6.76	-1.66	-10.49	26.03	3.69	-7.52	1.91	6.84
2006	16.31	-6.10	6.94	15.83	1.00	-2.61	-10.06	4.52	-4.15	-0.28	8.02	-3.79	24.26
2005	-4.20	1.12	-3.78	-3.03	4.16	-0.47	-3.80	6.90	0.71	-4.01	9.14	5.22	6.98
2004	4.51	14.38	1.44	-18.94	-7.83	-7.31	6.49	-3.17	5.98	4.00	12.75	0.39	8.04
2003	10.47	9.08	-7.41	4.31	6.11	-6.42	-7.00	0.34	1.71	12.69	-2.04	6.75	29.26
2002	-5.52	0.90	-0.43	-3.55	9.82	9.78	3.65	4.48	3.59	-3.01	2.27	9.58	34.58
2001	-1.79	2.46	13.89	-7.74	3.04	3.61	-3.37	1.99	5.29	8.13	-9.62	1.55	16.26
2000	3.82	-0.18	-4.05	1.34	8.37	-3.59	-1.20	3.46	-1.01	4.57	9.67	8.64	32.74
1999	-12.38	1.98	-8.81	4.56	-9.82	-1.91	0.93	2.77	5.24	-14.95	2.85	3.21	-25.74
1998	-1.63	-4.06	-2.24	-4.47	3.80	5.11	-0.97	18.34	-1.82	-1.94	-6.00	11.03	13.23
1997	10.50	9.17	-1.09	-5.72	8.00	-11.57	14.29	4.03	4.68	-2.06	0.08	5.10	37.75
1996							-8.39	4.68	9.63	10.13	9.17	-6.43	36.07

42

	1월	2월	3월	4월	5월	6월	7월	8월	9월	10월	11월	12월	연평균 수익률
1995	-7.78	2.33	16.84	6.61	12.27	2.46	-8.18	-5.91	-3.06	2.17	6.47	34.82	66.06
1994	-14.33	-14.53	-0.68	0.16	10.39	0.82	-5.71	-8.34	4.15	3.82	16.43	2.94	-9.20
1993	0.87	15.21	-7.68	-0.10	6.00	6.20	17.40	5.75	-6.69	-4.53	5.75	4.93	48.08
1992	-6.55	-10.29	-1.80	12.15	-2.29	17.82	17.05	7.17	-0.22	-5.10	2.98	-6.34	21.78
1991	-19.09	-4.71	4.69	-6.51	-5.08	8.29	-5.96	-10.11	4.25	2.62	-1.95	27.58	-12.26
1990	6.01	7.62	7.67	9.56	-9.23	5.49	16.26	10.78	18.20	3.52	1.29	-4.49	96.46
1989	1.30	-9.37	3.74	-10.69	20.27	-11.22	3.85	-11.94	-1.46	-26.02	3.81	11.39	-29.98
1988	-4.58	4.97	-11.75	-21.37	22.55	71.56	-10.03	3.71	1.50	-3.14	5.68	5.06	48.83
1987	-0.65	-5.08	-0.72	63.28	9.50	-6.93	10.98	-10.46	0.75	-13.38	13.89	12.05	72.39
1986	1.93	33.74	0.23	-11.98	-4.52	-15.24	4.03	2.49	-19.08	-19.45	-6.30	8.19	-31.43
1985	-1.39	-2.95	1.10	-1.44	-1.81	-7.37	28.33	2.76	-11.68	14.37	-0.81	-6.61	7.03
1984	-3.47	-8.69	-0.79	-4.05	12.41	-1.71	16.59	-4.68	2.62	-4.94	-3.87	3.81	0.30
1983	5.13	2.06	-6.92	-0.84	18.65	-18.61	6.02	30.98	-7.11	5.73	-11.36	3.23	19.34
1982	7.51	4.74	7.36	-0.34	1.47	5.74	-3.73	17.39	14.70	-8.39	-4.44	-11.16	30.32
1981							-2.63	8.22	-2.06	-4.20	15.00	2.42	16.46

〈차트 4〉 알티스 파트너즈의 월별 수익률

	1월	2월	3월	4월	5월	6월	7월	8월	9월	10월	11월	12월	연평균 수익률
2010	-2.50%	1.19%	4.93%	0.45%	-4.37%	-3.69%	0.01%	6.69%	2.94%	4.18%	-3.69%	5.62%	11.48%
2009	-3.21%	0.18%	-2.38%	-1.64%	2.47%	-3.23%	-0.31%	1.84%	2.13%	-5.22%	3.86%	-2.86%	-8.48%
2008	-4.31%	22.21%	-7.22%	-1.81%	10.57%	13.99%	-17.45%	-7.43%	9.05%	23.22%	3.74%	6.22%	51.91%
2007	2.13%	-3.91%	-4.58%	7.02%	3.10%	9.43%	-5.78%	5.23%	8.71%	9.19%	-4.06%	4.21%	19.85%
2006	7.51%	5.63%	7.16%	13.12%	0.37%	4.75%	-5.49%	4.64%	0.69%	2.17%	3.56%	4.08%	28.90%
2005	-2.39%	-4.41%	3.27%	-3.56%	0.47%	2.31%	4.79%	4.79%	13.02%	-4.52%	14.03%	-0.81%	28.02%
2004	6.19%	14.55%	-0.10%	-11.03%	-5.25%	-4.22%	2.03%	-5.36%	2.72%	2.77%	-1.41%	0.00%	-1.38%
2003	10.12%	7.80%	-9.51%	5.35%	5.77%	-3.31%	-5.83%	-3.92%	-1.44%	13.07%	1.04%	6.45%	25.52%
2002	-3.18%	0.18%	-6.31%	3.54%	1.87%	7.64%	3.65%	5.21%	10.50%	-4.47%	2.42%	8.11%	31.49%
2001							-0.01%	2.70%	6.02%	5.78%	-6.25%	0.30%	8.29

〈차트 5〉 하워드 시들러Howard Seidler(터틀 투자자)의 월별 수익률

	1월	2월	3월	4월	5월	6월	7월	8월	9월	10월	11월	12월	연평균 수익률
2010	-1.66	0.96	1.96	2.86	-5.91	0.04	0.52	0.79	6.27	5.11	-1.72	2.23	11.44
2009	1.07	0.22	-0.79	0.33	5.68	-0.59	2.18	4.34	3.06	-0.54	4.02	-0.33	20.01
2008	8.24	18.33	0.28	1.09	3.94	2.78	-4.87	-2.12	-0.84	2.09	3.77	0.33	36.12
2007	-4.35	2.84	-2.87	-1.41	0.08	5.15	6.13	-10.73	15.57	8.34	9.06	7.78	38.54
2006	7.79	0.67	-0.54	15.27	3.79	-3.31	-5.14	-1.54	0.68	-2.67	6.94	-10.15	9.79
2005	-5.93	-1.69	3.85	-9.55	6.54	-3.67	-8.97	-2.89	-2.21	1.47	6.05	7.54	-10.81
2004	??	??	??	?	?	6.29	-5.93	0.63	4.11	-0.77	10.99	-1.80	4.76
2003	15.21	3.87	-11.59	8.85	19.11	-3.69	1.43	1.20	12.04	21.16	-8.70	12.34	88.81
2002	-4.32	-8.51	7.89	-15.01	14.39	16.58	10.60	1.50	12.61	-9.14	-20.54	11.89	9.31
2001	-3.61	-1.52	-2.87	-3.20	-0.42	4.91	8.71	-2.68	1.29	19.21	-11.17	8.11	14.39
2000	-0.26	8.01	0.68	-7.50	7.09	2.50	1.67	3.34	-1.24	-10.38	16.45	17.55	40.18
1999	4.35	-1.37	-3.48	9.50	-16.15	3.96	-0.92	23.01	7.23	-5.87	5.91	0.80	24.53
1998	1.30	-4.55	-3.27	-7.84	-0.05	-6.06	0.77	47.13	12.24	2.19	-5.56	-2.82	26.31
1997	6.83	19.29	12.09	-8.24	-7.10	4.23	10.49	-23.15	19.32	-16.04	-4.69	3.56	6.56
1996	-5.59	-13.44	-21.65	44.99	-30.54	11.65	-0.40	0.97	30.63	37.01	10.66	-17.53	18.26
1995	-25.79	-8.54	38.90	7.36	-13.59	3.70	-34.45	-19.52	-6.98	-4.91	6.80	19.39	-46.04
1994	-16.98	-22.70	11.59	-17.90	41.14	37.85	17.52	-11.67	13.99	22.30	15.43	26.96	142.60
1993											9.47	27.47	39.54

〈차트 6〉 톰 섕크스Tom Shanks(터틀 투자자)의 월별 수익률

	1월	2월	3월	4월	5월	6월	7월	8월	9월	10월	11월	12월	연평균 수익률
2010	1.08	4.31	-1.25	6.87	0.73	4.53	5.68	6.52	8.94	5.17	-6.70	11.79	57.61
2009	-0.53	-3.08	-9.51	-13.63	15.69	-6.58	-2.83	1.35	5.50	-3.17	20.91	-14.50	-15.31
2008	23.53	11.12	0.20	0.32	4.57	-5.19	-6.98	19.38	6.28	15.46	-0.61	6.03	96.45
2007	-1.72	-6.77	-7.26	2.74	2.77	2.05	11.78	-2.62	25.62	-11.73	4.85	3.98	20.48
2006	2.04	-15.11	-3.63	26.13	-1.36	-1.99	-11.36	2.14	-9.35	-1.43	21.15		-0.24
2005	-8.83	15.63	-2.09	-10.20	7.11	0.79	-2.06	4.91	-8.57	-4.92	1.40	11.67	1.21
2004	1.30	6.15	-0.87	-8.66	-2.01	-5.86	-4.39	3.95	-3.28	1.48	8.20	-3.86	-8.86
2003	3.52	5.48	-15.81	5.05	17.28	4.28	1.52	2.06	4.34	-1.19	-8.54	10.57	27.59
2002	-4.97	-13.18	17.07	-8.14	9.06	15.04	17.03	3.45	4.78	-7.95	-4.47	9.82	36.37
2001	2.31	3.??	2.23	6.21	0.11	0.14	11.41	15.06	10.39	11.09	-7.12	-1.18	22.76
2000	4.71	-1.46	-4.68	-9.80	5.11	-4.80	-13.50	14.61	-8.51	-3.43	15.01	39.51	24.76
1999	-3.47	7.25	4.74	1.56	-5.55	6.11	-7.05	-8.89	-6.54	-15.41	7.26	-4.81	-24.55
1998	14.31	-0.84	-6.65	-19.50	-1.66	-3.86	-6.24	80.29	5.48	-8.16	0.92	7.99	43.72
1997	10.73	10.71	13.78	-10.38	6.86	-1.47	26.07	-16.63	6.84	1.30	0.95	14.80	73.51
1996	-2.80	-7.30	-13.60	10.40	-9.10	-3.30	-8.89	-5.20	8.10	27.70	9.10	-26.30	-27.57
1995	-28.65	2.14	11.08	-4.42	8.78	-2.38	-11.32	14.48	-2.63	-8.72	0.76	23.34	-7.86
1994	-17.64	0.63	19.56	-6.11	17.96	24.00	-7.12	-16.63	22.37	-17.58	21.50	-13.67	11.48
1993	3.03	11.01	4.24	30.97	4.87	10.80	15.30	5.42	-6.13	2.65	-5.96	7.22	114.26
1992	-22.18	-13.61	6.67	-6.82	-2.91	18.10	11.18	13.20	20.40	5.90	2.08	-6.59	17.24
1991	+0.07	-7.14	13.52	-12.86	-9.17	12.43	-14.19	-9.18	9.69	-5.87	0.42	54.28	-29.92
1990	0.90	19.65	12.83	30.52	-10.10	11.64	34.75	21.87	37.93	-1.23	-5.54	-6.49	252.61
1989	-19.40	-14.20	20.26	-8.01	51.65	3.69	-10.28	-21.02	0.06	-20.06	33.40	73.30	57.63
1988											-7.40	21.00	12.05

46

〈차트 7〉 2008년~2010년 선라이즈 캐피털의 성공 투자사례

2008	2009	2010
난방유 – 롱 포지션	구리 – 롱 포지션	면화 – 롱 포지션
파운드/스위스프랑화 – 숏 포지션	금 – 롱 포지션	금 – 롱 포지션
면화 – 숏 포지션	나스닥 지수 – 롱 포지션	커피 – 롱 포지션
S&P 500지수 – 숏 포지션	아연 – 롱 포지션	싱가포르달러 – 롱 포지션
원유 – 롱 포지션	오스트레일리아달러 – 롱 포지션	금 – 롱 포지션
니켈 – 숏 포지션	설탕 – 롱 포지션	은 – 롱 포지션
유로/파운드화 – 롱 포지션	S&P 500지수 – 롱 포지션	대두박 – 롱 포지션
닛케이Nikkei 투자 1 – 숏 포지션	가솔린(인도분 휘발유Rbob) – 롱 포지션	남아프리카 공화국 랜드Rand화 – 롱 포지션
닛케이 투자 2 – 숏 포지션	뉴질랜드달러 – 롱 포지션	대두 – 롱 포지션
구리 – 숏 포지션	원유 – 롱 포지션	일본 엔화 – 롱 포지션
유로지수Euro Stoxx – 숏 포지션	유로지수 – 롱 포지션	아연 – 롱 포지션
원유 – 숏 포지션 ⑬	브렌트유 – 롱 포지션 ⑭	구리 – 롱 포지션 ⑮

난 40년간 뛰어난 실적을 기록했다. 또 다른 추세추종 트레이더 폴 멀바니Paul Mulvaney(멀바니 캐피털Mulvaney Capital)가 지난 5년간 기록한 투자 실적은 다음과 같다.

추세추종 트레이더들은 큰 수익을 벌어들일 만한 배짱이 없는 고객들의 요구 때문에 최선의 결과를 도출하지 못하곤 한다.

2010년: 34.90%

2009년: -5.89%

2008년: 108.87%

2007년: -23.14%

2006년: 21.94% [15]

추세추종기법의 뛰어난 실적을 보고 비이성적으로 불안해하는 사람들이 있다. "뭐 별로 대단하지도 않은데요? 그냥 괜찮은 정도일 뿐, 훌륭하진 않아요"라는 내용의 이메일을 받은 적도 있다.

질투는 그만, 사실 그대로 인정하고 축하해주자! 추세추종기법의 뛰어난 수익률을 놓고 왈가왈부하는 건 그다지 현명한 행동이 아니다. 소심한 공격일 뿐이다. 연평균 수익률을 복리로 계산하면 그 결과는 더욱 놀랍다. 2만 달러를 투자해 7년 동안 매년 50%의 수익을 올렸다고 가정해보자. 2만 달러는 7년 후 61만 6000달러가 된다. 1년에 50%의 수익률을 기록할 순 없다고? 그렇다면, 1년에 25%의 수익을 올렸다고 가정하고 다시 계

복리는 8대 불가사의 중 하나다. [17]

산해보자. 역시 결과는 엄청나다.

이렇게 생각해보자. 1997년 10월부터 연평균 21% 이상의 수익을 올린 추세추종 트레이더가 있다. 한편 1947년에 반 고흐Vincent van Gogh의 작품 〈붓꽃Iris〉을 8만 달러에 구입한 투자자가 있다. 1987년 이 작품은 새 주인을 만났고, 경매에서 5390만 달러에 낙찰되었다. 가격이 어마어마하게 오른 것 같지만 연평균 수익률은 17.7%로 앞에서 예로 든 추세추종 트레이더의 연평균 수익률보다 낮다. [18]

짐 로저스Jim Rogers의 《월가의 전설 세계를 가다Investment Biker》는 필자가 태어나서 처음 읽은 투자서 가운데 하나다. 책을 읽으며 그의 열정과 합리적인 내용에 탄복했다. 14년이 지난 2008년 초 필자는 다큐멘터리 영화 작업을 위해 싱가포르에 있는 집에서 로저스를 만났다. 그는 기술적 분석가도, 추세추종 트레이더도 아니지만 시장의 추세를 활용한 투자로 큰돈을 벌었고, 무엇보다 복리를 중요하게 생각했다. 그의 말을 들어보자.

"투자자들이 저지르는 가장 흔한 실수 가운데 하나는 늘 무언가를 하고 있어야 한다는 강박관념에 빠지는 것이다. 투자의 기술은 돈을

남보다 뛰어날 수 있다.

잃지 않는 것이다. 손실은 치명적이다. 손실은 복리를 갉아먹는데, 복리야말로 투자의 마법이다." [19]

도대체 왜 사람들은 추세추종기법으로 돈을 벌 수 있다는 사실을 모르는 걸까? 질문의 답을 얻는 길은 험난하기만 하다.

❶ 〈초콜릿 천국Willy Wonka and the Chocolate Factory〉, 멜 스튜어트Mel Stuart, 진 와일더 Gene Wilder, 워너브러더스, 1971년.

❷ http://forbes.com/profile/bruce-kovner.

❸ 프랜시스 스토스Francis Storrs, 〈보스턴 최고의 갑부 50인The 50 Wealthiest Bostonians〉, 《보스턴 매거진Boston Magazine》, 2006년 5월 15일, http://www.bostonmagazine. com/articles/the_50_wealthiest_bostonians/.

❹ 스티브 스주게러드 박사, 〈잔인한 베어마켓에서 8000만 달러 버는 법How to Make $80 Million in a Brutal Bear Market〉, 《데일리 웰스Daily Wealth》, 2009년 4월 11일, http:// www.Dailywealth.com.

❺ 마틴 슈바르츠Martin Schwartz, 《핏불-월가의 챔피언 데이트레이더가 들려주는 40만 퍼센트 수익률의 비밀Pit Bull : Lessons from Wall Street's Champion Day Trader》, 이레미디어, 2011년.

❻ http://enwikipedia.org/wiki/David_Hadring(mathematician).

❼ 잭 슈웨거, 《시장의 마법사들》, 이레미디어, 2008년.

❽ http://www.absolutereturn-alpha.com.

❾ 잭 슈웨거, 《타이밍의 승부사The New Market Wizards》, 21세기북스, 2008년.

❿ http://www.forbes.com/profile/louis-bacon.

⓫ http://www.forbes.com/profile/paul-tudor-jones.

⓬ http://www.mangrouppl.com, 2011년 3월 23일.

⓭ 2008년 선라이즈 캐피털 차트Sunrise Capital Chart.

⓮ 상동.

⓯ 상동.

⓰ 멀바니 캐피털 매니지먼트-다변화 투자 프로그램Mulvaney Capital Management: Global Diversified Program, http://www.mulvaneycapital.com.

⓱ 알버트 아인슈타인Albert Einstein.

⓲ 마이클 코벨, 《추세추종전략》, 더난출판사, 2005년.

⓳ 짐 로저스, 《월가의 전설 세계를 가다》, 굿모닝북스, 2004년.

거품은 붕괴된다

이봐요? 거기 누구 없어요? 내 목소리가 들리면 고개를
끄덕이세요. 집에 아무도 없나요? ❶

인간은 앞날을 내다보지 못한다. 그러면서도 소위 말하는 '예측
능력'이 있다고 자신한다. 그러고는 싸구려 가전제품에까지 보험을
들어놓는다. 약간은 모자란 듯 보여 답답한 처남과 비슷하다.

리스크가 높은 투자에 인간의 뇌는 성적 유혹을 받았을 때와 비
슷하게 반응한다. 리스크가 높을수록 인간은 더욱 갈망하게 된다.

인간은 사회적인 소속감을 원한다. 그래서 자신이 속해 있는 집

단을 무조건 따르려고 한다. 집단 전체가 틀린 생각을 가지고 있더라도 상관없다.

어떤가? 대체적으로 맞는 소리 같지 않은가? 그렇다면 이제 다른 질문을 해보자. "감정에 치우쳐 투자 결정을 내리지는 않는가? 정말 이성적으로 철저하게 자신의 이익을 고려해서 결정을 내리는가?"

1637년 2월, 네덜란드에서는 튤립 사재기가 극성을 부렸다. 튤립구근 한 개의 가격이 일반 근로자 연소득의 10배보다 비싸게 팔릴 정도였다.❷

돈과 관련, 인간이 비이성적으로 행동한다는 생각이 아주 터무니없지는 않은 것 같다. 하지만 지난 50년간 여러 산업 및 정부 정책의 기틀이 되어온 시카고대학University of Chicago의 경제 철학은 정반대다. 시카고대학은 노벨 경제학상 수상자를 그 어떤 학교보다 많이 배출한 경제학 명문이다. 그리고 이들은 대부분 인간이 돈에 대해 이성적으로 행동한다는 전제를 바탕으로 자신의 학설을 펼쳐나갔다. ❸ 그중 게리 베커Gary Becker는 이런 생각의 가장 열렬한 지지자다.

"인간이 이성적으로 행동한다는 경제 이론은 가장 강력한 이론, 적어도 내가 생각하는 가장 강력한 사회과학 이론이다. 또한 경제학자들이 기초로 삼고 있는 이론이기도 하다."❹

이들의 주장에 합리적으로 반박하는 경제학자들도 있다. "2008년 주식시장의 폭락을 간과해서는 안 된다. 당시 시장의 폭락을 초래한

행위 중 상당수가 경제학 논리로는 풀어낼 수 없는 것들이었다."❺

시카고 대학의 경제학자들은 2008년 시장 폭락을 무시하는 경향이 있다. 효율적 시장 가설Efficient-Market Hypothesis을 주장한 유명한 경

모두가 동의하는 것을 경계하라.

제학자 유진 파마Eugene Fama는 "미안하지만 말도 안 되는 소리다. 모욕에 가까운 비난이다. 맹목적인 비난일 뿐이다"❻라며 비웃었다. 그는 또한 "2008년 시장 폭락이 경제학의 문제점을 증명하는 건 아니다. 다만 사람들이 희생양을 필요로 하기 때문에 하는 말이다. 이런 상황에서 경제학자들은 언제나 희생양이 되곤 했다. 이는 결코 새삼스러운 일이 아니다"❼라고 평가했다.

무슨 일이 벌어지더라도 이들 경제학자는 자신의 이론을 옹호할 것이다. 하지만 정말 인간과 시장이 이성적일까? 요즘에는 삼척동자도 그렇게 생각하지 않는다. 오직 경제학자들만이 인간이 로봇처럼 논리에 따라 행동한다고 확신하는 것 같다.

제레미 그랜섬Jeremy Grantham은 지난 40년간 시장의 거품을 이용해 많은 수익을 올린 가치투자자다. 그는 "주식시장은 역사적으로 27번의 거품을 겪었다. 시장에 거품이 끼기 시작하면 투자자들은 행복감에 젖는다. 이때 주가는 천정부지로 치솟는다. 투자자들이 현실을 인식하면 주가는 하락하기 시작한다. 그리고 결국에는 비현실적인 공포가 시장을 지배하게 된다. 공포는 공포를 낳고, 투자자들은 햄스터

처럼 반대 방향으로 몰려간다"**⑧**고 설명했다.

그랜섬의 시각에 동의하는 경제학자도 있다. 노벨 경제학상 수상자인 버논 스미스Vernon Smith는 투자자들이 시장의 거품을 만들어내는 가상의 시장 모델을 고안해 실험했다. 투자자들은 첫 번째 거품을 만들었고, 그다음에도 또 두 번째 거품을 만들었다. 두 번째는 처음보다 더 빠르게 거품이 만들어졌지만, 처음만큼 심각하지는 않았다. 왜 또다시 거품을 만들었느냐는 질문에 대다수의 실험 참여자가 "이번에는 시장이 고점에 도달하기 전에 빠져나올 수 있을 줄 알았다"고 대답했다. 세 번째 실험에서야 거품이 만들어지지 않았다. 두 번이나 경험한 후에야 학습효과가 나타난 것이다. **⑨**

인기있는 TV 시리즈의 제작자 로드 설링Rod Serling은 1960년 〈환상특급The Twilight Zone〉의 에피소드 중 하나에서 이런 인간의 본성을 교묘하게 풍자했다.

외계인 1: 이제 방법이 이해되니? 라디오건 전화기건 잔디 깎는 기계건 모든 기계를 멈추는 거야. 그렇게 인간들을 몇 시간 동안 어둠 속에 놔둔 채 가만히 그들의 패턴을 관찰하면 되는 거야.

외계인 2: 패턴은 늘 똑같아?

외계인 1: 응, 크게 다르지 않아. 인간들은 가장 위험한 적을 찾아

거대한 홍수는 100년에 한 번씩 찾아온다. 하지만 주식시장은 다르다. 1929년 이후 시장은 18번이나 폭락했다. **⑩**

내는데, 그건 바로 자기 자신이야. 우리는 그냥 앉아서 보고
있기만 하면 돼. ❿

추세추종기법으로 돈을 벌려면 사람들의 환상을 이용하는 방법부
터 배워야 한다.

❶ 핑크 플로이드, 〈컴퍼터블리 넘Comfortably Numb〉, 《더 월》의 수록곡, 로저 워터스
   Roger Waters 작곡, EMI, 1979년.
❷ 샐리 호그셰드Sally Hogshead, 《세상을 설득하는 매혹의 법칙(영향력과 설득력을 극
   대화하는 7가지 열쇠)Fascinate: Your 7 Triggers to Persuasion and Captivation》, 오늘의 책,
   2010년.
❸ 〈인간의 본성과 돈(인간이 이성적이지 않은데 시장은 이성적일 수 있을까?)Mind Over
   Money: Can Markets Be Rational When Humans Are Not?〉, 《NOVA》, 2010년 4월 26일.
❹ 상동.
❺ 상동.
❻ 상동.
❼ 상동.
❽ 상동.
❾ 제임스 모니터James Monitor, 〈중요한 건 마음이다(영원히 거품에서 해방되는 방법,
   모럴 해저드와 거품 붕괴)Mind Matters: Forever Blowing Bubbles: Moral Hazard and Melt-
   up〉, 《소시에테제네랄Societe Generale》, 2009년 6월 2일.
❿ 〈괴물은 단풍나무 거리에The Monsters Are Due on Maple Street〉, 〈환상특급〉 시리즈 중,
   1960년 3월 4일.
⓫ 베리 리트홀츠Barry Ritholtz, 〈왜 정치와 투자는 양립할 수 없을까Why politics and
   investing don't mix〉, 《워싱턴포스트Washington Post》, 2011년 2월 6일.

스페큘라리|Speculari

> 투기는 모든 악의 근원이다. 나는 '정보'가 그 무엇보다
> 중요한 재료라고 생각한다.
> 그렇지 않은가? ❶

올리버 스톤 감독은 투기를 사악한 행위라고 정의했다. 흥미로운 일이다. 그는 뛰어난 시나리오 작가고, 오스카상을 몇 번이나 받은 영화감독이다. 하지만 "투기가 모든 악의 근원"이라는 건 순진하기 짝이 없는 생각이다. 영화 제작 역시 하나의 투기 행위다. 관객들이 돈을 내고 영화를 보러 올 거라고 추측하고 영화를 만들기 때문이다. 투기는 나쁘지 않다. 인생이 투기

왜 시장이 하락할까? 매도가 매수보다 많기 때문이다.

의 연속이라고 할 때, 투기는 오히려 긍정적인 행동이다.

시장에서 투기는 필수불가결한 요소다. 시장의 동력은 무엇일까? 돈을 벌기 위해 투기 행위를 하는 수백만 명의 투자자가 바로 시장의 동력이다. 언젠가 뛰어난 추세추종 트레이더 중 한 명이 시장에서 투자 기회를 찾는 데 있어서 투기가 얼마나 중요한지 설명한 적이 있다.

"스페쿨라리Speculari는 '투기하다'라는 뜻의 영어 단어 스페큘레이트speculate의 어원인 라틴어다. 원래는 '관찰하다'는 뜻을 가지고 있다. 관찰에 성공하기 위해서는 감정에 얽매이지 않는 객관적인 태도가 필수적이다. 그런데 사회적 혹은 도덕적 문제가 걸려 있을 때는 문제가 생긴다. 대다수의 사람이 불만족스러운 상황에서 일부 투기자가 객관적인 관찰을 통해 돈을 벌어들이면 당연히 비난과 질시의 대상이 될 수밖에 없다. 하지만 객관적인 관찰은 과학적인 자세일 뿐이다. 투기는 끊임없이 실증적인 지식을 쌓고 이론을 실험하는 과학자의 마음가짐과 일맥상통한다."❷

투기는 성공 여부와 상관없이 앞으로 나아가려는 노력이다. 심지어 차를 탈 때도 투기 행위가 필요하다. 상점에서 스마트폰을 사는 건 지불해야 하는 돈의 액수보다 스마트폰의 가치가 더 높다는 판단에 따른 투기 행위다. 스마트폰이 제대로 작동할 것이라는 추측을 바탕으로 한 투기 행위이기도 하다. 공연을 보러 가는 것은 그만큼 시간을 들일 가치가 있다고 생각하는 투기 행위다. 하지만 모든 투기가 성공으로 끝나지는 않는다. 이것이 바로 투기의 미학이다. 투기를 하

는 모든 사람이 성공하는 것은 아니다. ❸

자신이 찾아낸 기회를 활용하는 게 나쁜 행동일까? 물론 아니다.

중력의 법칙: 오를 때가 있으면 내릴 때도 있다.

또 다른 문제를 생각해보자. 당신은 스스로 투자자investor라고 생각하는가 아니면 트레이더trader라고 생각하는가? 투자자는 투자 대상의 가치가 상승하기를 진득하게 기다리는 사람이다. 가치가 떨어지더라도 딱히 대응할 방법이 없다. 투자 포지션을 유지하면서 가치가 반등하기를 기도할 뿐이다. 그래서 일반적으로 강세장에서는 성공하고 하락장에서는 돈을 잃는다. 이들은 가치가 하락하기 시작할 때 일관적으로 대응하지 않는다. 계속 투자 포지션을 유지하다가 손실을 키우는 경우도 많다. 트레이더는 다르다. 단 하나의 목표를 위해 미리 정해놓은 전략에 따라 움직인다. 물론 여기에서 단 하나의 목표란 수익이다. 현명한 추세추종 트레이더들은 매매 대상에 개의치 않는다. 그저 돈을 벌기만 하면 된다. 트레이더는 투자하지 않는다. 매매할 뿐이다. 그 차이는 매우 크다.

투기에 필요한 변하지 않는 다섯 가지 덕목이 있다.

1. **자립**: 스스로 생각하고 확신한 것에 따라 행동해야 한다. 성공하기 위해서는 누구보다 자신을 믿어야 한다.

2. **판단**: 어느 쪽에도 치우치지 않는 올바른 판단은 투기자의 기본

자질이다.

3. **용기**: 자신의 결정에 따라 행동하는 용기가 필요하다. 투기와 관련, 금쪽같은 격언이 하나 있다. '대담하고, 또 대담하고, 언제나 대담하라.'

4. **신중**: 리스크를 측정하는 한편 경계를 늦추지 않는 것이 중요하다. 신중함과 용기 사이의 균형을 맞추어야 한다. 신중하게 생각하고, 용기 있게 행동해야 한다.

5. **유연**: 자신의 의견을 수정할 수 있어야 한다. 관찰하고, 또 관찰하는 사람은 절대 이길 수 없다. ❹

아이들이 학교에 들어가자마자 투기의 개념을 가르쳐라. 나중에 자라서 투자를 하지 않더라도 투기에 대해서는 꼭 배워야 한다.

대학생들은 학교만 졸업하면 고소득 직장이 보장된다는 추측을 바탕으로 투기 행위를 해왔다. 이는 그다지 현명한 투기 행위가 아니다. ❺

---

❶ 〈월가: 머니 네버 슬립스Wall Street: Money Never Sleeps〉, 올리버 스톤, 마이클 더글러스Michael Douglas, 20세기 폭스20th Century Fox, 2010년.
❷ 윈톤 페이퍼스The Winston Papers, http://www.winstoncapital.com.
❸ 토드 밀러Todd Miller, 윈톤 페이퍼스에 대한 블로그 대응, 2010년 11월 6일, http://wwwmichaelcovel.com/2010/11/06/the-winton-papers-speculation-wise/.
❹ 딕슨 와츠Dickson Watts, 《예술로서의 투기와 삶에 대한 단상들Speculation as a Fine Art》, 이레미디어, 2008년.
❺ 제프리 A 터커Jeffrey A. Tucker, 〈무료봉사Work for Free〉, 2010년 7월 5일, http://mises.org.daily/4547.

펀더멘털은
헛된 믿음일 뿐

나는 우월한 외계 생명체가 저능아 혹은 문제아들을 보내 버리는 유배지, 정신병원, 쓰레기처리장으로 지구를 활용하고 있는 건지도 모른다는 생각이 든다. 물론 증거는 없다. 하지만 아니라는 증거도 없다. 물론 나만의 생각이지만 그렇다고 다윈Darwin이나 헉슬리Huxley 같은 뛰어난 생물학자나 아인슈타인Einstein, 호킹Hawking 같은 빼어난 물리학자들의 이론에 어긋나는 것도 아니지 않은가?❶

가장 기본적인 시장이론은 두 가지인데, 그중 하나는 펀더멘털을 중요하게 생각하는 펀더멘털 분석fundamental analysis이다. 펀더멘털리스트들은 경제적인 현실, 즉 공급과 수요를 결정하는 요소들이 시장의 가치를 결정한다고 믿는다. 그래서 정부 정책, 경제 예측, 주가수익률Price Earnings Ratio, 재무제표를 기준으로 매수 혹은 매도 결정을 내린다. 펀더멘털 분석은 언제나 '이야기'를 늘어놓는다.

- ▶ 국제 유가가 8주 최저치로 후퇴했다. 미국과 영국의 불황으로 원유 수요가 감소할 것이라는 우려 때문이다.
- ▶ 역사적으로 보았을 때 지금은 다우존스 투자에 적절한 시기다.
- ▶ 시장의 사이클이 블루칩 종목 중심으로 이동하고 있다. 따라서 시장의 랠리는 아직 끝나지 않았다.
- ▶ 역사적인 기준에서 보았을 때 가격이 싸다.
- ▶ 종합지수가 주가 수익률보다 낮다. 이 두 가지를 비교하는 이유는 기업의 영업이익 1달러당 투자된 돈의 가치를 파악하기 위해서인데, 현재 그 값이 평균보다 훨씬 낮은 상태다.
- ▶ S&P 500지수에 포함된 종목의 주가수익률.
- ▶ 앞으로 몇 주 혹은 몇 달 동안 원자재 가격이 상승할 것으로 예측된다.
- ▶ 금속 가격이 조정받고 있는가?
- ▶ 슬슬 주가가 하락할 때가 지난 것 같은데 시장은 아직 판단을 내리지 않고 있다.
- ▶ 시장의 사이클을 네 번 거치는 동안 지속적인 하락세를 보였다.
- ▶ 단기 고점이다.
- ▶ 명목 GDP가 하락했다.

▶ 옥수수와 대두의 공급이 수요에 비해 부족하다. 따라서 가격을 더 올리고, 생산량을 늘려야 한다.

▶ 초기실업수당 청구건수.

▶ 단순 조정일까? 아니면 대세 하락의 시작일까?

▶ 중동의 정치 및 사회 불안.

▶ 실제 고용지표가 예상을 크게 벗어났다.

▶ 금값의 계절적 수요 변화를 결정하는 요인.

▶ 옥수수 가격이 상승한 덕분에 미국 농무부의 USDA 보고서 내용이 매우 좋다.

▶ 유가 및 금값 상승으로 에너지와 금속 관련 종목이 지속적인 상승세를 보였다.

▶ 이틀간 열리는 미국 연방공개시장위원회를 주목해야 한다. 아무런 결정을 내리지 않더라도 시장에 큰 영향을 미칠 것이다.

▶ EBITDA.

시스템 트레이딩이 답이다. 펀더멘털은 중요하지만 매매하는 데 있어서는 거의 쓸모가 없다. 게다가 진짜 펀더멘털은 알려지지 않는 경우가 대부분이다. ❷

펀더멘털은 끝이 없다. 그렇다면 지금은 원유를 매수해야 할까, 아니면 매도해야 할까? 여기에서 바로 문제가 발생한다. 펀더멘털을 보고 어떻게 매매해야 할지 아는 사람은 극히 드물기 때문이다.

그다지 새로운 사실도 아니다. 수세기 동안 인류는 마음을 진정시키고 달래기 위한 자구책으로 각종 '이야기'를 만들어왔다. 종교를 예로 들어보자. 질서 유지에 대한 인간의 욕망을 충족시키기 위해 지금까지 수많은 종교가 만들어졌다. 투자자도 마찬가지다. 모든 일에서 '원인과 결과'를 찾으려 하고, 자신은 모르는 무언가 더 합리적인 이유가 있을 거라는 환상에 빠져 안도감을 얻는다. 이들에게 투자 전략이 제대로 작용했는지 여부는 중요하지 않다. 더 중요한 건 이야기다. 양을 도살장으로 끌고 갈 때도 편안한 분위기를 만들어주고 따뜻한 말로 위로해주면 끌고 가기가 쉽다고 한다.

펀더멘털 분석은 요즘 대부분의 대학에서 연구하고 있는 대상이고 거의 모든 펀드가 활용하는 방법이다. 하지만 펀더멘털 분석이라는 헛된 믿음으로 계속해서 수익을 낼 수 있을까? 그렇지 않다. 예를 들어보자. 한 유명한 금융 관련 웹사이트는 자신들의 경력을 소개하는 페이지에 어린 시절의 추억을 적어놓았다. 어렸을 때 아빠가 슈퍼마켓에서 초콜릿 푸딩을 사주면서 처음 주식 투자의 개념을 가르쳐주었다고 했다. "초콜릿 푸딩이 보이지? 우리는 푸딩을 만드는 회사에 투자하고 있단다. 누군가 푸딩을 사면, 우리에게도 좋은 일이야. 그러니 마음껏 먹으렴."❸

감동적인 이야기다. 하지만 순진한 생각이다. 크리스피크림Krispy Kreme 도넛은 정말 맛있지만, 해당

펀더멘털리스트들은 시장이 틀렸다가도 언제나 제자리를 찾는다고 말한다. 아니다. 시장은 절대 틀리지 않는다.

기업의 주가는 한 번 40달러 선을 넘어선 후 몇 년째 6달러 선을 유지하고 있다. '이야기'는 투자의 성공과 아무런 상관도 없다.

그런데도 소위 배웠다는 사람들조차도 잘 모르는 것 같다. 자산 규모가 수십억 달러나 되는 펀드의 펀드매니저들이 필자를 초청한 적이 있다. 이들은 추세추종기법을 활용하고 싶지만 펀더멘털과 동떨어져 망설이고 있는 중이었다. 그래서 특정 시장의 펀더멘털을 완전히 파악한 트레이더를 찾고 있다고 했다. 하나의 시장을 속속들이 알고 있는 트레이더라면 수익을 낼 수 있을 거라는 믿음 때문이었다. 한마디로 추세추종기법을 전혀 모르는 사람들이었다.

시장이 상승하면 매수하라. 시장이 하락하면 매도하라. 매매해야 하는 유일한 이유는 시장이 움직이기 때문이다. ❹

주식에 투자하건, 콩에 투자하건 상관없다. 투자는 투자일 뿐이다. 투자의 목적은 돈을 버는 것이지 재무제표를 읽는 데 통달하는 게 아니다. ❺

두 번째 시장이론인 기술적 분석technical analysis은 펀더멘털 분석과는 정반대다. 기술적 분석은 시장가격이 특정 시점의 펀더멘털을 충실히 반영한다고 믿는다. 그래서 펀더멘털 요소들을 평가하지 않고 시장가격 자체를 분석한다.

기술적 분석은 다시 두 가지로 나뉘는데, 그중 첫 번째는 시장의 방향을 예측하기 위해 차트와 각종 지표를 기술적으로 분석하는 것이다. 다음 사례는 시장을 예측하기 위한 기술적 분석을 펀더멘털 분석과 병행한 것이다.

식량 부족에 대한 전 세계적 공포가 계속되면서 지난주에도 농산물 관련 종목이 기술적 강세를 나타냈다. 하지만 2011년 식량 가격은 단기적으로 상승한 후 매도세로 전환될 것으로 판단된다. 파종

> 모든 일에 합리적인 이유가 있다는 환상이 우리를 지배하고 있다. 그래서 사람들은 언제나 합리적인 이유를 찾아내려고 노력한다. ❻

을 준비하는 겨울 동안 시장이 다양한 불확실성에 직면한 것일 뿐이다. 만약 중국이 옥수수를 수입한다면 어떻게 될까? 호주 밀농사가 흉작이면 어쩌지? 농부들이 콩을 포기하고 목화를 심는다면? 시장이 수요를 충족시키면 어떻게 될까? 같은 불확실성 말이다. 나는 농산물 가격이 2008년 수준까지 상승하지는 않을 것으로 예측한다. 펀더멘털을 보았을 때도 그렇고, 상승세 역시 그때만큼 강하진 않기 때문이다. 대두 투자로 옥수수 투자의 리스크를 줄일 수 있다. 하지만 나라면 다양한 풋옵션을 매수하겠다. 쌀의 경우 풋옵션을 이용한 매도세 후 숏커버링 때문에 상승하고 있을 뿐이다.

이것이 바로 대다수의 투자자가 가지고 있는 일반적인 기술적 분석의 시각이다. 쓸모없는 생각이다. 이렇게 말하는 사람을 보면 뒤도 돌아보지 말고 도망가라.

펀더멘털 분석과 추세추종기법을 병행할 수도 있다. 마찬가지로 별자리 운세, 행운의 네잎클로버, 행운의 닭뼈, 행운의 귀뚜라미, 민간요법 투자를 병행할 수도 있다. 이는 그만큼 쓸데없는 일이다. 추세추종기법의 맛을 개선시키는 특별 양념이라도 되는 척하는 것들은 모두 무시해버려라. ❼

두 번째는 시장을 예측하지 않는 기술적 분석이다. 추세추종 트레이더들은 기술적 분석을 이용해 시장에 대응한다. 시장의 움직임에 대응하고 쫓을 뿐이다. 이야기 따위는 신경 쓰지 않는다.

❶ 조셉 브린Joseph Brean, 〈힛첸스의 지식이 빛나는 하루(자신을 따르는 사람들에게 종교에 대해 설명한 어떤 이방인)A day in intellectual glare of Hitches: Contrarian opines on religion to his crowd of followers〉, 《캐나다 내셔널 포스트Canadian National Post》, 2006년 11월 18일.

❷ 《파이낸셜 트레이더Financial Trader》, 1994년 2월 26일, 9/10월, Vol.1, No.7.

❸ 〈다양한 바보의 역사The History of Motley Fool〉, Fool.com, 2003년 11월 4일, http://www.fool.com.

❹ 마이클 기븐스, http://gibbonstrading.com/analysis/htm.

❺ 마이클 코벨, 《추세추종전략》.

❻ 스티븐 타웁Stephen Taub, 〈폴 튜더 존스 2세Paul Tudor Jones Ⅱ〉, 2008년 6월 30일, http://www.abdolutereturn-alpha.com/Article/1964189/Paul-Tudor-Jones-Ⅱ.html.

❼ 〈메이 아주머니의 관절염 치료제(추세추종기법에 특별한 비결은 없다)Aunt May's Arthritis Cure; No Need to Add to Trend Following〉에 대한 블로그 답변, 2011년 2월 7일, http://www.michaelcovel.com/2011/02/06/aunt-mays-arthritis-cure-no-need-to-add-to-trend-following.

모든 건
추세를 따라 흐른다

예언가는 특별한 능력이 있는
사람이 아니라 남들이 보는 것을
보지 않는 사람이다. ❶

'추세란 무엇인가?'

지난 10년간 필자는 이 문제를
놓고 고심했다. 추세는 짚어내는
것도, 찾아내는 것도 아니다. 다만

**신문 헤드라인은 그만 보고,
차트의 라인을 봐라.**

대응하는 것이다. 그리고 거세게 밀려왔던 추세가 사라지기 전까지
이를 이용해 가능한 한 많은 수익을 얻어내야 한다.

한 트레이더가 물었다. "저는 추세추종기법은 처음인데, 시장의 현

재 추세를 파악할 때 어떤 차트를 가장 선호하시는지 알고 싶습니다. 일간, 주간, 연간, 혹은 시간 차트 중 어떤 것인가요?"

그러자 노련한 추세추종 트레이더가 이렇게 대답했다. "분 단위, 초 단위, 1000분의 1초 단위 차트는 언급하지 않으셨군요. 가장 효율적인 방법은 10~15초의 시장 사이클 내에서 빛의 속도로 매매하는 겁니다. 감마레이gamma ray만큼 빠르게 매매하는 것도 좋고요. 이때는 시장 사이클이 10~20초 정도 되겠군요. 눈으로 보면서 빛의 속도로 매매하려면 비싼 장비가 필요하겠지요. 하지만 매매 빈도가 늘어나면 한 번의 매매에서 벌어들이는 수익은 줄어드는 반면 수수료는 전혀 줄지 않습니다. 그러니까 수수료에 개의치 않을 만큼 충분한 기간의 차트를 고려해야 합니다. 예를 들어 일일 차트를 1년 혹은 2년 전 것까지 살펴봐야 되죠."❷

모든 추세는 과거다. '현재 추세'라는 건 존재하지 않는다. 현재 추세를 판단할 수 있는 방법도 없지만, 그 의미를 정의하는 것도 불가능하다. 오직 과거의 추세만 판단할 수 있을 뿐이다. 바로 지금의 추세를 측정하려면, '지금'의 두 시점을 선택해 그 차이를 컴퓨터로 분석해야 한다. 이런 한계를 이해하면 추세를 파악, 계산, 활용하는 데 도움이 될 것이다. ❸

움직이는 추세는 움직이는 상태로 유지된다. 그래서 추세가 꺾일 때까지 지속된다. ❹

철학적인 이야기를 하려는 게 아니다. 다만 독자들이 이 차이점을 꼭 이해하길 바랄 뿐이다.

❶ 나심 탈레브Nassim Taleb, 《프로크루스테스의 침대(철학적이면서도 실용적인 문구들)
The Bed of Procrustes: Philosophical and Practical Aphorisms》, 랜덤하우스Random House,
2010년.
❷ http://www.seykota.com.
❸ 상동.
❹ http://www.gibbonstrading.com.

시스템을 이용하는
추세추종기법

앞으로 벌어질 사건으로 돈을 벌기 위해서
무슨 일이 벌어질지 꼭 알아야 하는 건 아니다.

그렇다면 추세추종기법이란 무엇일까? '추세'는 이 용어의 가장 앞에 있는 단어다. 단도직입적인 표현이다. 트레이더들은 추세가 형성되어야만 돈을 벌 수 있다. 두 번째 단어는 '추종'이다. 쉽게 말해 추세추종 트레이더는 시장이 움직이기를 기다리다가 그 추세를 따르는 사람들이다. ❶

'추세추종'이라는 표현이 모호하다고 말하는 사람들도 있다. 일부에서는 추세추종기법을 놓고 '세계 금융 통계 분석'이나 '선물관리' 같은 용어를 사용하기도 한다. 여기서 왈가왈부할 문제는 아니다. 추세추종이라는 표현이 마음에 들지 않는다면 책을 읽으면서 마음에 드는 다른 단어를 찾아 대체해도 좋다.

추세추종기법은 시장에 대응할 뿐, 시장의 방향을 예측하지 않는다. 추세추종기법을 제대로 활용하려면 정확한 규칙을 세우고 따르겠다는 의지가 필요하다(막연한 추측

> 우리는 시스템 투자가 최선이라는 결론을 내렸다. 펀더멘털 투자를 하다가 울화병에 걸릴 뻔했다. ❷

이나 감정에 얽매여서는 안 된다). 이 같은 규칙에는 시장의 가격과 투자 계좌에 들어 있는 투자 자산의 규모, 시장의 변동성에 따라 리스크를 조절하는 것이 포함된다.

추세추종 트레이더들은 시장에 진입하기 전에 리스크 관리 규칙에 따라 투자 포지션의 크기를 결정한다. 총투자자산의 규모에 따라 정확하게 얼마만큼을 매수 혹은 매도할지 미리 결정한다는 뜻이다. 가격이 변동하면 투자 포지션을 줄이거나 늘린다. 가격 하락세가 계속되면 투자 포지션을 청산한다. 추세추종 트레이더들이 한 번의 매매에서 얻는 평균 수익은 평균 손실보다 훨씬 크다.

추세추종기법은 수익을 내기 위해 시장의 상승세 혹은 하락세의 중심을 공략한다. 무릎에서 사고 어깨에서 파는 것이다. 매매 대상에는 ETF펀드, LEAPS 옵션, 채권, 통화, 선물, 원자재 등이 모두 포함된다. 그래서 설사 사막 한가운데 떨어지더라도 활용하는 데 전혀 문제가 없는 유일한 트레이딩 방법이다. 가격만 맞으면 다른 건 중요하지

않다. 신문 기사, 펀더멘털, 증권사 추천 종목, TV에 출연하는 전문가의 의견 등은 전혀 필요하지 않다.

그렇다. 추세추종 트레이더들은 매매하기 전 자유재량에 따라 추세추종 시스템을 고르고, 투자 포트폴리오를 구성하고, 감당할 수 있는 리스크 수준을 결정한다. 하지만 일단 투자가 시작되면 그다음에는 추세추종의 규칙을 체계적으로 적용하고, 규칙에 따라 매매한다. 추세추종기법은 카페인 음료를 계속 들이켜면서 정신을 바짝 차리고 하루 종일 컴퓨터를 들여다봐야 하는 데이트레이딩day trading과는 다르다. 무엇보다 시장의 방향을 예측하려 들면 안 된다. 불행하게도 대다수의 투자자가 이 사실을 제대로 이해하지 못하거나, 이해하려 들지 않는다.

추세추종은 미리 생각하는 게 아니다. 추종하는 것이지 예측하는 것이 아니다. [3]

CNN 뉴스 앵커인 에린 버넷Erin Burnett은 CNBC에 근무하던 당시 데이비드 하딩David Harding과의 인터뷰에서 "많은 사람이 당신의 투자 비결을 궁금해합니다. 당신만의 비밀병기는 무엇인가요?"라고 물었다. 그러자 하딩은 "비결은 앞으로 해야 할 일을 미리 하려고 들지 않는 겁니다. 앞으로 시장에서 벌어질 일을 예측하려고 들지 말고, 그저 대응해야 합니다."

버넷은 하딩의 논지에서 벗어난 질문으로 응수했다. "현재의 상황은 전반적으로 어떤가요? 물론 객관적인 숫자를 기준으로 투자하시는 것으로 알고 있지만 그래도 의견을 듣고 싶습니다. 펀더멘털을 보았을 때 일반적인 사이클의 한 부분을 지나고 있다고 생각하시나요? 아니면 지금이 거품일까요?" 그러자 하딩은 이렇게 대답했다. "잘 모르겠다고 대답하면 거짓말일 겁니다. 정말 아무것도 모르겠거든요. 제게는 시장을 예측하는 능력이 없습니다."

> 시장은 경제와 다르다. 시장은 투자자, 투자자의 가족, 투자자의 감정 따위엔 신경 쓰지 않는다. 시장은 공정하지 않을 수도 있다. 늘 옳기만 한 것도 아니다. 시장은 그냥 시장일 뿐이다. ❹

가치투자자인 존 허스만John Hussman의 글은 언제나 통찰력이 넘친다. 허스만은 연방준비위원회나 미 의회의 잘못에 대해 설득력 있는 주장을 제기하곤 한다. 그의 최근 논평 중 하나를 살펴보자.

"돌이켜 생각해보니 나는 경제의 구조적인 위기가 곧 해결될 거라고 믿고 싶은 투자자들의 마음을 과소평가했던 것 같다. 투자자들은 공정한 회계 공시 제도가 제 기능을 하지 못하고 있고, 연방준비위원회 특별법이 계속 침해되고 있는 와중에도 위기가 쉽게 해결될 것이라고 믿고 싶어 한다(나는 경제 위기가 여전히 계속되고 있다고 생각한다). 내 일은 정책 입안자들이 부주의하게 행동하기로 결정한 상황에서도 자본을 지켜내고, 나아가 수익을 얻어내는 것이다." ❺

> 말을 달리고 있는 방향으로 몰아라. ❻

가격이 상승한 종목은 계속 상승할 거라는 생각으로 매수하고, 가격이 하락한 종목은 계속 하락할 거라는 생각으로 매도하라. **❼**

추세추종 트레이더들은 다른 투자자와는 전혀 다른 분석 방법을 활용한다. 이유를 알아내려고 노력하지 않는다. 시장에 형성된 거품이 더 크게 부풀어 오르는 것을 놓고 영화에서나 나올 법한 이야기를 늘어놓지도 않는다. 허스만은 미리 알고 있어야 했다고 안타까워했지만, 추세추종 트레이더들은 미리 알아야 할 이유가 없다고 생각한다.

❶ 반 K. 타프Van K. Tharp, 《자신만의 방식으로 투자하라Tade Your Way to Financial Freedom》, 이레미디어, 2011년.

❷ 제임스 사이먼스Jim Simons, http://www.hedgeworld.com.

❸ 대니얼 P. 콜린스Daniel P. Collins, 퓨처스Futures, 2003년 10월.

❹ 컬렌 로셰, 〈시장은 냉혈한 짐승이다The Market is a Heartless Beast〉, 2011년 1월, http://pracap.com/the-market-is-a-heartless-beast.

❺ 존 P. 허스만 박사John P. Hussman, 〈과도한 평가, 매수, 강세장, 수익률 상승 Overvalued, Overbought, Overbullish and Rising Yield〉, 2011년 1월 12일, http://investmentwatchblog.com/overvalued-overbought-overbullish-and-rising-yields/.

❻ 마이클 기본스, http://www.gibbonstrading.com.

❼ 세바스찬 맬러비Sebastian Mallaby, 《신보다 더 부자More Money than God》, 펭귄프레스 Penguin Press, 2010년.

변화

마음을 비워라. 형체도, 형태도 없어야 한다. 물처럼 되어야 한다. 물을 컵에 부으면 컵 모양이 된다. 병에 부으면 물은 병 모양이 된다. 주전자에 부으면 주전자 모양이 된다. 물은 흐르거나 파괴한다. 동료들이여, 물이 되어라! ❶

시장은 상승하고, 하락한다. 그리고 횡보한다. 시장은 추세를 따른다. 시장은 흐른다. 시장은 사람을 놀라게 한다.

시장은 늘 변화했을까? 물론이다. 앞으로도 마찬가지다. 역사책을 펴고 확인해봐도 좋다. 투자자에게 최고의 자산은 시장의 변화를 수용하는 법과 시장과 함께 흘러갈 수 있게 해주는 투자 철학을 배우는 것이다. 시장의 변화가 우스꽝스럽게 시작돼 어처구니없이 과장되거나 비이성적으로 끝나더라도, 이 혼란스럽고 변화하는 세계 속에서

가장 합리적인 선택은 추세를 따르는 것이다. ❷

그래서 추세추종 트레이더들은 동일한 매매 전략을 여러 시장에 적용한다. 이 중 상당수는 이해하기 어렵다. 대학에서도 전공 분야를 세분화하는 게 요즘 추세다. 다양한 분야에 해박한 것보다는 하나의 분야를 속속들이 알고 있는 사람이 더 대접받는 세상이다(앞서 언급한,

추세추종기법은 시장과 싸우지 않는다.

필자에게 추세추종에 관한 조언을 구한 펀드매니저들 역시 특정 시장의 펀더멘털에 대해 잘 알고 있는 사람을 찾고 있다고 했다). ❸

1974년부터 추세추종전략을 활용해온 트레이더의 이야기를 들어보자. 이 사람은 수백만 달러에 달하는 수익을 기록했고, 고객들에게 수십억 달러를 벌어준 베테랑이다. 그런데 그가 활용한 추세추종 시스템의 주요 전략은 과거나 지금이나 똑같다고 한다. 그는 그 이유를 매우 간단하게 설명했다. "이상하게 들리겠지만, 시장은 시장일 뿐입니다."❹

일부에서는 추세추종기법도 변화하는 시장의 조건에 맞게 수정되어야 한다고 주장한다. 그래야 되는 것 아니냐고 토론을 벌이려는 사람도 있다. 그럴듯하게 들리지만 맞는 말은 아니다. 추세추종기법은 시장에의 대응을 기본으로 하는 투자 방식이다. 그래서 근본적으로 변화를 수용할 수 있도록 만들어졌다.

그렇다면 시스템을 이용하는 추세추종 트레이더들은 모두 수익을 올리기 위해 엄청난 리스크를 감수할까? 물론 아니다. 이들은 모두 동일한 방법으로 추세를 쫓을까? 그것도 아니다. 세상에는 다양한 추세추종 트레이더가 있고, 이들은 모두 각자의 방식을 활용한다. 세상에 수천 개가 넘는 자동차 모델이 있지만 모두 자동차라는 사실에는 변함이 없는 것처럼 말이다.

시장은 등락을 거듭한다. [5]

❶ 리샤오룽, 〈전사의 길A Warrior's Journey〉, 존 리틀John Little과 이소룡, 워너브러더스 홈 비디오, 2000년 10월 22일.

❷ 존 W. 헨리, 스위스 제네바 프레젠테이션, 1998년 9월 15일.

❸ 토머스 프리드만Thomas Friedman, 《렉서스와 올리브나무The Lexus and the Olive Tree》, 21세기북스, 2009년.

❹ 메리 앤 번스Mary Ann Burns, 〈산업의 아이콘이 선물 관리에 접근하다Industry Icons Assess the Managed Futures Business〉, 퓨처 인더스트리 어소시에이션Future Industry Association, 2003년 5월, 6월.

❺ JP모건.

예측은 금물!

예측은 어렵다. 특히 미래에 대한 예측은 불가능하다.

"구글이 할 수 있는 일은 매우 많다. 다만 하지 않기로 선택할 뿐이다. 언젠가 주식시장을 예측하는 문제를 놓고 토론하기도 했다. 하지만 불법이라고 해서 그만두었다."❶

물론 구글은 훌륭한 검색 엔진이다. 그래서 '검색의 왕'이라는 별명을 얻었고, CEO인 에릭 슈미트Eric Schmidt는 엄청난 돈을 벌었다. 축하할 만한 일이다. 하지만 주식시장을 예측할 수 있다는 슈미트 회장의 말은 허황된 것이다. 수십억

가격이 미래를 예측한다. 투자자는 미래를 예측하지 못한다.

달러를 버는 뛰어난 CEO라도 틀린 건 틀린 거다.

비단 슈미트뿐만이 아니다. 최근 뛰어난 경제석학들이 영국 엘리자베스 여왕Queen Elizabeth II에게 금융 위기를 예측하지 못했다면서 용서를 구한 일이 있었다. "여왕 폐하, 정리해서 말하면 다양한 원인이 존재했는데도 금융 위기의 시작과 정도, 심각성을 예측하지 못한 이유는 영국뿐만 아니라 전 세계 석학들의 집단적인 상상력이 금융 시스템의 리스크를 총체적으로 이해하지 못했기 때문입니다." 여왕은 이들의 말을 듣고 무슨 생각을 했을까? 경제학자들의 말을 믿었을까? 경제학자들과 달리 여왕은 무언가를 알고 있었을까? 누구도 시장이 앞으로 어떻게 움직일지, 혹은 어떤 추세를 보일지 예측할 수 없다. 그러면 돈도 벌 수 없는 걸까? 그렇지는 않다.

보험이나 도박, 혹은 여타 비슷한 산업을 생각해보자. 아주 조금이라도 남다른 기술이 있고, 가능성을 알아보는 시각만 있으면 많은 돈을 벌 수 있다. 하지만 돈을 버는 과정이 쉽지만은 않다.

모르는 일에 직면했을 때, 인간이 겪는 감정의 변화를 생각해보자. 얼마 전 필자는 난생 처음 라스베이거스에서부터 후버 댐까지 운전을 한 적이 있다. 콜로라도 강을 가로지르는 후버 댐 다리에서 밑을 볼 생각을 하니 얼마나 아찔할지 걱정이 앞섰다. 운전하는 내내 고민했는데, 막상 다리에 가서 보니 댐은 보이지도 않았다. 다리에 콘크리트 벽이 높게 둘러쳐 있었기 때문이다. 얼마나 다행이었는지 모른다. ❷

이것이 바로 추세추종 트레이더들의 삶이다. 전혀 예상치 못했던 일이나 알지 못했던 일이 발생할 때를 대비해 대응 방법을 마련해놓아야 한다. 대부분의 추세추종 트레이더는 19세기 시장까지 거슬러 올라가 자신의 전략이 효과 있는지 점검하곤 한다. 당시에도 지금과 마찬가지로 금리, 통화, 농산물 등의 시장이 다양한 추세를 보였으며, 무작위적이고 예측이 불가능했다. ❸

필자의 경우, 메릴랜드 벨츠빌에 있는 미국국립농업도서관에서 19세기 《이코노미스트Economist》에 보도된 농산물 가격 정보를 모조리 훑어본 적도 있다. 결과는 마찬가지였다. 역시 어느 시장을 막론하고 추세 예측은 불가능했다.

20세기에 있었던 일을 이야기해보자. 한 유명한 추세추종 트레이더가 주식 투자 세미나에 초청받았다. 참석자들은 질문 공세를 퍼부었다. "금은 어떤가요?" "캐나다달러의 가치는 어떨까요?" "시장은 언제 천장을 형성할까요?" 그의 대답은 이랬다. "저는 금을 좋아합니다. 빛나고 예쁘고 액세서리로도 훌륭하죠." "글쎄요, 캐나다달러가 어떻게 될지는 모르겠네요." 그의 대답을 들은 참석자들은 실망했다. 괜히 돈만 버렸다고 생각하는 사람도 있었다. 하지만 그보다 더 정확한 답을 말할 수는 없을 것이다. 문제는 사람들의 질문에 있었다. "어떻게 추세가 상승하고 있다는 것을 알 수 있나요?"라는 질문 대신 "현재 추세가 상승하고 있다는 것을

추세추종기법의 장기 목표는 살아남는 것이다.

알기 위해서는 어떤 것을 봐야 하나요?"라고 질문해야 했다. "금은 어떤가요?"라는 질문 대신에 "제가 금을 제대로 매매하고 있나요?"라고 물어야 했다. ❹

　이 추세추종 트레이디는 질문한 사람들이 스스로를 되돌아볼 수 있도록 대답했다. 하지만 그의 의도를 파악하지 못한 사람이 대부분이었다.

❶ 에릭 슈미트 연설, 아부다비 미디어 회의Abu Dhabi Media Summit, 2010년 3월.
❷ 마크 S. 르제프진스키 Mark Rzepczynski, 〈존 W. 헨리 기업의 지난 1년John W. Henry & Co. Year in Review〉, 2000년 12월.
❸ 마이클 코벨, 《추세추종전략》.
❹ 질문에 대한 답을 원하는 독자들은 http://turtletrader.com으로 이메일을 보내주길 바란다.

가격을
매매하자

일반적인 방법으로는 수익을 기대하기 어려워졌다. 일반
적인 방법을 믿지 못하게 되었다면, 이제는 무엇을 믿어
야 할까? 높은 수익을 올리기 위해서는 새로운 기회를 잡
아야 한다. 그리고 규칙이라고는 전혀 없는 정글의 세계
로 들어가야 한다. ❶

추세가 언제까지 지속될지 추
측하지 마라. 이는 불가능하
다. 가격이 뉴스를 만들지, 뉴
스가 가격을 만들진 않는다.
시장은 갈 길을 갈 뿐이다. ❷

'시장'이 모르는 게 있을까?

애플, GE 같은 거대 기업이건 원
유나 금 같은 원자재건 이미 정보
는 충분하기 때문에 모두 똑같이
매매하면 된다는 생각은 말도 안
된다. 하지만 이들에게는 하나의

공통점이 있다. 바로 가격이다.

시장의 가격은 객관적인 정보다. 어느 시장에서건 지금까지 가격이 어떻게 변화해왔는지를 분석하고 투자하면 성공적인 결과를 얻을 수 있다. 하버드, 와튼 스쿨, 노스웨스턴대학의 켈로그, 뉴욕대학의 스턴, 다던 스쿨 등 내로라하는 경영대학원에서는 가르쳐주지 않는 귀중한 진실이다. 그러나 많은 사람이 가격을 매매의 주요 신호로 고려하는 건 너무 단순한 생각이라고 깎아내린다. 유명한 경제뉴스 앵커는 이렇게 말했다. "투자는 결국 믿음이다. 그런데 각종 금융 자료와 연례 보고서 등을 믿지 못한다면 대체 뭘 믿어야 하는가?"

《포춘Fortune》의 베테랑 금융기자 역시 이해하지 못하기는 마찬가지였다. "월가에서 가장 똑똑하다고 생각되는 전문가들 중 일부가 금융 자료를 믿지 않는다면, 대체 금융 자료를 믿는 사람은 누구일까?"❸

내일의 가격을 가늠하는 데 필요한 가장 유용한 잣대는 오늘의 가격이다.

기업에서 발표하는 금융 자료를 곧이곧대로 믿어서는 절대 안 된다. 자료는 조작할 수 있다(회계부정으로 파산한 엔론Enron의 자료는 모두 새빨간 거짓말이었다). 게다가 기업의 재무제표를 완전히 파악했다고 해서 주식을 얼마만큼 어느 가격에 매수 혹은 매도할지 결정하는 데 도움이 될까?

시장은 언제나 옳으며, 매매에서 신뢰할 수 있는 유일한 진실은 가격뿐이다. 투자 대상이 무엇이든 간에 시장이 어떻게 움직이고 있는지 제대로 반영하지 않고는 돈을 벌 수 없다. 시장이 하락하는 데 매수 포지션을 유지하고 있다면 시장이 맞고 당신이 틀린 것이다. 시장이 상승하는데 매도 포지션을 유지하고 있다면 역시 시장이 옳고 당신이 틀린 것이다. 다른 조건이 같다면 시장에서 올바른 투자 포지션을 오래 유지할수록 돈을 벌고, 잘못된 투자 포지션을 오래 유지할수록 돈을 잃는다. ❹

채권에 대해 몰라도 된다. 각국 통화의 차이를 이해하지 못해도 좋다. 모두 숫자놀음일 뿐이다. 물론 옥수수와 채권이 다르긴 하지만 각각 다르게 매매해야 할 정도로 다르진 않다. 시장마다 다른 시스템을 적용하는 사람도 있는데, 이는 불합리한 방법이다. 투자는 결국 대중의 심리를 매매하는 것이다. 옥수수건 대두건 S&P건, 결국에는 모두 가격을 매매하는 것이다. ❺

진실은 가격뿐이다. 다른 것은 모두 추측에 불과하다.

---

❶ 〈밀러스 크로싱Miller's Crossing〉, 조엘 코엔Joel Coen, 20세기 폭스, 1990년.
❷ 〈톰 볼드윈과 피터 보리시가 함께한 위층/아래층 세미나From Upstairs/Downstairs Seminar with Tom Baldwin and Peter Borish〉, 퓨처스 인더스트리 어소시에이션, 1994년.
❸ 마이클 코벨, 《추세추종전략》.
❹ 마이클 기븐스, 〈매매 기본과 규칙 여덟 가지Eight Trading and Rules〉, http://www.gibbonstrading.com/trading.htm.
❺ 케빈 코이Kevin Koy, 《거포들The Big Hitters》, 인터마켓 퍼블리싱Chicago Intermarket Publishing, 1986년.

베팅의 기술

투자는 소셜 커머스 서비스처럼
무조건 싸게 팔지 않는다. 리스크가 없으면 보상도 없다.

인생은 리스크와 보상이 놓여 있는 둥근 트랙을 따라 끊임없이 뛰는 것과 같다. 리스크가 크면 보상도 크다. 중간 정도의 보상과 인생을 원한다면 딱 그만큼의 리스크를 감수하면 된다. 그런데 큰 보상을 원하는 사람들에게는 말처럼 쉬운 일이 아니다. 추세추종기법은 "뛰어난 트레이더들의 실적을 미끼로 벌이는 두더지잡기 게임"이라는 비난을 듣기도 한다.

어렸을 때는 가족과 학교, 각종

내게 지구만큼 큰 지렛대와 받침대를 달라. 그러면 내가 이 세계를 움직여보이겠다. ❶

사회 제도 속에서 리스크로부터 보호를 받는다. 리스크를 감수하라는 말은 듣지 않는다. 대신 위험하게 놀지 말라는 소리를 듣는다. 리스크는 나쁘다고 배운다. 하지만 승자들은 리스크가 굉장히 생산적이며 피해야 할 대상이 아니라는 사실을 알고 있다. 리스크를 미리 계산하고 감수하는 것과 분별력이 없는 것은 전혀 다르다. 오히려 안전한 길만 가려는 행동이 더 위험하다. 살면서 리스크를 무조건 거부했다가는 정말 큰 위험에 직면하게 될 수도 있다. ❷ 인생이 '리스크 게임'이라면, 확률을 측정하는 데 익숙해지는 것이 만족스러운 삶을 살기 위한 유일한 방법이다.

신생 기업을 꾸려나가는 기업인의 시각으로 투자를 생각해보자. 모든 기업은 리스크를 측정한다. 기업은 자본을 투자하고, 투자한 자본을 불리는 것을 목표로 한다. 이 점은 어느 기업이나 마찬가지다. 올바른 결정은 성공으로 이어지고, 잘못된 결정은 파산으로 이어진다.

수익과 리스크는 동전의 양면이다.

너무 냉정한 소리 같지만, 사실이다. 다행히도 올바른 결정을 내리는 데 도움이 되는 방법이 있다. 다음과 같은 질문을 던져보자.

▶ 시장의 틈새를 공략할 기회는 무엇일까?

▶ 시장의 수요에 대한 해결책은 무엇일까?

▶ 기회는 얼마나 큰가?

▶ 어떻게 돈을 벌 것인가?

▶ 시장에서 어떻게 공개하고 판매할 것인가?

▶ 경쟁은 얼마나 치열한가?

▶ 자신만의 강점은 무엇인가?

▶ 어떻게 기업을 이끌고 관리할 것인가?

▶ 리스크는 무엇인가?

▶ 왜 자신이 성공할 거라고 생각하는가?

이는 추세추종 트레이더가 되기 위한 여정의 시작일 뿐이다. 그다음에는 리스크에 대해 좀 더 깊게 생각해봐야 한다. 리스크는 맹목적인 리스트와 계산된 리스크, 두 가지로 나뉜다. 맹목적인 리스크는 막연한 추측이고, 나태함의 상징이다. 비이성적인 희망, 공짜, 행운, 복권 당첨 등이 여기에 포함된다. 아무런 목표도 없는 도박이고, 감정적 결정이며, 속임수다. 맹목적인 리스크를 쫓는 사람은 결국엔 실패할 수밖에 없다. 그러나 계산된 리스크로는 엄청난 돈을 벌 수도 있고, 나라를 세울 수도 있고, 제국을 일으킬 수도 있다. 계산된 리스크는 대담한 목표와 양립한다. 가능성을 보고, 논리적으로 행동하고, 신념과 자신감을 가지고 일을 추진하면 성공할 수 있다. 지금까지 인류가 만들어낸 뛰어난 업적과 역사상 위대한 위인들은 모두 계산된 리스크가 만들어낸 결과물들이다.

추세추종 트레이더들은 계산된 리스크를 통해 성공했다. 1994년에

피클을 먹겠다고 산해진미를 베팅해서는 안 된다. ❸

개봉된 영화 〈가라테 키드The Karate Kid〉에서 미야기 사부가 주인공에게 가라테를 제대로 배우려면 자동차 왁스칠부터 꼼꼼히 하라고 가르쳤듯이, 트레이더들은 리스크를 꼼꼼히 관리해야 한다.

---

❶ 아르키메데스Archimedes. 그리스의 천문학자, 수학자, 물리학자, 공학자, 발명가.
❷ 1989년 조지아대학 졸업연설, 1989년 6월 17일.
❸ 래리 하이트Larry Hite.

트레이딩 시스템

제이크: 밴드? 밴드라…….

클레오퍼스 제임스 목사: 빛이 보이나요?

제이크: 그래, 밴드야!

클레오퍼스 제임스 목사: 빛이 보이나요?

엘우드: 빛? 무슨 빛?

클레오퍼스 제임스 목사: 빛을 본 적이 있나요?

제이크: 네! 네! 이런 맙소사. 빛을 보았어요! ❶

독자들도 영화 〈블루스 브러더스Blues Brothers〉의 주인공 제이크처럼 빛을 보고 싶은가? 추세추종 투자 코치인 찰스 포크너Charles Faulkner의 조언을 들어보자.

▶ 누구도 미래를 예측할 수 없다.

▶ 앞으로 일어날 것만 같은, 일어날 수 있는, 일어나야 하는 일을 알고 싶다면 현재를 보라. 그러면 다른 사람보다 앞서나갈 수 있다.

▶ 중요한 것들은 측정할 수 있다. 따라서 측정 능력을 갈고닦아야 한다.

▶ 어떤 일이 일어날지 알기 위해 언제 일어날지 알아야 할 필요는 없다.

▶ 주가는 상승, 하락, 횡보한다.

▶ 손실도 삶의 한 부분이다.

▶ 오직 '지금'만 있을 뿐이다. ❷

좀 더 실용적으로 접근해보자. 다음 질문에 답할 수 있다면 이미 추세추종 트레이딩 시스템을 가지고 있다는 뜻이다.

1. 어떤 시장에 투자하고 있는가?

2. 각 시장에서 얼마만큼의 자본을 매수 혹은 매도하는가?

3, 언제 매수 혹은 매도하는가?

4. 손절매 타이밍은 언제인가?

5. 수익 실현 타이밍은 언제인가?

다음 질문에도 대답해보자.

1. 현재 시장의 상황은 어떤가?

2. 시장의 변동성은 어느 성도인가?

3. 어떤 종목을 매매하는가?

4. 시스템과 매매 성향은 어떤가?

5. 자신과 고객들의 위한 리스크 분산 방법은 무엇인가?❸

위의 질문에 명확한 답을 가지고 있어야 한다. 대충 모호하게 대답하는 것은 곤란하다. 위의 사고방식을 수용할 수 있다면, 역시 추세 추종 트레이딩 시스템을 가지고 있다고 볼 수 있다.

"나도 나름대로는 트레이딩 시스템이 있다!"고 외치는 투자자들 중에는 자의적인 가이드라인을 가지고 있는 경우가 많다. 그래서 자신의 입맛에 맞

1970년대, 아니 그 이전부터 간단한 시스템은 뛰어난 실적을 얻어내는 능력을 발휘해왔다.❺

으면 가이드라인을 따르다가도 그렇지 않으면 무시해버리곤 한다. 이는 절대로 과학적인 투자라고는 할 수 없다. 15년 전 아침에 일어났을 때의 기분까지 투자 시뮬레이션에 포함시킬 수는 없다.

트레이딩 시스템을 활용하려면 스스로 생각할 때 가혹하다 싶을 만큼 규칙을 지켜야 한다. 예외가 있어서는 안 된다. 멍청한 짓이라는 생각이 들든 똑똑한 짓이라는 생각이 들든, 무조건 시스템이 시키는 대로 해야 한다. ❹

추세추종 트레이더들이 활용하는 시스템은 모두 조금씩 다르지만 기본적인 부분은 동일하다. 가장 일반적으로 사용되는 리버설 시스템reversal system은 롱 포지션과 숏 포지션 두 가지로 구성되며, 절대 시장을 떠나지 않는 방법이다. 투자 포지션을 정리할 때는 정반대의 투자 포지션을 구축한다.

또 다른 시스템은 롱 포지션, 숏 포지션뿐 아니라 중립적인 포지션으로 구성된다. 중립적인 투자 포지션은 시장에서 아무것도 하지 않는 것이다. 롱 포지션을 구축하고 있는데 청산 신호가 발생하면 즉시 숏 포지션을 구축하는 게 아니라 시장에서 발을 빼는 방식이다. 지금부터 추세추종 시스템을 구체적으로 설명해보겠다.

> ▶ 시장의 추세에 따라 롱 포지션 혹은 숏 포지션을 구축한다. 가격이 이전 100일 동안의 최고가를 경신한다면 롱 포지션을 구축한다(혹은 숏 포지션을 청산한다). 만약 이전 100일 동안의 최저가가 깨진다면 숏 포지션을 구축한다(혹은 롱 포지션을 청산한다). 언제나 시장의 우세한 추세에 따라 롱 포지션 혹은 숏 포

지선을 유지한다. ❻

▶ 각 시장이 지금까지 보인 변동성에 따라 리스크를 분산하고, 투자 포지션을 조절한다. 전체 리스크를 투자 포트폴리오를 구성하고 있는 각각의 시장에 골고루 분산시킨다. 각 시장에 할당된 투자 포지션의 크기는 해당 시장의 변동성에 따라 적절하게 조절한다. 시장의 변동성은 ATR로 측정한다. 투자 포지션을 조절할 때는 해당 시장의 변동성과 전체 투자 자산만을 고려하며, 여타 시장의 변동성이나 비중은 무시한다. ❼

▶ 시장이 4주 신고가를 경신하면 매수하고, 4주 신저가를 경신하면 매도한다. 지금까지 롱 포지션을 유지하고 있었다면 4주 신저가가 경신되었을 때 숏 포지션으로 전환한다. 4주 최고가를 경신했는데 숏 포지션을 취하고 있다면 곧바로 롱 포지션으로 바꾼다.

▶ 필자의《터틀 트레이딩》이나 찰스 르보Charles Lebeau의《선물 투자를 위한 컴퓨터 분석 가이드Technical Traders Guide to Computer Analysis of the Futures Markets》에는 더 다양한 시스템이 소개되어 있다.

지금까지 설명한 추세추종 시스템은 모두 견고한 방식이다. 물론 추세추종기법에는 여러 가지 다양

시장은 계속 변화해왔다. 지금도 그렇고 과거에도 그랬다. ❽

한 변형이 존재한다. 하지만 추세가 밀려들 때 이에 올라탈 방법이 필요하다는 점에서는 비슷한데, 가장 간단한 방식이 최선인 경우가 많다. 무엇보다 중요한 열쇠는 의심하지도 비판하지도 않고 철저하게 시스템을 따르는 것이다. 완벽한 진입 및 청산 규칙을 가지고 있건 그렇지 않건 간에 트레이딩 시스템은 반드시 중요하다.

많은 사람이 투자 관리가 매입 및 청산 전략보다 중요하다고 생각한다. 물론 투자 관리보다 투자 포트폴리오를 선택하는 것이 더 중요하다고 하는 사람도 있다. 어쨌거나 투자 관리는 꼭 필요하며, 경직된 태도로 접근해서는 안 된다.

먼저 투자 관리에 대해 정확하게 알아보자. 투자 관리는 리스크 관리, 투자 포지션 조절, 혹은 투자 자산 조절이라고도 하는데 투자에서 가장 필수적인 부분이다. 투자 관리는 성관계와 비슷하다. 누구나 다 하는 일이지만, 대놓고 말하기는 멋쩍다. 또 개중 뛰어난 사람들이 있다. 매수 혹은 매도(혹은 숏 포지션 구축) 결정을 내릴 때는 얼마만큼을 매수 혹은 매도할지 결정해야 한다. 너무 많은 리스크를 감당하거나 확률을 높이면 깡통계좌를 만들 가능성도 높아진다. 반대로 리스크가 너무 적으면 보상도 줄어든다. ❾

자신에게 항상 "내 투자 자산에는 한계가 있다. 그중 얼마만큼을 매매해야 할까?"라는 질문을 던지자. 총 10만 달러의 투자 자산이 있는데, 마이크로소프트Microsoft 주식을 매입하려고 한다. 10만 달러 중 얼마를 초기 매수에 사용하겠는가? 처음부터 10만 달러를 모두 투자할 것인가? 만약 당신의 판단이 틀렸다면 어떻게 될까? 그렇다면 10만 달러를 한번에 잃어버릴 수도 있지 않을까? 현명하지 못한 행동이다.

그렇다면 얼마를 베팅 혹은 매매할지 결정하는 방법으로는 무엇이 있을까? 추세추종 트레이더들은 매우 적은 비중으로 투자를 시작한다. 예를 들어, 10만 달러를 투자한다면 초기 매수에 2%, 즉 2000달러를 사용한다. '전체 자산이 10만 달러인데 고작 2000달러를 투자한다고? 2000달러는 아무것도 아닌데……?'라고 생각할 수도 있다. 중요한 건 미래를 예측할 수 없기 때문에 무조건 장밋빛 꿈에 부풀기보다는 손실을 미리 우려해야 한다는 것이다. 1% 미만으로 시작하는 것도 좋다. 하나의 종목에 5% 이상 리스크를 감수한다면 크게 낭패를 볼 수도 있다. [10]

리스크와 보상은 일종의 거래 관계다. 보수적인 투자는 보수적인 성과로 이어진다. 대담한 투자는 엄청난 손실로 이어질 수 있다. 포트폴리오의 변동성이 커지면 스트레스를 받기도 한다. 큰 수익을 내도록 투자 포트폴리오를 구성하면 그만큼 리스크도 커진다. 다섯 개 종목에 2%씩 리스크를 할당했는데, 이 종목들이 모두 삐걱거린다면 10%만큼 리스크가 생긴다. 두 개 종목에 5%씩 리스크를 할당했다면, 이들 종목이 하락할 때 앞에서 설명한 다섯 개 종목이 하락할 때와 똑같은 수준의 리스크를 떠안게 된다. [11]

시스템 결정과 철저한 투자 관리 다음으로 중요한 문제는 투자 태도다.

> ▶ 자신이 정말 원하는 것은 무엇인가?
>
> ▶ 왜 매매를 하는가?
>
> ▶ 자신의 장점과 약점은 무엇인가?
>
> ▶ 감정적인 문제는 없는가?
>
> ▶ 어떻게 자신을 훈련시키고 있는가?
>
> ▶ 얼마나 쉽게 확신하는가?
>
> ▶ 자신을 얼마나 믿는가?
>
> ▶ 자신의 시스템을 얼마나 믿는가?
>
> ▶ 리스크를 어느 정도 감당할 수 있는가?

뛰어난 추세추종 시스템은 똑똑한 '베팅'으로 수익을 증대시킨다. [12]

개인적으로 결정할 문제이므로, 각자 알아서 생각해보자.

주: 이와 관련, 데이브 드루즈Dave Druz와 에드 세이코타Ed Seykota가 제공하는 온라인 자료 '최적의 리스크 관리Determining Optimal Risk'를 읽으면 도움이 될 것이다. 투자 관리에 대해 알고 싶은 사람들을 위한 최고의 입문서다.

❶ 〈블루스 브러더스Blues Brothers〉, 존 랜디스John Landis, 유니버설 스튜디오, 1980년 6월 20일.

❷ 찰스 포크너, 〈추세추종 트레이더의 반직관적인 세계 속(당신이 생각하는 게 아니다. 당신이 아는 것이다)Inside the Counterintuitive World of Trend Followers: It's Not What You Think. It's What You Know〉, 《SFO 매거진SFO Magazine》, 2005년 4월.

❸ 〈윌리엄 에크하르트의 뛰어난 추세추종 트레이더들William Echhardt: Top Systems Traders〉, 퓨처스 인더스트리 어소시에이션, 오디오 연설, 1992년.

❹ 제임스 사이먼스, 〈수학, 상식, 행운Mathematics, Common Sense, and Good Luck〉, 그리니치 라운드테이블Greenwich Roundtable, 1999년 6월 17일.

❺ http://www.altispartners.com.

❻ http://auspicecapital.com.

❼ 상동.

❽ 에드 세이코타, http://www.seykota.com.

❾ 기브스 버크Gibbons Burke, 《돈을 관리하는 방법Managing Your Money》, 액티브 트레이더Active Trader, 2000년 7월.

❿ 크레이그 파울리Craig Pauley, 〈CTA가 되는 방법How to Become a CTA〉, 시카고 증권거래소 세미나, 1992년~1994년, 1994년 6월.

⓫ 에드 세이코타와 데이브 드루즈, 〈최적의 리스크 관리Determining Optimal Risk〉, 《테크니컬 어낼리시스 오브 스톡스 앤드 코모디티스 매거진Technical Analysis of Stocks and Commodities Magazine》, 11권 3번, 1993년 3월, http://www.traders.com.

⓬ 프랜시스 바카Francis Vaca의 CTA 컨피덴셜 자료 인용, 〈선물관리 트레이딩 프로그램에 관한 연구 시리즈An Ongoing Series of Qualitative Investigations into Managed Futures Trading Programs〉, 매니지드 어카운트 리서치Managed Account Research, 2010년.

투자 다변화

기본 명제는 간단하다. 이 세상은 혼돈으로
가득 차 있다.

'무엇을 매매할 것인가?'는 매우 중요한 문제다. 투자에 있어 가장 중요한 요소라고 해도 과언이 아니다. 그런데 딜레마가 있다. 모든 것을 매매할 수도 없고, 하나만 매매할 수도 없다. 시장의 추세를 따라잡기 위해서는 충분히 많은 시장에 투자 포지션을 구축하고 있어야 한다. 투자 다변화가 유일한 해답이다. 통화, 금리, 전 세계 주식시장 지수 펀드, 곡물과 각종 농산물

추세추종기법은 모든 시장에서 동일한 규칙을 활용한다. 추세추종기법은 다양한 시장에서 뛰어난 수익률을 기록해 왔다. ❶

(밀, 면화 등), 고기, 금속, 에너지 등에 잠재적 투자 기회를 분산해놓아야 한다.

시장의 이름 따위는 잊어도 좋다. 가격을 보고 매매하는 것은 모든 시장이 마찬가지다. 어느 시장이나 비슷하기 때문에 추세가 시작되면 추세추종기법으로 상당한 돈을 벌어들일 수 있다. 이에 대해서는 '추세추종 트레이더들은 돈을 얼마나 벌었을까?'에서도 설명했다.

지금부터는 투자 다변화를 위해 포트폴리오를 구성할 때 고려해야 할 시장들을 소개하겠다(괄호 안은 해당 종목을 매매하는 시장의 이름이다).

영국파운드(시카고 상품거래소, www.cmegroup.com)

캐나다달러(시카고 상품거래소)

유로(시카고 상품거래소)

스위스프랑(시카고 상품거래소)

일본 엔(시카고 상품거래소)

오트스레일리아달러(시카고 상품거래소)

멕시코 페소(시카고 상품거래소)

유로달러(시카고 상품거래소)

유리보(NYSE 런던국제금융선물옵션거래소, www.euronext.com)

오스트레일리아 은행 어음 (오스트레일리아 증권거래소, www.asx.com.au)

미국 10년 만기 국채(시카고 상품거래소)

미국 30년 만기 국채(시카고 상품거래소)

캐나다 국채(시카고 상품거래소)

초장기 국채(NYSE 런던국제금융·선물옵션거래소)

유로-독일 채권(유럽 파생상품거래소, www.eurexchange.com)

일본 국채(도쿄 증권거래소, www.tse.or.jp)

오스트레일리아 10년 만기 국채(오스트레일리아 증권거래소)

밀(시카고 상품거래소)

밀(캔자스시티 상품거래소)

옥수수(시카고 상품거래소)

대두(시카고 상품거래소)

콩가루(시카고 상품거래소)

식용유(시카고 상품거래소)

카놀라(런던 ICE선물시장, www.theice.com)

면(런던 ICE선물시장)

설탕(런던 ICE선물시장)

런던 설탕(NYSE 런던국제금융·선물옵션거래소)

커피(런던 ICE선물시장)

로부스터Robusta 커피(NYSE 런던국제금융·선물옵션거래소)

코코아(런던 ICE선물시장)

코코아(NYSE 런던국제금융·선물옵션거래소)

오렌지주스(런던 ICE선물시장)

우유(시카고 상품거래소)

목재(시카고 상품거래소)

미니 S&P 500(시카고 상품거래소)

미니 러셀 2000(시카고 상품기래소)

영국 FTSE 100(NYSE 런던국제금융·선물옵션거래소)

일본 닛케이(싱가포르 거래소, www.sgx.com)

유로 Stoxx 50(유럽파생상품거래소)

중국 항셍(홍콩 증권거래소)

오스트레일리아 SPI 200(오스트레일리아 증권거래소)

돼지고기(시카고 상품거래소)

생우Live Cattle(시카고 상품거래소)

비육용 소Feeder Cattle(시카고 상품거래소)

백금(시카고 상품거래소)

은(시카고 상품거래소)

금(시카고 상품거래소)

동 HG Copper(시카고 상품거래소)

알루미늄(알루미늄 런던 금속거래소, www.lme.com)

니켈(알루미늄 런던 금속거래소)

아연(알루미늄 런던 금속거래소)

경질유(시카고 상품거래소)

브렌트유(시카고 상품거래소)

난방유(시카고 상품거래소)

무연휘발유(시카고 상품거래소)

천연가스(시카고 상품거래소) **❷**

특정 매매에 따르는 리스크는 당연히 측정해야 한다. 하지만 각 투자의 리스크가 모두 합쳐졌을 때는 생사가 달린 문제가 된다. 따라서 투자 포트폴리오 전체의 리스크도 고려해야 한다. **❸**

지금까지 투자 다변화에 대해 설명했다. 지금은 ETF나 선물로도 투자를 다변화시킬 수 있는 세상이 되었다. 못 한다고 말한다면, 변명일 뿐이다.

❶ http://www.slarekcap.com.

❷ http://www.abrahamtrading.com.

❸ 프랜시스 바카Francis Vaca의 CTA 컨피덴셜 자료 인용, 〈선물관리 트레이딩 프로그램에 관한 연구 시리즈〉, 매니지드 어카운트 리서치, 2010년.

일보후퇴

시장에서는 모두가 패자다. 승자는 없다. 모두 겁에 질려
침대 밑으로 숨는다. 그러다가 결국에는 죽게 된다.
사는 게 정말 힘들다. 그렇지 않은가?

코모디티스 코퍼레이션Commodities Corporation(트레이더들에게 투자 훈련을 실시하고 종자돈을 제공해 일종의 트레이더 양성 기관으로 유명세를 얻고 있다) 이 1990년대 초 일본 트레이더들을 초청해 투자 훈련을 실시한 적이 있다. 코모디티스 코퍼레이션에

그마나 시장에서 '승자'라고 부를 수 있는 사람들은 '해답'을 얻기 위한 노력을 절대 게을리하지 않는다. 이들은 이미 해답을 가지고 있어도 또 다른 해답을 찾기 위해 노력한다.

서 급부상한 트레이더 중 한 명이 이들과 함께 점심식사를 하면서 리스크 관리의 중요성에 대해 이야기했다. 그는 자신이 각각의 매매에서 단 1%의 리스크만 감수하고 있다며, 작은 손실들을 기록하는 건 큰 수익을 벌어들이는 과정에서 어쩔 수 없이 겪는 일이라고 말했다. 그러자 일본 트레이더들은 당황하며 이렇게 물었다. "돈을 잃기도 한다고요?"❶

실패를 즐기는 사람도 있다. 실패를 통해 승리하기 때문이다. 라스베이거스의 슬롯머신을 생각해보라.

아차! 지금까지 하지 못한 말이 있다. 어느 나라에서 투자를 하든 간에 작은 손실들을 사랑하는 법을 배워야 한다. 손실은 투자 자산을 갉아먹지만 어쩔 수 없다. 그런데 투자 자산을 갉아먹는다는 건 무슨 뜻일까?

작은 손실들이 쌓여 투자 계좌에 들어 있는 현금이 줄어든다는 뜻이다. 물론 즐거운 일은 아니다. 하지만 손실은 발생하게 마련이다. 관건은 추세추종기법을 이용해 재빨리 손실을 극복하고 다음 추세가 밀려오기를 기다렸다가 큰 수익을 올리는 것이다. 그러면 지금까지 기록한 작은 손실들이 단숨에 복구된다.

그렇다면 어느 정도까지 손실을 용납해야 할까? 이는 매우 중요한 문제인데, 투자자가 감당할 수 있는 리스크에 따라 그 정도가 달라진다. 다시 말해 개인적인 선택에 따라 달라진다. 추세추종 트레이더들이 오랜 시간에 걸쳐 기록해온 투자 수익률을 보면 이들의 추세추종 기법을 신뢰할 수밖에 없다. 특히 작은 손실을 복구하고 장기적으로 엄청난 수익을 기록해왔다는 사실은 부정할 수 없는 증거다. 어떤 투자자든 절대로 손실을 기록하지 않을 수는 없다. 하지만 추세추종 트레이더들은 부단한 노력으로 손실을 극복하고 수익을 올려왔다.

〈차트 8〉 S&P 500지수가 최고로 하락한 분기 동안 선라이즈 캐피털의 추세추종 트레이더들이 기록한 투자 실적

분기	사건	S&P 500지수	선라이즈 캐피털의 수익률
1987년 4분기	검은 월요일	−23.23%	55.37%
2002년 3분기	월드콤WorldCom 회계 스캔들	−17.63%	8.90%
2001년 3분기	9·11 테러 사태	−14.99%	8.29%
1990년 3분기	이라크의 쿠웨이트 침공	−14.52%	41.21%
2002년 2분기	닷컴 거품	−13.73%	18.19%
2001년 1분기	IT 베어마켓	−12.11%	11.22%
1998년 3분기	러시아 디폴트사태, LTCM 파산	−10.30%	12.02%
2008년 1분기	신용위기	−9.92%	15.12%
2008년 3분기	신용위기, 금융구제	−8.88%	−3.79%
2000년 4분기	닷컴 거품 붕괴	−8.09%	16.02%
1999년 3분기	Y2K 우려	−6.56%	−0.98%
1994년 1분기	연방준비위원회 금리 인상	−4.43%	−4.55%
2007년 4분기	신용위기	−3.82%	13.46%
1990년 1분기	불황, 원유가격 상승	−3.81%	13.54%
2003년 1분기	2차 걸프전	−3.60%	7.48%

❶ 마이클 코벨, 《추세추종전략》.

진입 방법

과정과 결과 중 어느 쪽이 더 중요할까? 자신이 옳다고
증명하고 싶은가? 아니면 부자가 되고 싶은가?

"방향을 제대로 잡았다면, 그 다음부터는 계속 걷기만 하면 된다." 일본 속담이라고 들었던 것 같다. 내가 만든 말이라고 해도 상관은 없다.

"결과는 통제할 수 없다. 다만 자신의 행동을 통제할 뿐이다."

그런데 행동을 통제하기 위해서는 먼저 몇 가지 진실을 받아들여야 한다. 그중 하나가 아주 싼 가격에 투자 대상을 매수할 수 있는 완벽한 진입 시점이 있다고 믿고 싶겠지만 현실은 그렇지 않다는 것이다. 유능한 추세추종 트레이더들이 돈을 버는 이유는 최적의 진입 시

점을 찾아냈기 때문이 아니다.

부동산 투자를 예로 들어보자. 2003년 봄, 나는 90만 달러짜리 부동산을 매입했다. 2008년 1월이 되자 대략 그 가치가 120만 달러로 추정돼 130만 달러에 팔려고 했다. 하지만 2008년 부동산 경기가 하락세를 타기 시작하면서 매입 희망가는 잘해야 90만 달러로 떨어졌다. 결국 최종 매매가는 101만 달러로 결정됐다. 구입 비용을 제외하면 정말 눈곱만큼의 수익을 올린 셈이다.

여기서 얻은 교훈 하나. 내가 얼마에 샀는지는 전혀 중요하지 않다. 중요한 것은 매입자가 얼마를 지불하려고 하는가다. 다시 말해 시장의 가격이다. '적어도 얼마는 받아야 하는데' 하는 생각은 버려라.

금융 자산에 투자할 때도 마찬가지다. 50달러에 시장에 진입했는데 현재 가격이 100달러라고 하자. 52달러나 60달러에 진입했더라도 크게 다르지 않다. 심지어 70달러에 진입했더라도 시장가격이 100달러라면 무시할 수 없는 수익을 벌어들인 셈이다. 대부분의 투자자가 '52달러라니! 비싸서 절대 못 들어가겠어'라고 생각한다. 하지만 70달러에 매입해 100달러에 팔 기회를 잡는 편이 가격이 다시 낮아지기를 기다리는 것보다 훨씬 낫다. 다시 말해 추세를 타면서 진입했다면 진입 시기는 그다지 중요하지 않다. ❶

구글이 500~550달러에 매매되고 있다고 가정해보자. 그런데 주가가 갑자기 600달러로 상승하면서 신고가를 경신한다. 이때가 바로 추세 상승의 시작일지도 모른다. "구글이 계속 상승할지는 모르겠다. 하지만 6개월이나 횡보세를 보이다가 갑자기 600달러로 상승하면서 신고가를 경신했다. 그래서 매입했다"고 말한다면 옳게 행동한 것이다.

진입을 알리는 세 가지 신호를 순서대로 나열하면 가격, 가격, 가격이다.

투자는 바겐세일 때 물건을 사는 것과는 다르다. 추세추종기법은 시장이 움직이기 시작할 때 진입하는 방법이다. 시장이 상승하면 진입하라. 시장이 하락하면 숏 포지션을 구축하라.

---

❶ 에드 세이코타, http://www.seykota.com.

청산 방법

트레이더 코모디티스 코퍼레이션의 아모스 호스테터Amos Hostetter는 손실이 25%가 되면 무조건 투자 포지션을 청산한다. "치즈를 못 먹었다고 안타까워하지 않는다. 덫에서 벗어나야 한다고 생각할 뿐이다."

시장이 자신의 투자 포지션과 반대로 움직일 때 가장 중요한 것은 "이제 그만할래!"라고 선언할 수 있는 단호한 태도다. 이를 위해 결혼할 때와 마찬가지로 투자할 때도 일종의 혼전 계약서가 필요하다. ❶ 즉, 투자 포지션을 구축하기 전에 미리 출구 전략을 짜놓아야 한다.

초보 트레이더가 노련하고 대담한 추세추종 트레이더에게 물었다. "투자 목표가 무엇인가요?" 그러자 노련한 트레이더가 대답했다. "달에 가는 거예요." ❷

매도 전략을 정해놓으면 투자 자산을 보호할 수 있을 뿐 아니라(투자 자산은 다음 투자를 위한 종자돈이기도 하다) 제한된 돈을 전체 투자 포트폴리오에 효율적으로 배분할 수 있다.

그렇다면 추세추종 트레이더들은 투자에 실패했을 때 어떻게 포지션을 청산할까? 무조건 빨리 청산한다! 금에 투자했고, 2%를 손절매 시점으로 정했다고 가정해보자. 이 경우, 손실이 2%가 되면 무조건 청산한다. 군말할 필요없다. 그냥 매도하면 된다.

이렇게 생각해보자. 전체 매매에서 절반만 성공해도 상당한 수익을 낼 수 있다. 잘못된 투자 결정을 내렸을 때 손실을 빠르게 정리한다면 열 번의 매매 중 서너 번만 성공해도 높은 수익을 올릴 수 있다.

추세의 바닥에서 매수해 천장에서 매도하기는 어렵다. 목표는 천장과 바닥을 짚어내는 게 아니다. 흔히 말하는 목표 수익profit target을 세우는 것도 좋지 않다. 수익을 제한하기 때문이다. 100달러에 투자 포지션을 구축했고 목표가가 125달러라고 가정해보자. 나름대로 합리적인 것 같지만, 곰곰이 따져보면 아무것도 모르는 행동이다.

추세를 타고 있다면 가능한 한 오랫동안 추세가 흘러가는 대로 놔두어야 한다. 추세를 최대한 활용해야 한다. 가격이 225달러까지 상승하는데 125달러에 투자 포지션을 정리해야 할 이유는 없다.

작은 손실들을 메우려면 홈런을 쳐야 한다. 막연히 불안한 마음에 목표 수익을 정해놓는다면, 부자가 될 수 있는 가능성을 미리 막는 것밖에는 안 된다. 투자 초기부터 적절히 관리해야 악순환의 고리에 빠지지 않는다.

5만 달러로 투자를 시작한 사람이 있다. 얼마 지나지 않아 계좌에 들어 있는 돈이 8만 달러로 늘어났다. 그러더니 5만 5000달러로 줄었다가 다시 9만 달러로 늘어났다. 그러다가 수익이 급상승해 20만 달러를 기록했다. 만약 8만 달러에서 투자를 그만두었다면 20만 달러를 벌 수는 없었을 것이다. 수익이 최대한 흘러가도록 놔두는 것은 심리적으로 여간 어려운 일이 아니다. 하지만 약간의 수익에 연연해서는 절대로 많은 돈을 벌 수 없다.

> 승리를 선언하고 투자를 청산하는 것은 쓸데없는 정지 신호에 집착하는 행동이다.

---

❶ 피터 보리시, 〈2008년 유럽 트레이드테크TradeTech Europe 2008〉, 2008년 4월.
❷ 마이클 코벨, 《추세추종전략》.

물타기는 실패로
가는 지름길

연봉이 3만 5000달러가 안 되는 미국인 중 40%가
은퇴 자금으로 50만 달러를
마련하는 방법은 로또에 당첨되는 것밖에 없다.

투자의 세계에서 유명한 사진이 한 장 있다. 이름만 들으면 누구나
알 만한 트레이더가 자신의 사무실에서 휴식을 취하면서 찍은 사진
이다. 뒤쪽으로 보이는 벽에는 종이가 한 장 붙어 있다. 종이에는 검
은색 글씨로 '실패하는 투자자는 물타기를 한다Losers Average Losers'라
는 글귀가 쓰여 있다. 이제는 너무나 진부해서 의미마저도 퇴색해버
린 말이라고? 속단은 금물이다.

100여 년 전, 저명한 트레이더 제시 리버모어Jesse Livermore는 물타

기를 경고했다. 어떤 주식 100주를 50달러에 매입했는데, 이틀이나 사흘 후 주가가 47달러로 하락했다. 이때 100주를 추가 매수하면 평균 매입단가는 48.5달러가 된다. 물론 주가가 3달러 떨어졌다고 해서 100주를 추가 매입해야 할 이유는 없다. 만약 주가가 44달러까지 떨어지기라도 한다면 다시 매수한 100주만큼 추가 손실이 발생할 것이기 때문이다. 물타기를 하지 않았다면 손실은 600달러였겠지만, 물타기를 하는 바람에 300달러 더 잃게 됐다. 이 비합리적인 규칙을 계속해서 적용한다면 주가가 44달러까지 떨어지면 200주를 더 매수해야 하고, 41달러라면 400주를, 38달러라면 800주를, 35달러라면 1600주를, 32달러라면 3200주를, 29달러라면 6400주를 추가 매수해야 한다. ❶

"주가가 떨어졌다면 걱정하지 말고 물타기하라!"고 한다. 이것은 절대로 현명한 전략이 아니다.

손실은 투자의 일부분이다. 손실은 절대 용납할 수 없다고? 매월 수익만 내고 싶다고? 불가능한 일이다. 과거 버나드 매도프Bernard Madoff는 투자자들에게 매월 수익을 내겠다고 약속했다. 이후 매도프의

> 투자는 에스컬레이터를 타고 한 단계씩 올라가는 것이다. 초고속 엘리베이터를 타고 내려오듯 투자해서는 안 된다.

> 돈을 잃을 각오를 하지 않으면 절대로 돈을 벌 수 없다. 이는 숨을 들이마시는 것과 비슷하다. 숨을 내뱉는 게 아니다. ❷

사기 행각이 드러났고, 그 결과 관련자들의 형사 처분과 낙담한 투자자들의 자살이 이어졌다.

손실은 문제가 되지 않는다. 다만, 손실에 어떻게 대응하는가가 중요하다. 아무런 계획도 없이 손실을 방치하거나 혹은 손실이 회복되기만을 바라면서 물타기를 해서는 안 된다. 그랬다가는 손실이 쌓이고 쌓여 마치 거대한 트럭처럼 투자 계좌를 짓밟아버릴 것이다.

---

❶ 제시 리버모어, 《주식매매하는 법How to Trade in Stocks: The Livermore Formula for Combining Time Element and Price》, 이레미디어, 2007년.

❷ 에드 세이코타, http://www.sekota.com.

홈런 날리기

모든 속도를 늦춰라. 세상의 거짓된 속도와 경쟁하려고 들지 마라. 뱀처럼 행동하라. 움츠리고 있다가 시기가 무르익었을 때 크게 뻗어나가야 한다.

　추세추종 트레이더들에게 단기 실적을 요구하는 기업이나 개인 고객이 있다. 이들은 한 달만 수익이 떨어져도 안달복달한다. 투자의 궁극적인 목표가 많은 수익을 올리는 것이라는 사실을 아예 모르는 것 같다.

　단기 실적에 연연하는 태도가 얼마나 안 좋은 걸까? 어떤 추세추종 트레이더는 1년간 −5%의 수익률을 기록했지만, 그다음 해 수익률 100%를 달성했다. 5%나 손실이 생겼다며 비난하고 손을 뗀 기업이나 개인 고객은 100%의 수익률을 맛볼 수 없었을 것이다.

야구에서 타자의 평균 타율은 시즌 내내 오르락내리락한다. 추세추
종 트레이더도 마찬가지로 수익률이 평균보다 약간 떨어지는 시기가
있지만 장기적으로 보면 상당히 일관적이다. 이들은 기회가 찾아왔
을 때 놓치지 않고 홈런을 날려 높은 수익률을 기록한다.

보험, 도박, 투자 등 다양한 영역에서 최고로 손꼽히는 사람들은 모
두들 베이스 루스 효과Babe Ruth effect를 강조한다. 전설적인 야구 선수
베이브 루스는 최고의 타자였지만 스트라이크 아웃을 당하는 일도
많았다. 하지만 홈런을 많이 쳐서 이를 상쇄시켰다. ❶

추세추종 트레이더들은 시장의 기회를 앞서나가지 않는다. 기회를 쫓을 뿐이다.

볼티모어 오리올스를 월드시리
즈 우승팀으로 이끈 감독 얼 위버
Earl Weaver는 추세추종기법과 비슷
한 사고방식을 가지고 있었다. 그
는 타자들에게 3점 홈런을 치라고
주문했다. 그는 번트나 1점 홈런은 원치 않았다. 타자들이 타점이 높
은 홈런을 쳐주길 바랐다. ❷

투자는 기다림의 미학이다. 차분히 기다리다 보면 갑자기 돈이 벌
리는 시기가 있다. 이때 수익은 뭉텅이로 들어온다. 돈을 버는 비결
은 홈런을 치는 사이사이 횡보 구간에서 큰 손실이 나지 않도록 관리
하는 데 있다. ❸

앞에서 언급했던 버나드 매도프에 관해 다시 한 번 이야기해보자.

매도프는 미국의 갑부들과 유명 자선단체들을 상대로 사기 행각을 벌였다. 물론 이들이 좀 더 현명했더라면 매도프의 사기에 넘어가지 않았을 것이다. 매도프에게는 한 가지 묘안이 있었다. 투자자들을 속이기 위해 높은 수익률을 약속할 필요는 없다는 것이었다. 1개월에 1%의 수익률을 약속하는 것만으로도 안전을 중요시하는 투자자들을 만족시키기에 충분했다.

사건이 일어난 뒤 얼마 후 필자는 브라질에서 열린 회의에 참석하고 있었는데, 회의 이틀째 연설을 하기로 되어 있었다. 당시 연설자들은 모두 똑똑하고 성공한 사람들이었는데, 어떻게 하면 매도프 같은 사기꾼에게 속지 않을지에 대해 열변을 토했다. 내 대답은 간단하다. 절대 손실이 나지 않으며 매월 1%의 수익률을 보장하는 투자 상품은 완전히 사기이거나 언제 폭발할지 모르는 시한폭탄이다. '안전한 투자'라는 함정에 속아서는 안 된다. 그리고 무조건 믿어서도 안 된다. 반드시 확인하라. 그리고 오히려 예측하지 못한 투자 기회를 활용해 홈런을 날리듯 높은 수익을 올리는 추세추종기법이 안전하다는 사실을 깨달아야 한다.

---

❶ 마이클 J. 모부신Michael J. Mauboussin과 크리스틴 바트홀슨Bartholdson, 〈베이브 루스 효과(빈도와 강도)The Babe Ruth Effect: Frequency versus Magnitude〉, 《더 콘실리언트 옵 저버The Consilient Observer》, 1권 1번, 2002년 1월 29일.

❷ 마이클 루이스Michael Lewis, 《머니볼(불공정한 게임을 승리로 이끄는 과학)Moneyball: The Art of Winning an Unfair Game》, 한스미디어, 2006년.

❸ 그레그 번스, 〈이전의 '터틀' 경계심을 자산으로 바꾸다Former 'Turtle' Turn Caution into an Asset〉, 《시카고 선타임스Chicago Sun-Times》, 1989년 5월 29일.

견고한 추세추종기법이
필요하다

높은 자리에 있는 똑똑한 경제학 박사들은
왜 미래를 예측하지 못하는 걸까?

　변덕이 죽 끓듯 하는 사람은 언제나 이런저런 불평을 늘어놓게 마련이다. 언제나 빠른 것을 원한다. 옛날에는 엄청난 부자였다면서 아쉬워하기도 한다. 추세추종기법으로 시장을 분석하고 적용하는 데 시간이 걸린다는 사실을 이해하지도 못하고, 느긋하게 기다리지도 못한다. 필자로서는 도통 이해 못 할 일이다. 추세추종기법의 개념을 받아들이는 것은 결코 어렵지 않다. 다만 그 세부적인 요소들을 이해하고 올바로 실행하는 데 시간이 걸릴 뿐이다.

　먼저 투자 승률에 대해 알아보자. TV에 나와 90%의 승률을 자랑하면서 투자자들에게 엄청난 돈을 안겨주겠다고 장담하는 탐욕스러운 투자매니저들을 본 적 있을 것이다. 이런 사람들을 보면 돈을 빼앗기지 않도록 지갑을 꼭 부여잡고 경계해야 한다. 이들의 속셈은 투자자들의 돈을 갈취하고 바가지를 씌우는 것이다.

투자 승률을 높이는 데 중점을 두어서는 안 된다. 자신이 '옳았는지'는 중요하지 않다. 투자 승률이 90%인 사람이 1년에 100번 매매했다고 가정해보자. 투자에 성공할 때마다 평균 100달러 이상 벌었다

추세추종 시스템은 가능한 한 다양한 상황과 시장 조건에서 버틸 수 있어야 하며, 시장의 방향과 상관없이 제 기능을 해야 한다. ❶

면, 총수익은 9000달러가 된다. 하지만 단 10번 실패하는 동안 1000달러씩 손실을 입었다면 총손실은 1만 달러가 된다. 그래도 투자 승률은 90%다. 하지만 결코 똑똑한 투자라고는 할 수 없다. ❷ 추세추종 기법으로 성공하기 위해서는 투자 승률을 높이는 것보다 견고한 시스템을 갖추는 것이 중요하다. 투자 대상을 미국 재무부 국채에서 금으로 바꾸려고 한다고 가정해보자. 국채에 투자할 때 활용한 시스템 그대로 금에도 투자할 수 있어야 한다. 옥수수에 투자하더라도 역시 같은 시스템으로 투자할 수 있어야 한다. 투자 시스템은 약간 헐렁한 옷 같아야 한다. 꼭 맞는 정장은 조금만 살이 쪄도 몸에 맞지 않는다. ❸ 약간 헐렁한 옷 같은 시스템이 되려면 간단하고 직관적이어야 한다. 시스템의 기본적인 규칙을 편지봉투만 한 종이에 적을 수 있어

간단한 문제를 풀기 위해 꼭 복잡한 수학 공식이 요구되는 건 아니다. 시장이 상승, 하락, 횡보하는지만 생각하면 된다. ❹

야 한다. 그럴 수 없다면 언젠가는 실패하게 된다.

❶ 코벨의 데이브 드루즈 인터뷰, 2011년.

❷ 마이클 코벨, 《추세추종전략》.

❸ 켄 트로핀, 〈선물관리의 시스템 트레이딩 전략Systematic Trading Strategies in Managed Futures〉, 그리니치 라운드테이블The Greenwich Roundtable, 2003년 11월 20일.

❹ 퓨처스 인더스트리 어소시에이션, 머니매니저 인터뷰, http://www.fiafii.org.

컴퓨터 버튼을
눌러라

오늘은 순수한 정보를 위한 강령이 제정된 지 1주년 되는 영광스러운 날이다. 우리는 인류 역사상 최초로 순수한 이념들의 집합체를 구성했다. 덕분에 근로자들은 활짝 피어날 수 있게 되었고, 진실한 생각에 모순되는 모든 악으로부터 보호받을 수 있게 되었다. 우리가 가진 생각의 통합체는 지구상의 그 어떤 무기나 군사보다 강하다. 우리는 단일한 의지와 결심, 동기를 가지고 한 마음 한 뜻이 되었다. 적들은 스스로를 파멸로 몰아넣을 것이다. 우리는 혼란에 빠진 적들을 땅에 묻으리라. 우리는 승리하리라. ❶

1984년 1월 24일, 애플은 최초의 매킨토시 컴퓨터를 선보였다. 그때부터 애플을 놓고 찬반이 분분했다. 애플 덕분에 사람들의 삶은 더욱 재미있어졌고 조직화되었다. 하지만 컴퓨터는 도구일 뿐, 우리의 생각을 대신해주지는 않는다. 물론 최신형 매킨토시나 PC 컴퓨터는 인생을 좀 더 조직적으로 만들어주고, 매일의 따분한 일과를 쉽게 처리하게 도와준다. 하지만 인간의 생각을 대체할 수는 없다.

뛰어난 추세추종 트레이더라면 누구나 알고 있는 사실이다. 자신의 트레이딩 규칙을 컴퓨터에 입력하고 기계적인 부호로 바꾸면 인생이 편해진다. 컴퓨터만 있으면 새로운 투자 아이디어를 엄청난 양의 역사적 데이터에 적용해볼 수도 있다. 컴퓨터는 인간의 감정을 배제한 채 이진법으로 테스트를 진행한다.

시장에서 수익을 올리기 위한 공식: 추세추종 투자 규칙 + 기기 + 인터넷 클라우드
internet cloud

연인과 헤어져서 우울하더라도 컴퓨터는 신경 쓰지 않는다. 사랑하는 사람과 약혼해서 기분이 날아갈 것 같아도 컴퓨터는 알지 못한다. 컴퓨터는 투자자의 기분을 알지도 못하고, 투자자의 개인적인 심리에 영향을 받지도 않는다. ❷

"인간의 힘이 중요하다더니 컴퓨터를 활용하라는 건 또 무슨 소리야?"라고 반문할 수도 있다. 물론 출발점은 인간의 힘이다. 하지만 뛰어난 추세추종 트레이더들은 컴퓨터의 효율성 역시 증명한다. 컴퓨터 연산은 반복 가능하기 때문에 신뢰할 수 있다. 그리고 컴퓨터가 있으면 여러 사람이 같은 규칙으로 유사한 결과를 얻을 수 있는지 여부를 빠르게 연산할 수 있다. ❸

하지만 컴퓨터도 완벽하진 않다. 과도하게 낙관적인 정보를 적용하거나 혹은 정보가 왜곡됐을 경우, 종이 혹은 컴퓨터 스크린상에서나 그럴듯해 보이는 결과가 나타난다. 이 경우 시스템에 수천 가지 경우의 수를 넣어보더라도 이론적으로

컴퓨터는 냉철하다. 컴퓨터는 수학적이다. 컴퓨터는 작은 로봇이다. 컴퓨터 버튼을 눌러라.

만 들어맞을 뿐, 현실에서는 그 같은 결과가 도출되지 않는다.

그럼에도 불구하고 컴퓨터는 상충되는 수많은 정보를 경계할 수 있는 유용한 방법이다. TV에서 시장이 이렇다는 둥 저렇다는 둥 하면서 고래고래 악을 써대는 사람들을(일례로 월가 애널리스트를 들 수 있다) 볼 때마다 아무리 마음을 가다듬으려 애써도 불안한 생각이 드는 것을 어쩔 수 없다. "시장이 상승한다! 시장이 하락한다! 다른 시장을 보라!"면서 떠드는 소리는 모두 쇼에 불과하다.

뛰어난 추세추종 시스템을 창조하는 건 결국 인간의 사고력이다. 추세추종기법을 추켜세우려고 하는 소리도 아니고, 그냥 해보는 빈말도 아니다. 영화 〈위험한 게임War Games〉＊처럼 컴퓨터가 스스로를 통제하고 마음대로 날뛰게 될 가능성이 있을까? 아니다. 투자 시스템을 아무 때나 바꿀 가능성이 있을까? 역시 아니다. 컴퓨터에 적용된 시스템은 인간의 생각과 노력으로 만들어졌기 때문이다. ❹

＊ 영화 속에서 조슈아라는 이름의 컴퓨터는 인간의 명령을 거부한 채 미사일을 발사시키고 그 결과 전 세계는 제3차 세계대전의 위기를 맞게 된다—역주

사람이 열 개의 차트를 분석하는 데 걸리는 시간 동안 컴퓨터는 5000개의 차트를 분석할 수 있다. 하지만 원래의 시스템에 문제가 있다면, 잘못된 연산을 500배 빨리한다고 해서 도움이 되는 건 아니다.❺

"컴퓨터는 쓸모없다. 질문에 대한 답만 하기 때문이다." 파블로 피카소Pablo Picasso의 말이다. 그래서 컴퓨터에 어떤 질문을 던져야 할지가 중요하다. 컴퓨터로 질문의 답을 찾는 건 쉬운 일이다.

❶ 애플 매킨토시 컴퓨터 TV 광고, 1984년 1월.
❷ 섀런 슈월츠먼Sharon Schwartzman, 〈선점된 시장에서 컴퓨터로 펀드를 관리하다(과학적 접근과 인간의 존엄성을 통합한 머니매니저)Computers Keep Funds in Mint Condition: A Major Money Manager Combines the Scientific Approach with Human Dignity〉, 《월스트리트 컴퓨터 리뷰Wall Street Computer Review》, 8권 6번, 1991년 3월.
❸ 상동.
❹ 조지 크래플George Crapple, 〈선물관리의 시스템 트레이딩 전략〉, 그리니치 라운드테이블, 2003년 11월 20일.
❺ 척 케인Chuck Cain 블로그, 2011년 1월 9일, http://www.michaelkovel.com/2011/01/09/computers-are-uselesswithout-you/.

씻고, 헹구고,
또 씻고, 헹구고

> 판단은 관점에 따라 달라진다. 누군가에게는 엄청난 홍수일지 모르지만, 다른 사람에게는 목욕물 정도에 불과할 수도 있다. ❶

"이봐, 조심해. 지금 실수하고 있는지도 몰라."

실제로 사람들은 몇 분마다 실수를 저지른다. 물론 그렇다고 죽는 건 아니다. 수백만 명의 투자자가 자신의 돈을 놓고 잘못된 판단을 내린다. 뮤추얼펀드, 인덱스 투자, 가치투자, 경제 전문가 등 오만가지 것이 판단을 흐려놓는 탓이다. 데이브 램지Dave Ramsey의 라디오 프로그램에서 신용카드 사용을 줄이는 방법을 듣고 '이제는 쓸데없는 낭비를 줄이고 돈을 모를 수 있겠군'이라고 생각한다면 또 다른 실수를 저지르고 있는 것이다.

  TV 뉴스와 인터넷은 매 시간, 매 분 엄청난 양의 정보를 끝도 없이 쏟아내면서 투자자들의 혼을 쏙 빼놓는다. 너무 빠르게 진행되는 사건들을 모두 쫓아다니기도 어렵고, 올바른 결정을 내리기도 쉽지 않다. 결국 항복을 외치며 도움을 요청하는 사람이 수백만 명이나 된다. 물론 이해도 되고, 수긍도 간다. 하지만 언제까지 이럴 수는 없다. 남들보다 앞서나가기 위해서는 상황이 어떻게 돌아가고 있는지 파악해야만 한다.

  일례로, 미국 증권가는 기업 파산과 헤지펀드 폭탄으로 악명이 높다. 그 속에서 자본은 승자와 패자 사이를 돌고 또 돈다. 하지만 사건이 모두 끝나고 여기에 대한 분석이 실시될 때도 승자는 철저히 베일에 가려진다. 언론과 대중은 오직 패자에게만 관심을 갖는다. 대체 승자가 누구인지, 어떻게 승리했는지에 대해서는 모두들 전혀 생각하지 않는다. 이른바 '철밥통'이 보장된 학계 전문가들이 시장을 분석하면서 짧게 승자를 언급할 뿐이다. "투자는 제로섬 게임이다. 그래서 패자가 있으면 승자가 있게 마련이다. 하지만 승자가 누구인지는 정확하게 알 수 없다."❷

사건이 베어마켓을 만드는 게 아니라 베어마켓이 사건을 만든다.

아니다!

닉 리슨과 베어링스 은행이 일본 닛케이에 대해 롱 포지션을 구축했을 때, 존 헨리John W. Henry는 숏 포

지션으로 큰돈을 벌었다. 헨리는 당시 사건에서 완벽한 승리를 기록했다. ❸

필자는 정치적인 수단과 과학을 동원해 헨리가 승자라는 사실을 알아냈다. 필자뿐 아니라 다른 사람들도 승자를 알아냈어야 마땅하다. 하지만 사람들은 대부분 색안경을 끼고 사건을 바라본다. 금융 전문가들도 시장에서 굵직굵직한 사건의 승자들이 우연한 행운을 얻은 게 아니며, 일반적인 금융 이론으로는 이들의 성공을 설명할 수 없다는 사실을 마음속으로는 알고 있다. ❹ 어마어마하고 예상치 못했던 사건이 발생할 때마다 추세추종 트레이더들이 돈을 벌어왔다는 사실을 부정할 순 없다. 예측하지 못한 검은 백조 같은 사건은 이들에게 귀중한 투자 기회를 안겨주었다(더 많은 정보를 원하는 독자들을 위해 나심 탈레브Nassim Taleb의 《블랙 스완Black Swan》을 참고하라).

무슨 뜻일까? 1998년 9월 러시아 디폴트 금융 위기, 2001년 9월 11일 테러 공격, 2002년과 2008년의 주식시장 붕괴 같은 사건들이 시장의 추세를 더욱 강하게 증폭시켰다는 의미다. ❺

예측 불가능한 사건은 언제나 발생한다. 투자자도 사람이다. 시장에 존재하는 형편없는 투자 전략은 일부 투자자에게는 투자 기회가 된다. 형편없는 전략을 가진 사람들은 시장을 돌고 돌면서, 다른 사람들에게 지속적으로 수익 창출의 투자 기회를 제공한다. 형편없는 투자 전략으로 큰돈을 투자하는 사

역사는 놀라움의 연속 아니던가?

람들이 너무 많은 탓에 추세추종 트레이더들은 매번 놀라운 성공을
거두곤 한다.

❶ 그레고리 J. 밀맨Gregory J. Millman, 《더 치프 이그제큐티브The Chief Executive》, 2003년
1월~2월.
❷ 허브 그린버그Herb Greenberg, 〈파생상품의 승자는 누구인가의 질문에 대한 답
Answering the Questions-Who Wins From Derivatives Losers〉, 《샌프랜시스코 크로니클San
Francisco Chronicle》, 1995년 3월 20일, D1.
❸ 알렉산더 M. 이나이헨Alexander M. Ineichen, 《절대수익Absolute Returns》, 존 와일리 &
선즈, 2003년.
❹ 마이클 J. 모부신과 크리스틴 바트홀스, 〈뛰어난 사람들을 포함시키기(세인트피터즈
버그 역설에서 배울 수 있는 두 가지 교훈)Two Lessons from the St. Petersburg Paradox〉,
《더 콘실리언트 옵저버》, 2권 2번, 2003년 1월 28일.
❺ 〈추세추종: 수익, 리스크, 상관관계의 특성Trend Following: Performance, Risk, Correlation
Characteristics〉, 《화이트 페이퍼스White Papers》, 그래이엄 캐피털 매니지먼트Graham
Capital Management, http://www.grahamcapital.com.

제로섬게임

'새로운 대세'라는 건 없다.

제로섬게임에서는 패자가 있기 때문에 승자도 있다. ❶

트레이딩에서 성공할 확률은 언제나 반반이다. 하지만 장기적으로 투자에 성공하기 위해서는 성공 확률을 높이는 영원불변의 무기(산술적 우위mathematical edge라고 생각하면 된다)를 하나쯤은 가지고 있어야 한다. ❷

포커를 해보았거나 도박에 대해 연구해본 적이 있다면 필자의 말을 이해할 것이다. 장기적으로 돈을 따기 위해서는 자신의 무기를 알고, 언제 사용할지 알고, 기회가 왔을 때 활용할 줄 알아야 한다. 투자도 마찬가지다. 자신만의 무기가 없다면 수익을 낼 수 없다. 무기도 없으면서 말도 안 되는 이유로 투자를 고집한다면 결국에는 돈을 잃게 된다. ❸

리스크를 헤지하는 투자 방식은 장기적으로 실패할 가능성이 크다. 시장을 리스크에 대한 보험으로 활용하는 대가로 보험료를 지불하기 때문이다. ❹ 잘못된 전략에 의존하는 투기자들 역시 시장의 승자들에게 수익을 제공한다.

비싼 종목을 사고, 싼 종목은 팔아라. 리스크를 분산시키기 위해 비용을 지불하는 헤저와 반대로 움직이게 해줄 것이다. ❺

언뜻 보기엔 말이 안 되는 소리 같지만 비싼 종목은 사고, 싼 종목은 팔아야 한다. 이렇게 하면 제대로 투자를 관리하고 청산할 수 있을 뿐 아니라, 장기적으로 산술적 우위를 얻을 수 있다. 시장에서 리스크를 분산하는 헤저들과 반대로 움직일 수 있는 방법이기도 하다. 아주 어려운 기술이 아니면서도 시간이 흘러도 유용한 견고한 방식이다. ❻

내가 이기려면 누군가는 져야 한다. ❼

시장은 잔인하기 그지없는 세계다. 욕먹기 싫다는 생각 따위는 버려라. 친구가 필요하면 개를 기르면 된다. 내가 승리하려면 누군가는 져야 한다. 패자는 리스크를 분산하거나 잘못된 전략을 세운 투자자들이다. 시장의 적자생존이 불편한가? 그렇다면 제로섬게임으로 움직이는 시장을 떠나라.

❶ 래리 해리스Larry Harris, 《트레이딩과 교환(시장 참여자들을 위한 시장의 미세구조) Trading and Exchanges: Market Microstructure for Practitioner》, 옥스퍼드대학 출판사, 2003년.
❷ 래리 해리스, 〈제로섬 게임의 승자와 패자(수익, 가격의 효율성, 시장의 유동성의 기원)The Winners and Losers of the Zero-Sum Game: The Origins of Trading Profits, Price Efficiency and Market Lquidity〉, 《드래프트 0.911Draft 0.911》, 1993년 5월 7일.
❸ 상동.
❹ 데이브 드루즈와 코벨의 인터뷰, 2011년.
❺ 상동.
❻ 상동.
❼ 상동.

시장의 붕괴와
그 피해

모든 생각과 행동의 진화도
처음에는 이단적인 생각과
잘못된 행동으로 보였다. ❶

2008년 10월, 세상이 뒤집어질 만한 일이 일어났다. 주식시장이 붕괴된 것이다. 만기 보유 전략buy and hold이 무용지물이 되면서 수백만 명의 노후자금이 사라졌다. 다우존스, S&P, 나스닥 모두 돌덩어리처럼 수직으로 낙하했다. 그 여파는 거의 모든 사람을 덮쳤다. 일자리가 사라지고, 은행은 파산했다. 그때의 공포가 지금도 채 가시지 않았을 정도다.

2008년에는 모두가 돈을 잃었던 것 같다. 정말 한 사람도 빠짐없이 모두 손실을 기록했다고들 말한다. 그런데 정말 그럴까? 아니다. 당시 추세추종 트레이더들의 월별 투자 수익률은 적게는 5%에서 많게는 40%나 됐다. 이들은 대체 무엇으로 돈을 번 걸까? 그보다 먼저 무엇을 하지 않았는지를 짚고 넘어가야 한다.

▶ 추세추종 트레이더들도 2008년 10월의 시장 붕괴를 예측한 건 아니다.

▶ 추세추종 트레이더들이 당시 돈을 번 방법은 공매도만이 아니었다.

그렇다면 정확하게 어떻게 돈을 번 걸까? 추세추종 트레이더들은 원유, 채권, 통화, 주식, 원자재 등

산이 높으면 골짜기도 깊다!

여러 시장에서 추세가 상승할 때나 하락할 때 롱 포지션 혹은 숏 포지션을 유지해서 돈을 번다. 물론 이들의 투자 성공이 언론에서 보도된 적은 없다. 학계나 학술 저널 역시 서로 추켜올리기에 바쁠 뿐이다. 추세추종 트레이더들이 대중적으로 잘 알려지지 않은 건 어제오늘 일이 아니다. 심지어 50년 전에도 마찬가지였다. 추세추종 트레이더들에 대한 정보를 그나마 가장 많이 가지고 있는 사람은 아마도 필자가 아닐까 싶다. 인터넷이나 대학 도서관을 뒤져도 거의 관련 정보를 찾을 수 없다.

주식시장이 최악의 시기를 거치는 동안에 추세추종 트레이더들의 활약이 더욱 뛰어난 이유는 당연하다. 시장이 붕괴되기 시작하면 투자자들의 위기의식은 더욱 고조되고, 시장은 결국 종착역을 향해 돌진하기 시작한다. 시장의 공포는 곧 정점에 달하고, 시장 자체는 포물선을 그리면서 가라앉는다. 하지만 이런 경우에도 추세추종 트레이더들이 잘못된 선택으로 낭패를 보는 경우는 거의 없다. 이들은 언제나 가격의 변동을 주목하고 있기 때문에 일이 터지기 전(즉 시장이 붕괴되기 전) 미리 경고 신호를 감지해낸다. ❷

요즘에는 서로 상충되는 정보가 너무 많아 단순한 지혜마저도 받아들이기가 쉽지 않다. 얼마 전 유명 잡지 《와이어드Wired》도 이에 대해 언급한 적이 있다.

주식시장의 복잡성을 연구하는 학자들이 시장의 붕괴 신호를 미리 포착할 수도 있었다고 한다. 여러 시장 혹은 주식시장의 여러 종목이 단일한 방향으로 움직이고 있는 것처럼 보이면 명백한 신호로 인식해야 한다는 주장이다. 강세장에서는 공통적인 움직임이 약하다. 하지만 붕괴가 시작되기 몇 년 혹은 몇 개월 전부터 신호가 거세지기 시작한다. 군중 심리 시뮬레이션 전문가인 스위스 연방기술연구소Swiss Federal Institute of Technology의 더크 헬빙Dirk Helbing 박사는 "금융 위기는 반드시 극복해야만 할 주류 경제 이론의 한계를 보여주었다. 경제 시스템은 과거에 비해 매우 복잡해졌다. 덕분에 그 영향력이 매우 커졌으며, 체계의 변화를 겪고 있다. 이제는 새로운 이론적 접근이 요구

된다"❸고 평가했다.

새로운 생각을 과시하기 좋아하는 주류 매체는 언제쯤에야 시장의 붕괴를 활용하는 투자 전략이 존재한다는 사실을 알게 될까? 물론, 추세추종기법을 말한다.

따라서 투자 포트폴리오가 전 세계 다양한 시장에 충분히 노출되어 있어야 한다. 시장이 붕괴되기 전에 발생하는 가격의 이상 현상을 감지해내기 위해서다. 그다음에는 많은 사건이 일어나 패자는 연일 신문지상을 오르내리며 플래시 세례를 받고, 승자는 아무도 모르게 숨어버린다.

같은 일이 또 일어나지는 않는지 주목하라.

> 차트가 자를 대고 그은 듯 반듯해지면 추세는 폭발적으로 상승하지 않는다. 이때 추세는 변화가 없거나 후퇴하거나 급락한다. ❹

---

❶ 조지 버나드 쇼George Bernard Shaw, 아일랜드 문학가.
❷ 〈추세추종: 수익, 리스크, 상관관계의 특성〉, 화이트 페이퍼스, 그래이엄 캐피털 매니지먼트, http://www.grahamcapital.com.
❸ http://www.wired.com/wiredscience/2011/03/market-panic-signs.
❹ http://www.zerohedge.com/article/quest-post-beware-extrapolating-trends.

비효율적인 시장

다음 질문에 답해보라. "무인도 한가운데에서도
매매할 수 있을까?" [1]

유명 헤지펀드 롱텀캐피털매니지먼트Long Term Capital Management,
LTCM가 1998년 파산했다. LTCM 파산은 현재의 투자시장과도 긴밀
히 연결되어 있다. LTCM 사건 이후 미국 정부가 투자 거품을 제거하
고 기업을 구제하기 위해 만든 방안들이 지금도 적용되고 있기 때문
이다.

LTCM은 복잡한 수학적 모델을 이용해 투자자들에게 꿈에도 생각
지 못했을 만큼 많은 돈을 벌어주겠다고 약속했다. LTCM은 월가의
주요 투자자들을 끌어들였고, 처음에는 비밀스러운 투자 전략으로

환상적인 수익률을 기록하기도 했다. 하지만 이들의 이론은 곧 현실과 상충되기 시작했다.

LTCM의 파산을 이해하기 위해서는 먼저 두 명의 유명한 경제학자에 대해 알아야 한다. 바로 머튼 밀러Merton Miller와 유진 파마Eugene F. Fama다. 이들은 효율적 시장 가설을 개발한 경제학계의 거물이다. 효율적 시장 가설에 따르면 가격은 언제나 옳기 때문에 시장의 방향을 가늠하는 잣대가 되지 못한다. 이들은 모든 시장 참여자가 합리적이라고 가정했다. ❷

밀러와 파마는 너무나 합리적인 시장 참여자들이 금융 상품의 실제 가치보다 더 비싼 혹은 더 저렴한 가격을 지불할 가능성은 없다고 믿었다. 이들의 동료이자 역시 효율적 시장 가설의 열렬한 지지자인 마이런 숄즈Myron Scholes는 시장이 절대 실수를 저지르지 않는다고 확신했다. 숄즈와 그의 동료 로버트 머튼Robert Merton이 생각하는 금융시장은 언제나 안정적이며, 예측 가능했다.

이들은 가격이 80달러에서 60달러로 곧바로 하락하는 일은 절대 일어나지 않으며, 대신 79달러 75센트, 79달러 50센트, 79달러 25센트로 계단식으로 하락한다고 믿었다. ❸ LTCM 설립자들은 시장이 완벽하게 정상적인 배분 체계를 가지고 있기 때문에 소외되는 사람도 없고, 리스크도 없으며, 예측하지 못하는 사건도 없다고 믿었다.

> 이보게, 별로 노력하지 않으면서 마법 같은 투자 실력이 있다고 믿는 트레이더가 있다면 무조건 도망가야 한다네.

월가가 LTCM의 주장대로 시장이 좋고 유쾌하고 질서 있고 정상적인 배분 체계를 가지고 있으며 리스크도 없다고 믿게 되자 LTCM은 곧 안전한 방식으로 수익을 내겠다면서 막대한 빚을 끌어오기 시작했다. 문제는 이때부터 시작됐다. 이들은 자신들의 전략으로 예측할 수 없는 사실들은 무시했다. 들판에 서 있다가 번개를 맞으면 재수가 없었을 뿐이다. 하지만 번개와 폭풍이 몰아치는데 들판 한가운데 서 있는 건 실제적인 리스크를 완전히 무시하는 행동이다. ❹

LTCM이 무너졌을 때도 추세추종 트레이더들은 큰 수익을 올렸다. 1998년 8월과 9월 두 달간 LTCM이 잃은 돈은 마치 송금이라도 한 것처럼 정확하게 추세추종 트레이더들의 계좌로 흘러들어갔다. 당시 LTCM은 수십억 달러를 잃었고, 추세추종 트레이더들은 수십억 달러를 벌었다. ❺

하지만 LTCM 사건은 단순히 한 유명 헤지펀드의 몰락과 추세추종 트레이더들의 승리라고 봐넘길 수는 없는 악영향을 남겼다. 각종 뮤추얼펀드들이 파마 박사의 효율적 시장 가설이 실패하자 이를 핑계로 막대한 투자 자산을 긁어모으는 한편 일반 투자자들에게 말도 안 되는 수수료를 갈취하기 시작한 것이다.

지난 30년간 아주 잘 만들어진 광고와 그보다 더 정교하게 만들어진 정치적 로비는 일반 투자자들을 설득해 매트릭스에 빠뜨려버렸다. 매트릭스에 빠진 투자자들은 자신들이 할 수 있는 행동이라고는 막연한 추측이나 '묻지 마 투자'밖에 없기 때문에 "가진 돈을 몽땅 뮤추얼펀드에 털어넣고 무작정 기다리는 게 낫다"고 믿게 되었다(어느 정도 오래 기다려야 하는지에 대해 이야기된 적은 없다. 간혹 죽을 때까지 기다려야 되는 경우도 있다).

파마 박사는 큰 손실을 기록했는데도 자신의 논리가 잘못됐다는 사실을 인정하지 않았다. 얼마 전 그는 한 인터뷰에서 기술적 매매(추세 추종기법을 뜻한다)에 관한 질문을 받았다. "일부 전문가는 50일 혹은 200일 이동평균선을 매수 혹은 매도 신호로 활용하는 마켓 타이밍 전략market-timing strategy이 매수 유지 전략보다 더 매력적이라고 주장한다. 어떻게 생각하십니까?"라는 질문이었다. 그는 이를 "실증적으로 뒷받침되지 않는 케케묵은 이야기"라고 일축했다. 확실히 파마 박사의 머릿속에 추세추종기법이 실제 벌어들인 수익 따위는 존재하지 않는 것 같다. 그는 잘못을 인정하기보다는 일본 무사처럼 할복자살하는 편을, 자신의 주장이 아닌 다른 시장 논리가 우월하다고 인정하느니 차라리 명예로운 죽음을 선택할 사람이다. ❻

시장이 별로 효율적이지 않다는 건 2007년과 2008년의 금융 위기를 겪은 사람이라면 누구나 알고 있는 사실이다. 하지만 효율적 시장 가설은 죽이고 또 죽여도 살아나는 영화 속 괴물처럼 여전히 사라지지 않고 있다. ❼

자신에 대해 잘 알지 못하는 사람은 시장에서 비싼 값을 치른 뒤에야 자신에 대해 깨닫게 된다.❽

하늘이 무너져도 솟아날 구멍은 있다고, 다행히 방법은 있다. 뛰어난 추세추종 트레이더들은 경제학계의 거물도 아니고 마법사도 아니다. 하지만 사기꾼도 아니다. 유명 은행가도 아니다. 다만 기업의 창업자들이 그렇듯이 굳은 의지를 가지고 집중하고 끊임없이 노력해 수익을 낼 방법을 알아낸 사람들이다. 추세추종기법은 매일매일 그 정당성을 입증해내고 있다. 한편 효율적 시장 가설은 투자 이론이라기보다는 요즘 유행하는 신흥 종교 사이언톨로지와 비슷한 면이 많아 보인다. 이 두 가지 투자이론을 잘 비교해보길 바란다. 성공적인 투자를 위한 퍼즐을 맞추어나가는 하나의 과정이기 때문이다.

❶ 사이먼 커Soimon Kerr, 〈윈튼 캐피털 매니지먼트(사이먼 커와 데이비드 하딩의 인터뷰)Winton Capital Management: Simon Kerr talks with David Harding〉, 《더 헤지펀드 저널The Hedge Fund Journal》, 2005년 9월.

❷ 로저 로웬스타인Roger Lowenstein, 《천재들의 실패When Genius Failed》, 한국경제신문사, 2009년.

❸ 상동.

❹ 브로드캐스트 스크립트Braodcast Script, 〈1조 달러짜리 베팅Trillion Dollar Bet, Nova〉, 2075번, 2000년 2월 8일.

❺ 마이클 코벨, 《추세추종전략》.

❻ http://www.samurai-weapons.net.

❼ http://www.economist.com/node/18233432?story_id=18233432& fsrc=rss

❽ 애덤 스미스Adam Smith, 《네임게임The Name Game》, 랜덤하우스, 1968년.

벤치마크

> 누구를 비난해야 할까? 물론, 더 잘못한 사람들이 있다.
> 이들이 책임을 져야 하는 건 맞다. 하지만 정말 죄가 있는
> 사람을 보고 싶으면 거울에 자신의 모습을 비춰보라. ❶

　벤치마크Benchmark* 수익률을 기준으로 투자 전략을 짠다면 굳이
뛰어난 트레이더가 될 필요가 없다. 시장의 평균에 주목하면서 투자
결정을 내린 후 가만히 기다리다가 시장의 결과를 수동적으로 받아
들이면 된다.

---

* 펀드 수익률을 비교하는 기준 수익률로, 펀드매니저의 운용 능력을 평가하는 잣대로 사용된
　다─역주

추세추종기법이 성공하는 가장 큰 이유 중 하나는 분기별로 뛰어난 실적을 내야 한다는 부담이 없다는 것이다. 무슨 뜻일까? 미국, 영국을 비롯해 모든 증권가는 정해진 날짜에 인위적으로 투자 수익률을 평가한다. 분기별 혹은 연평균 수익률에 대한 과도한 집착은 시장이 예측 가능하고, 수익률 목표를 성공적으로 달성할 수 있다는 판단 때문이다. 분기별로 수익률을 공개하면 투자자들은 원하는 기간 내 꽤 짤짤하고 지속적인 수익을 얻을 수 있을 것 같은 심리적 안도감을 느낀다("3분기가 되면 꽤 돈이 되겠지" 하고 기대하게 만드는 것이다). 하지만 안정을 추구하고 예측 가능하길 바라는 건 성경 속의 성배를 찾는 것처럼 불가능한 일이다.

미식축구 경기를 하고 있다고 가정해보자. 경기는 4쿼터로 구성되고, 당연히 쿼터마다 골을 넣어야 이길 수 있다. 그런데 경기에서 이기는 것보다 쿼터마다 골을 넣는 데 더 신경을 쓴다면 어떻게 될까? 한 경기에서 28득점을 올리면 무조건 승리하게 된다고 가정해보자. 그렇다면 경기 중 아무 때나 28점을 기록하면 된다. 결국 목적은 경기에서 승리하는 것이기 때문이다. 1쿼터에 28점을 몽땅 넣어버리고 나머지 쿼터에 한 골도 넣지 못하더라도 무슨 상관인가? 경기에 이겼는데 몇 쿼터에 골을 몇 개나 넣었는지에 신경 쓰는 사람이 있긴 할까?

월가는 분기별 수익률을 과도하게 강조하는 경향이 있다. 경기에서 승리하는 것보다 쿼터당 얼마나 골을 넣었는지에 더 신경을 쓰는 것이나 마찬가지다. 미국의 유명한 드라마 〈스타트렉Star Trek〉에서 스팍Spock은 언제 어떤 상황에서든 논리만 앞세우다가 조롱을 받곤 한다. 이들 역시 스팍처럼 조롱받아야 마땅하다.

언젠가 한 유명한 트레이더가 분기별로 투자 실적을 공개하는 관행을 놓고 꼭 필요한 것이지만 농구 경기의 무능한 심판과 다를 바 없다며 공개적으로 비판한 적이 있다. "심판이 없다면 더 많은 돈을 벌 때까지 기다릴 수 있다. 투자자들이 맡긴 돈으로 트레이딩을 할 때의 문제점은 분기별로 투자 실적을 공개하는 관행이 심판 노릇을 한다는 것이다."❷

대다수의 투자자가 분기별 투자 실적 공개가 별로 도움이 안 된다는 사실을 아는데도 이 같은 관행이 계속 유지되는 이유는 뭘까? 월가의 고의적인 꼼수다. 통계 자료를 잘게 나누어 기업의 실적을 가능한 한 좋게 꾸며서 주가를 올려보려는 수작이다. 이와 비슷하게 정권이 바뀌었을 때도 분기별 혹은 월별 고용지표나 GDP 통계를 발표하는데, 이 역시 현 정부의 실적을 가능한 한 좋게 보이도록 하기 위한 노림수에 다름 아니다.

추세추종기법은 분기별 실적이

돼지가 지배하는 나라가 있다. 여기에서 돼지란 돼지는 모두 활개를 치고 다닌다. 그 외에 다른 동물들은 함께 행동을 개시할 때까지 납작 엎드려 있어야 한다. 이기기 위해서가 아니라 완전히 패배하지 않기 위해서다. 공포에 질린 양들보다 나아 보이려면 자신과 자신의 모습에 책임을 질 수 있어야 한다. ❸

나 벤치마크 수익률에 연연하지 않는다. 오직 최종 목적, 즉 불특정한 기간 동안 가능한 한 많은 돈을 버는 데만 집중한다. 노파심으로 보일 수도 있지만, 우리 경제는 특정 날짜에 발표되는 실적에 너무 연연하는 경향이 있다.

---

❶ 〈브이 포 벤데타V for Vendetta〉, 제임스 맥티그James McTeigue, 워너브러더스, 2006년 3월.
❷ 마이클 코벨,《추세추종전략》.
❸ 헌터 S. 톰슨Hunter S. Tompson.

증오

사는 건 힘들다. 그래서 보호 장비가 필요하다. ❶

시장에서 거대한 사건이 발생하면 돈의 주인이 바뀐다. 이 과정에서 대중에게는 고통과 슬픔이 찾아온다. 누군가가 다른 누군가에게 끔찍하게 패배했다는 사실이 공개되면 일부에서는 인생의 의미에 관한 질문을 던지기 시작한다. 질문은 그들의 마음 씀씀이가 느껴질 정도로 도덕적이다.

1. 이 모든 사건이 사회에 어떤 영향을 미칠까?
2. 금융 손실은 금융 상품의 혜택을 얻기 위해서 어쩔 수 없이 감

수해야 하는 필요악일까?

3. 지금까지 우리가 해왔던 방식을 바꾸어야 할까?

4. 사회가 금융 손실을 비즈니스 세계 속 '적자생존'의 결과로 수용해야 할까?

5. 이후 비슷한 사건들을 막기 위해 법적 제도를 마련해야 할까?❷

이는 사실 신통치 않은 전략으로, 시장에서 돈을 잃은 패자들이 죄책감을 무마시키기 위해 만들어낸 질문에 불과하다. 자유시장 경제에서 정치적 변명이나 사회적 제도, 구제책은 설 자리가 없다.

펀드매니저 앤서니 워드Anthony Ward를 예로 들어보자. 그는 코코아 시장이 심상치 않다고 판단하고 코코아를 사들이기 시작했다. 한 통계자료에 따르면 당시 워드가 매입한 코코아는 초코바를 50억 개 만들고도 남을 정도였다고 한다. 일부에서는 워드가 코코아 사재기로 가격을 올려 이익을 남기려 한다고 비난했다(당시 런던 시장에서 코코아 가격은 30년 최고치를 기록했다). ❸

가격은 지혜로운 재판관이다. 영화 〈19번째 남자Bull Durham〉의 대사를 기억하라. "이봐, 생각하지 말라고. 그냥 매매하라고."❹

똑똑한 트레이더가 시장에서 돈을 벌고 있다. 그런데 다른 경쟁자들이 돈을 번다며 그를 비난하는 게 말이 될까? 다들 돈 벌자고 하는 일 아닌가? 돈을 잃자고 투자하는 사람도 있나?

더 심한 경우도 있다. 어떤 독자는 추세추종기법으로 잠재적 수익 이외에 어떤 가치를 얻을 수 있느냐고 물었다. 참 이상한 질문이다. 도대체 무슨 가치를 뜻하는 걸까? 매매하고, 돈을 벌고, 그거면 충분하다. 최근 부동산 시장의 하락을 예측해 엄청난 수익을 올린 존 폴슨John Paulson을 생각해보자. 폴슨의 성공에 대한 평가 중 하나가 필자의 관심을 끌었다. "폴슨의 성공이 도덕적으로는 불편하기 짝이 없다는 사실이 간과되고 있다. 부동산 시장의 붕괴를 미리 알고 있었는데도 남들에게 알리지 않고 혼자만 조용히 매매해 돈을 번다는 게 과연 옳은 일일까? 우리의 불행을 통해 돈을 버는 트레이더들을 경멸해야 할까? 아니면 아무리 끔찍한 행동이더라도 찬사를 보내야 할까?"

당연히 박수를 쳐주어야 한다. 폴슨의 행동에는 부정직한 부분이 조금도 없었다. 그런데도 그의 성공을 비난하는 사람들에게는 정신과의사를 찾아가보라고 권하고 싶다. 돈을 벌 수 있는 기회는 누구에게나 있었다. 폴슨이 가지고 있는 정보는 다른 사람들과 별다를 것이 없었다. 아니 오히려 은행, 정부, 당시 큰 손실을 기록한 유명 펀드매니저들보다 정보가 적었다. 그는 당시 파산한 은행들과 거래도 하고 있었다. 다만 다른 투자자들과는 차별화된 전략으로 투자했을 뿐이다. 비난할 게 아니라 찬사를 보내야 한다.

믿기지 않는 금융 사건들은 지진과 마찬가지로 예측 불가능하다. ❹

이렇게 승자들이 비난받는 걸 볼 때마다 유명한 TV 만화 〈심슨 가족The Simpsons〉의 에피소드 하나가 생각난다. 주인공들이 사는 마을인 스프링필드Springfield에 유성이 떨어지자 마을 사람들이 이렇게 외친다. "관측소를 불태워서 이런 일이 또 생기지 않도록 하자!"

❶ 데이스 밀러Dennis Miller.

❷ 토머스 S. Y. 호Thomas S. Y. Ho와 상빈 리Sang Bin Lee, 《옥스퍼드 가이드 파이낸셜 모델링The Oxford Guide to Financial Modeling》, 옥스퍼드대학 출판사, 2004년.

❸ 줄리아 웨르디지어Julia Werdigier와 줄리 크레스웰Julie Creswell, 〈트레이더들의 코코아 사재기 초콜릿 시장을 망치다Traders Cocoa Binge Wraps Up Chocolate Market〉, 《뉴욕타임스New York Times》, http://dealbook.nytimes.com/2010/07/26/traders-cocoa-binge-wraps-up-chocolate0market.

❹ http://finance.yahoo.com/blogs/breakout/mackepurple-crayon-watch-trendlines-p-crude-gold-20110329-045606-980.html.

악의 근원

구소련 국민들은
매일 정부가 나누어주는
'공짜'빵을 기다렸다.

요즘 젊은 세대들은 페이스북으로 모든 것을 공유한다. 하지만 돈에 대해서는 모호하기 짝이 없다. 돈을 더 많이 벌고 싶으면서도 이를 솔직하게 인정하는 것을 부끄러워하는 사람이 있는가 하면, 돈이 많다는 이유 하나만으로 죄의식을 느끼는 사람도 있다. 특별한 방법으로 돈을 벌었거나, 노동의 정도보다 더 많은 돈을 벌면 떳떳하지 못하게 생각한다. 한쪽에서는 음란 동영상이나 리얼리티 프로그램 제작을 꿈꾸기도 하는데, 참 신기한 세상이다. 어쨌거나 투자자들은 자신이 매매하는 이유를 곰곰이 되씹어보길 바란다. 돈을 버는 것 이외의 목적으로 투자를 하고 있다면 다른 일을 찾아보라. 쓸데없이 스트레스를 받는 일이 없길 바라는 마음에서다.

네가 물건을 소유하고 있는 게 아니라 물건이 널 소유하고 있어.❶

돈은 나쁜 것도, 좋은 것도 아니다. 돈은 그냥 도구일 뿐이다. 소설가이자 철학자인 아인 랜드Ayn Rand는 돈을 죄악으로 분류하는 일부 사람의 의견을 통렬하게 비판했다. "돈이 모든 악의 근원이라고 생각하는가? 그렇다면 돈의 근원은 무엇인지 생각해본 적이 있는가? 돈은 교환의 도구일 뿐이다. 인간이 재화를 생산하고, 생산한 재화를 서로 교환하지 않았더라면 돈은 존재하지 않았을 것이다. 서로 거래해야 하고, 이때 정당한 가치를 제공해야 한다는 원칙을 물질적으로 적용해낸 결과물이 바로 돈이다. 돈은 눈물로 호소해 재화를 얻어내는 거지들을 위한 도구도 아니고, 완력으로 남의 재화를 빼앗는 약탈자들을 위한 도구도 아니다. 돈은 생산자들이 만들어낸 도구다. 그런데 왜 죄악시하는 걸까?"❷

'윤리적인 사람들이 돈을 죄악이라고 생각하는 것을 보면 돈을 벌려는 사람은 없어야 하지 않을까?❸' 하는 의문도 생긴다. 자유주의 시장경제의 신봉자인 밀턴 프리드먼Milton Friedman은 돈과 인간의 감정에 대해 정확하게 설명했다. 몇 년 전, 프리드먼이 유명 토크쇼 진행자인 필 도너휴Phil Donahue와 인터뷰할 때였다. 그는 자본주의를 의

심한 적이 없는지, 인간의 탐욕이 시장에 득이 된다는 자신의 주장이 틀렸다고 생각해본 적은 없는지 질문을 받은 뒤 주저 없이 대답했다.

"탐욕은 모든 사회의 원동력이다. 러시아도 중국도 모두 탐욕에 의해 움직인다. 전 세계가 자신의 이익을 추구하는 개인들에 의해 움직이고 있다. 문명이라는 거대한 업적은 정부의 노력으로 만들어진 게 아니다. 아인슈타인이 상대성이론을 만든 것도, 포드가 자동차 산업을 혁신시킨 것도 정부의 지시를 받고 한 일이 아니다. 역사상 다수가 끔찍한 가난에서 벗어나는 유일한 방법은 자본주의와 자유무역이었다. 다수가 더 가난해지는 사회는 바로 그 반대의 경우다."❹

도너휴가 자본주의 사회에서는 착한 사람보다 자본주의 체계를 잘 이용하는 사람이 더 큰 보상을 받는다고 지적하자 프리드먼은 이렇게 반박했다. "누가 보상한단 말인가? 공산주의 지도자가 착한 시민에게 보상을 하는가? 미국 대통령이 일반 시민에게 보상을 하는가? 지도자는 착해서가 아니라 정치적 영향력을 가지고 있기 때문에 선출된다. 정치적 이익을 추구하는 건 괜찮고, 경제적 이익을 추구하는 건 나쁜가? 그렇다면 당신이 원하는 세상을 만들어줄 천사들은 대체 어디에 있는가?"❺

그런데 정부가 마치 천사라도 된 것처럼 빈곤층이 아무런 노력을 하지 않아도 부유해지도록 노력해야 한다는 주장은 오래전부터 존재해왔다. 프랭클린 D. 루스벨트Franklin Delano Roosevelt 대통령의 1944년 1월 11일 대국민연설을 살펴보자. 당시 루스벨트 대통령은 사회적

지위, 인종, 종교를 막론하고 모든 사람이 공평한 경제적 권리를 누리도록 하겠다는 제2의 권리장전을 발표하면서 정부의 따뜻한 배려를 곳곳에 알렸다. 그 세부적인 내용은 다음과 같다.

- ▶ 산업, 상점, 농장, 광산에서 쓸모 있고 보수가 좋은 직업에 종사할 수 있는 권리
- ▶ 적절한 수준의 음식, 옷, 여가를 즐길 수 있을 정도의 보수를 받을 권리
- ▶ 농부들이 재배한 농작물을 자신과 가족들이 적절한 수준의 삶을 누릴 수 있는 가격에 판매할 권리
- ▶ 중소기업들이 국내외에서 불공정경쟁 혹은 독점으로부터 자유롭게 매매할 권리
- ▶ 모든 가정이 좋은 주택에서 거주할 권리
- ▶ 건강을 위해 적절한 치료 및 치료의 기회를 가질 권리
- ▶ 고령, 질병, 사고, 실직으로 인한 경제적 공포로부터 보호받을 권리
- ▶ 훌륭한 교육을 받을 권리 ❻

세상에 너무 비싸거나 너무 싼 물건은 없다.

정부가 이 모든 걸 약속한다면 개인이 노력해서 얻을 수 있는 대상이 남아 있기는 할까?

이제 그만 현실을 직시하자! 시장은 그 누구도 배려하지 않는다. 먼저 이 같은 현실을 받아들여야만 적절하게 대응할 수 있고, 적절하게 트레이딩할 수 있다. 먼저 자신이 얼마나 많은 돈을 원하는지 생각해 보라. 약간이면 충분한가? 많은 게 좋은가? 아니면 정치인들이 만들어낸 허울 좋은 거짓말을 믿는 것으로 만족하는가? 살아가면서 자신의 행동을 통해 정확하게 자신이 원하는 만큼을 얻어낼 수 있을 것이다.

필자의 웹사이트 'http://mises.org/daily/3751'에는 이에 대한 더 많은 이야기가 소개되어 있다.

인생은 적자생존 법칙의 지배를 받는다. 자신의 먹이를 구하든지 남의 먹이가 되든지 둘 중 하나다.

❶ 척 팔라닉Chuck Palahniuk, 《파이트 클럽Fight Club》, 랜덤하우스코리아, 2008년.
❷ 아인 랜드Ayn Rand, 《아틀라스Atlas Shrugged》, 민음사, 2003년.
❸ 찰스 포크너, 퓨처스, 22권 12번, 1993년 11월.
❹ 필 도너휴의 밀튼 프리드먼 인터뷰, 1979년.
❺ 상동.
❻ 프랭클린 루스벨트, 연두교서, 1944년 1월 11일.

겁에 질린 양 떼

신사숙녀 여러분, 자리에 앉아서 정신을 가다듬으세요.
지금부터 정신적 충격이 이만저만 아닐 겁니다.

손에서 스마트폰을 절대 놓지 않는 사람들을 흔히 볼 수 있다. 독자들 역시 이들 중 하나일지 모르겠다. 1초라도 스마트폰이 없는 세상은 상상도 할 수 없을 정도다. 각종 게임, 가상현실, 수많은 콘텐츠가 사람들을 모니터 앞에 묶어놓는다. 하나도 아니고 몇 개의 모니터를 동시에 봐야 하는 경우도 있다. 심지어 미래의 일자리를 위해 아이들에게 멀티태스크를 가르쳐야 한다고 말하는 사람도 있다. 대체 여기에서 말하는 일자리라는 건 뭘까? 아이들을 주의력결핍증 치료제와 고급 양주를 섞어 먹는 어른으로 키우고 있는 건 아닐까?

주의력결핍은 너무나 일반적인 현상이어서 걱정거리로 여기지도 않을 정도다. 사람들은 언제나 산만하고 즉흥적으로 행동한다. 행동하기 전에 결심한다거나 미리 생각하는 일 따위는 없다.

필자가 추세추종기법에 관한 다큐멘터리 영화를 찍기 시작했을 때, 가장 먼저 방문한 곳은 양 목장

"어느 쪽으로 가야 하는지 알려주시겠어요?"
"그건 네가 어디로 가고 싶은지에 달려 있지." 고양이가 말했다.
"그건 별로 상관없어요." 앨리스가 대답했다.
"그러면 어느 길로 가든지 상관없어." 고양이가 말했다. ❶

이었다. 양들은 겁이 많아서 무리에서 떨어지면 극도의 공포를 느낀다. 촬영 첫날 저녁 나는 양 떼들을 반으로 나누어보려고 했다. 하지만 공포에 질린 양들은 서로 뭉치기를 반복했다. 양들은 소리도 지르지 않았고, 표정에도 변화가 없었다. 다만 빠르게 움직이고 또 움직였다.

인간 역시 무리 속에서 살아간다. 공동체는 인간에게 안도감과 확신을 준다. 무리 속에 있으면 의사 결정도 간단해진다. 설사 일이 잘못되더라도 혼자일 때보다는 여럿이 함께 있는 게 안심이 된다. 그래서 '불행은 동반자를 좋아한다'는 말도 있다. 성공한 트레이더는 심리적으로 다른 사람들과 같은 선택을 하고 싶은 충동을 이겨내고 무리를 벗어나 반대로 움직일 줄 아는 사람이다.

각종 전자기계가 공포에 질린 양 떼처럼 군중심리에 흔들리는 인

간의 감정을 증폭시킨다. 탐욕, 희망, 공포, 거부, 군중심리, 충동, 조바심 등의 감정들에 스테로이드를 주입한 것 같은 결과를 낳는다. 시장의 과열과 거품을 무한대로 키우는 방법이기도 하다. ❷ 심리학자로서 최초로 노벨 경제학상을 수상한 대니얼 커너먼Daniel Kahneman 교수는 시장의 과열이 인간의 통제력에 대한 환상 때문에 빚어지는 현상이라며, 여기에 '전망이론Prospect Theory'이라는 이름을 붙였다. 그는 또한 사람들이 확률과 리스크를 어떻게 측정하는지에 대해 연구했는데, 별로 잘하지는 못하고 있다는 사실을 발견해냈다. ❸

사람들은 손실을 싫어한다. 그래서 손실에서 오는 고통을 피하기 위해 계속 비이성적인 결정을 내리는 경향이 있다. 트레이더들이 돈이 되는 투자는 너무 빨리 정리하고, 손실은 너무 오래 방치하는 것도 같은 이유 때문이다. 인간은 본성적으로 수익이 나면 조급한 마음에 빨리 청산하고, 손실이 나면 언젠가 회복될 거라는 생각으로 너무 오랫동안 집착한다. ❹

빗방울이 떨어지기 시작하면 폭풍도 시작된다. 빗방울이 그칠 때가 폭풍이 잦아드는 때다.

투자자들은 '작은 수의 법칙las of small numbers'에 따라 행동한다. 즉 통계적으로 유의하지 않은 경우를 기준으로 판단을 내리곤 한다. 예를 들어, 자신이 투자한 펀드가 3년 연속 시장 평균보다 높은 수익을 기록했다면 앞으로도 절대 손실이 나는 일은 없을 거라고 확신한다. 사람들은 모든 일을 과도하게 일반

화하는 경향이 있다. 특히 요즘에는 제한된 증거들이 우리의 인생을 이끌어가곤 한다. ❺

트레이더의 가장 큰 적은 자기 자신이다. 매몰비용sunk cost을 생각해보면 그 이유를 쉽게 알 수 있다. 매몰비용은 다시 복구할 수 없는 비용으로, 이후의 의사결정과는 전혀 관련이 없지만 투자자들은 이를 잊지 못한다. 그래서 한번 매수한 종목은 손실을 보면서도 계속 물타기에 들어간다. 그러면서 "싸게 사는 거야!"라고 스스로를 위로한다. 물론, 주가가 하락할수록 손실은 커지게 마련이다.

불행하게도 매몰비용을 모호하게 생각하는 투자자가 너무 많다. 머리로는 이미 발생한 손실은 어쩔 수 없다는 사실을 알고 있으면서도 가슴으로는 받아들이지 못한다. 겁에 질린 양 떼 같은 행동이다.

10달러짜리 연극 공연표로 매몰비용에 관해 실험을 한 적이 있다. A 그룹의 학생들에게 극장에 가는 도중에 연극표를 잃어버렸다면 다

투자할 때 대담할지 겁을 낼지는 자신의 선택에 달려 있다.

시 표를 사겠느냐고 물었다. B 그룹에게는 극장에 가는 도중 연극표를 살 돈 10달러를 잃어버렸다면 과연 연극표를 사겠느냐고 물었다. 표현 방식만 다를 뿐, 두 그룹에게 주어진 질문은 동일했다. 추가로 10달러를 투자해 연극을 보겠냐는 것이었다. B 그룹에서는 88%가 표를 사겠다고 대답했다. A 그룹은 매몰비용 때문에 질문을 다르게 해석했다. "10달러짜리 연극을 보는 데 20달러를 내야 할까?"라고 생

각한 것이다. A그룹에서는 단 46%만 표를 사겠다고 대답했다. ❻

시장에서 손실로 이어질 수밖에 없는 행동은 그 외에 또 무엇이 있을까?

▶ **훈련 부족**: 성공적인 투자를 위해서는 풍부한 지식을 바탕으로 투자에 완전히 집중해야 한다. 그런데 많은 투자자가 자신보다는 남의 조언을 듣곤 한다. 드라마 〈X파일The X-Files〉의 멀더 Mulder 요원처럼 그냥 믿고 싶은가 보다.

▶ **조급함**: 움직이고 싶어서 좀이 쑤시는 사람들이 있다. 데이트 레이딩을 할 때 몸속에서 솟구쳐 오르는 아드레날린이나 도박을 하듯이 투자할 때 느끼는 짜릿함은 이들에게 마약이나 마찬가지다.

▶ **객관성 부족**: 시장에 감정적으로 얽매이는 투자자들이 있다. 자신이 투자한 종목이 일생동안 함께할 조강지처라도 되는 것처럼 생각한다. 손실이 나도 투자한 종목과 이혼할 생각이 전혀 없다.

▶ **탐욕**: 빨리 수익을 얻고 싶은 욕심에 장기적으로 투자에 성공하는 데 필요한 노력을 하지 않는다.

▶ **진실 거부**: 시장에서 유일한 진실은 가격의 움직임이다. 그런데 진실을 거부하는 투자자들이 있다. 진실을 믿기보다는 타사 음료를 달고 사는 사이비집단 지도자를 따라다니면서 더 안전

하다고 착각하는 사람들이다.

▶ **충동적인 행동**: 신문 기사를 읽고 투자하는 사람이 너무 많다. 무조건 빨리 행동하면 다른 투자자들과의 경쟁에서 이길 수 있다는 생각은 끔찍한 실패로 가는 지름길이다.

▶ **현재에 집중하는 능력 부족**: 성공한 트레이더가 되려면 수익을 내서 무엇을 할까 생각하면서 시간을 보내는 짓 따위는 하지 않아야 한다. 돈을 갖고 있어야 하기 때문에 트레이딩한다면 성공하기 힘들다.

▶ **열린 마음을 가져야 한다**: 어떤 일이 벌어지더라도 투자의 규칙을 지켜야 한다. 시장이 자신의 생각과 다르게 움직인다고 고집스럽게 굴어서는 안 된다. 손실을 줄이려면 짜증이 나더라도 투자 규칙을 지켜야 한다.

▶ **잘못된 평행이론은 피하자**: 1995년, 2000년, 2008년 시장이 똑같이 움직였다고 해서 오늘도 똑같이 움직이는 것은 아니다. 힌덴부르크 오멘Hindenburg Omen은 기술적 분석으로 시장의 폭락을 예언하는 체계다. 그런데 맞을 때도 있지만 틀릴 때도 있다. 평생 모은 은퇴자금을 동전 던지기 정도의 확률에 맡기고 싶은 투자자는 없을 것이다.

이 모든 행동은 인간이 얼마나 지속적인 스트레스를 받고 살고 있는지 여실히 보여준다. 야생동물의 세계에서 스트레스는 일시적인 현상이다. 야생동물의 99%가 3분 미만의 짧은 공포를 겪는다. 3분이 지나면 대개 포식자의 위협이 사라진다. 하지만 사람은 30년 만기 주택 담보 대출을 갚으면서 지속적인 스트레스를 받는다. 요즘 가장 빠르게 증가하는 질병이 우울증인 건 결코 우연이 아니다. ❼ 이 끔찍한 운명에서 벗어나고 싶은가? 그렇다면 전설의 골프선수 잭 니클라우스Jack Nicklaus의 말을 기억하라. "배움을 거부할 정도로 자존심을 내세워서는 안 된다. 나는 그렇지 않다. 경기의 기본을 배우고 지킨다. 일회성 미봉책은 영원할 수 없다."

남들과 함께 행동하면 안도감을 느낀다. 잘못된 선택이더라도 적어도 혼자 틀린 건 아니기 때문이다. ❽

추세추종법칙의 기본 중 하나는 행동이다.

---

❶ 루이스 캐럴Lewis Carroll, 《이상한 나라의 앨리스Alice's Adventures in Wonderland》, 1865년.

❷ 찰스 포크너.

❸ 제이슨 츠바이크Jason Zweig, 〈스스로를 망가뜨리려 하는가?Do You Sabotage Yourself?〉, 《비즈니스 2.0Business 2.0》, 2001년 5월.

❹ 데이비드 드레먼David Dreman, 《데이비드 드레먼의 역발상 투자Contrarian Investment Strategies》, 흐름출판, 2009년.

❺ 제이슨 츠바이크, 〈스스로를 망가뜨리려 하는가?〉, 《비즈니스 2.0》, 2001년 5월.

❻ 스티븐 펄스타인Steven Pearlstein, 〈돈에 관한 새로운 생각, 당신의 비합리성은 예측 가능하다The New Thinking About Money Is That Your Irrationality Is Predictable〉, 《워싱턴 포스트》, 2002년 1월 27일.

❼ 해리스 콜링우드Harris Collingwood, 〈경제에 빠져 숙거나 헤엄쳐 살아나거나The Sink or Swim Economy〉, 《뉴욕타임스》, 2003년 6월 8일.

❽ http://www.bucks.blog.nytimes.com.

IQ vs. EQ

더그: 어쨌거나 카드를 세려면 정말 똑똑해야 해, 알았지?

앨런: 정말?

더그: 그럼, 쉬운 일이 아니다.

앨런: 얼씨구, 영화 〈레인맨Rain man〉도 못 봤냐? 카드를 워낙 잘 세어서 카지노를 거의 파산시켰잖아. 근데 레인맨은 정능아라고.

스투: 뭐라고?

앨런: 정능아라니까.

더그: 저능아겠지. ❶

흔히 학계의 뛰어난 학자들은 시장에서 엄청난 돈을 긁어모을 거라고 생각한다. 대놓고 이들의 IQ를 추켜세우는데, 마치 IQ가 투자 계좌에 들어 있는 돈을 나타내기라도 하는 것 같다. 오랫동안 뛰어난 실적을 올려온 한 추세추종 트레이더는 이런 말도 안 되는 분위기에 일침을 가했다. "투자를 잘한다고 똑똑한 건 아니다. 뛰어난 트레이더 중에는 머리가 아주 좋은 사람도 있지만, 그렇지 않은 사람도 있다. 똑똑한 사람들 중에서도 투자는 젬병인 경우가 부지기수다. 투자는 똑똑하지 않아도 할 수 있다. 그보다는 심리적인 면이 중요하다."❷

학벌주의는 사람들이 생각하지 않도록 만드는 가장 손쉬운 방법이다.

필자는 유치원에 다닐 때 블록을 제대로 맞추지 못했다는 말로 인터뷰를 시작하는 한 전설적인 트레이더를 보고 크게 감동을 받았다. 1억 달러짜리 유머감각이었다. 물론 그는 똑똑한 사람이었다. 다만 IQ가 만병통치약은 아니라는 의미였다.

사람들은 '높은 IQ는 성공의 동의어'라는 덫에 쉽게 빠질 뿐만 아니라 학벌이 좋은 사람은 무조건 성공한다는 고정관념에 휩쓸리곤 한다. 하지만 반드시 그런 것은 아니다(세스 고딘Seth Godin의 《린치핀 Linchpin》을 읽어보라). 최근 실시된 한 연구는 필자의 생각을 더욱 굳건히 해주었다.

배관공과 의사의 삶을 비교해보자. 물론 의사의 벌이가 훨씬 더 많다. 하지만 의사가 되어 돈을 벌기 위해서는 10년에 걸쳐 값비싼 교육을 받아야 하고, 그다음에는 상당한 세금을 내야 한다. 의사가 되기 위해 소요되는 비용과 높은 세율, 임금을 받지 못하는 기간을 감안하면 배관공이 전문의보다 평생 동안 더 많은 돈을 벌고 더 큰 구매

력을 누린다. ❸

박사학위를 얻기 위해 공부하는 사람들을 보자. 박사는 특정 분야에 전문성을 가진 사람이다. 하지만 현실 세계에서는 박사가 아닌 일반인이 승자다. 관련 분야에서 압도적인 성공을 거두는 기업인은 박사가 아닌 경우가 많다(물론 예외도 있다). 박사학위가 아니라 그 어떤 학위가 있더라도 실패를 막아주는 보호막이 되지는 못한다. 학위가 있다는 건 그저 시험에 붙었다는 의미일 뿐이다.

학위가 있는 사람들을 폄하하려는 의도가 아니다. 어떤 일에서건 성공하려면 세상과 싸움을 벌여 이겨야 한다는 의미다. 학위는 물론 멋있다. 필자 역시 박사학위를 가지고 있다. 하지만 큰 의미는 없다. 1950년대 가족 드라마 〈비버는 해결사Leave it to Beaver〉에서 부모가 아이들에게 "넌 정말 특별한 아이란다"라는 말로 계속해서 용기를 북돋아주었듯, 학위를 자신이 얼마나 특별한지 보여주는 광고판 삼아 벽에 붙여놓는 용도로 활용해서는 안 된다. 학위가 밥을 먹여주는 시대는 지났다. 다만 사람들이 세상의 변화를 따라잡지 못하고 있을 뿐이다.

그런 점에서 얼마 전 보도된 AP 기사는 꽤나 충격적이다. 다섯 명의 심리학자가 공동으로 진행한 연구 결과, 요즘 대학생들은 그 어느 때보다 자기최면에 깊이 빠져 있고 또 자기중심적이라고 한다. 연구를 진행한 학자들은 이런 추세가 국민들의 대인관계와 미국 사회 전체에 악영향을 줄 수 있다며 우려했다. 이제 아이들에게 "너는 정말 특별한 아이란다. 마음 편히 말해보렴"이라는 말로 용기를 북돋아주는 건 그만두어야 한다. 우리 아이들은 이미 너무 자기중심적이다. 비단 아이들뿐만이 아니다. 요즘에는 과도한 자기만족에 빠진 어른도 너무 많다!

나 역시 서너 번 실패를 겪었다. 하지만 다행히 나는 MBA가 없어서 나의 실패를 알지 못했다. ❹

인생을 올바르게 살기 위해서는 다양한 요소가 필요하다. 여기에는 자기 성찰, 자기 수양, 직관, 감정이입, 추세에 편승하는 능력 등이 포함된다. 이런 요소들은 시장에서 수익을 벌어들일 때도 필수적이다. 많은 사람이 트레이딩의 다양한 요소에 신경을 쓰는데, 정신적 요소가 빠지면 결국에는 실패할 수밖에 없다. ❺

쉬운 일은 아니다. 인간의 감정은 생물학적 충동에 휩쓸리기 때문이다. 여기에서 벗어날 수 있는 방법은 없다. 하지만 적어도 자신의 감정을 조절하는 방법을 찾아내야 한다. 그렇게 하면 감정에 치우쳐 올바른 결정을 내리지 못하는 상황을 줄일 수 있다. 시장에서 투자와 관련된 결정을 내릴 때도 마찬가지다. 자기 통제는 내면적으로 성숙한 사람들이 감정의 노예가 되지 않기 위해 지속적으로 자신과 나누는 대화다. ❻

기쁜 마음을 조절하고, 충동을 억제하고, 언제나 한 번쯤 찾아오게 마련인 슬럼프와 분노를 떨쳐내는 능력은 매우 중요하다. 내면적으로 성숙해지지 않으면 훌륭한 추세추종 시스템을 가지고 창조적인 사고방식으로 냉철하고 분석적으로 생각하더라도 결국 실패할 수밖에 없다. ❼

그렇다면 어떻게 시작해야 할까? 자신의 감정을 수용하기 위한 올바른 방법은 무엇보다 먼저 행복해지는 것이다.

- ▶ 행복과 돈을 동일시해서는 안 된다. 사람들은 수입의 변화에 빠르게 적응한다. 하지만 수입의 변화가 장기적으로 사람들에게 미치는 영향은 별로 크지 않다.
- ▶ 규칙적인 운동은 에너지를 가져다준다. 또 몸과 마음을 자극한다. 당장 시작하라.
- ▶ 사랑하는 사람과의 성생활은 종종 가장 큰 행복으로 꼽힌다.
- ▶ 타인과 긴밀한 대인관계를 유지하기 위해서는 지속적인 노력이 필요하다. 하지만 그만큼 가치가 있다.
- ▶ 천천히 인생에서 소중한 것들을 찾아보라. 별것 아닌 습관 덕에 위기를 모면할 수도 있다.
- ▶ 자신의 기술에 맞는 일을 찾아라. 자신이 좋아하는 일을 하는 게 합리적이다.
- ▶ 하루에 여덟 시간 이상 숙면을 취하라. 반드시.
- ▶ 자신의 인생을 통제하고 성취 가능한 목표를 세워라.

이 모든 규칙을 꼭 지켜라. 하지만 이것만 하면 무조건 추세추종기법으로 투자해 성공할 수 있을 거라고 속단하지는 마라. ❽

❶ 〈행오버Hangover〉, 토드 필립스Todd Phillips, 워너브러더스, 2009년 6월.

❷ 잭 슈웨거, 《시장의 마법사들》, 하퍼스 비즈니스.

❸ http://finance.yahoo.com/tech-ticker/forget-harvard-and-a-4-year-degree-you-can-make-more-as-a-plumber-in-the-long-says-prof.-kotlikoff-536046.html.

❹ 마이클 코벨, 《터틀 트레이딩》 중 〈티 분 피켄스Thomas Boone Pickens〉 인용문.

❺ 대니얼 골만Daniel Goleman, 《감성지능Emotional Intelligence》, 비전코리아, 1996년.

❻ 대니얼 골만, 〈무엇이 지도자를 만드는가?What Makes a Leader?〉, 《하버드 비즈니스 리뷰Harvard Business Review》, 1998년.

❼ 상동.

❽ 제임스 몬티어James Montier, 〈국제주식시장전략(그래서 행복해진다면)Global Equity Strategy: It is makes you happy〉, 《드레스너 클라인워트 시큐리티즈 리미티드Dresdner Kleinwort Securities Limited》, 2004년 6월 17일.

의지

미국 풋볼 코치인 짐 하바우^{Jim Harbaugh}는 선수들에게
NFL팀 선수가 되기 위해 반드시 필요한 조건이 뭐냐고
물었다. 선수들은 앞다투어 대답했다.
"재능이 있어야죠." "노력을 해야죠."
하바우 코치는 곧바로 응수했다.
"아니야. 세상에는 재능 있고,
열심히 노력하는데도 안 되는 선수들이 부지기수야.
NFL팀에 들어가기 위해서는 남의 자리를
빼앗을 준비가 되어 있어야 해.
그 자리를 정말 좋아하는 사람들로부터 말이야."❶

인생을 송두리째 바꿀 만한 의지란 어떤 걸까? 대다수의 사람은 올
바른 사람이 되기를 바란다. 타인이 자신을 그렇게 봐주면 만족한다.

겉보기엔 성공을 바라지도, 이기길 바라지도 않는 것 같다. 돈에 구애받지도 않는 것 같다. 그냥 올바른 사람이 되길 바라는 것 같다.

하지만 승자는 이기는 것 이외에 다른 것은 아무것도 안중에 없다. 시장에서 이기려면 분기별 혹은 다른 사람들(겁에 질린 양 떼라고 생각하면 된다)의 잣대에 의존하지 않는 트레이딩 시스템을 믿고 신뢰할 의지가 있어야 한다. 경험과 지식을 쌓기 위해 열심히 노력해야 한다. 장기적인 비전과 계획을 추진할 의지가 있어야 한다. 자신의 연봉에 연연해서는 안 된다. 연봉으로 성공을 평가하는 사회적 기준에 자신을 맞추어서는 안 된다. 연봉은 대부분 거기서 거기다.

단순히 투자 철학과 규칙에 관한 책을 읽는다고 승리에 대한 갈망이 샘솟지는 않는다. 이기고 싶지 않다면, 자신의 마음속에 이기고 싶다는 열망이 없다면, 어떻게 승리를 향한 열망을 마음속에 끼워넣어야 할지 모른다면, 실패하게 될 것이다.

추세추종기법으로 투자에 성공하겠다는 의지는 최고의 운동선수가 되고 싶다는 의지와 비슷하다. 환상적인 실력을 갖춘 야구 선수가 되고 싶다면 친구들이 파티에 정신이 팔려 있는 금요일 밤에도 배팅 연습을 해야 한다. 절대 목표를 잊어서는 안 된다. 그러다 보면 프로선수가 될 만한 나이가 되었을 즈음에는 프로선수에 걸맞은 자질을 갖추고 있게 될 것이다. 원하는 목표를 실현하기 위해서 무엇보다 필요한 건 처음부터 승자가 되겠다는 의지를 다지는 것이다. 누구나 승자가 되고 싶고, 많은 돈을 벌고 싶어 한다. 과연 당신은 꿈을 이루기 위해 열정적으로 끊임없이 노력할 준비가 되어 있는가?

지나치기 쉽지만, 우리에게는 다음과 같은 선택권이 있다.

> ▶ 다른 사람과 똑같이 행동하려 들지 말고 새로운 일을 시도하라.
>
> ▶ 의미 있는 사람들과 협력하라.
>
> ▶ 문제를 해결하고 제대로 처리하는 건 아름답다. 아름다움에 빠져보자.
>
> ▶ 포기하지 마라.
>
> ▶ 약간의 행운을 기대해보자. ❷

성공적인 인생을 살기 위한 지혜

매일 아침 성공을 위한 열망으로 가득 차 일어나야 한다. "오늘 좀 열심히 해보고 어떻게 되는지 볼까?" 하는 정도로는 안 된다. 실패하는 사람들은 겨우 그 정도 노력해놓고는 "그래도 난 노력했어"라고 자신을 위로하거나 부인 혹은 여자 친구를 붙잡고 불평을 하는 게 고작이다. ❸

＊＊＊

"살면서 무엇이든지 할 수 있다고 해서 모든 걸 할 수 있는 건 아니다"라는 말이 있다. 이와 비슷하게 영국의 철학자 프랜시스 베이컨Francis Bacon은 "아내와 자식이 있으면 성공하기 어렵다"는 말을 남겼다. 가족을 먼저 생각하면 1마일을 3.5분 만에 주파할 수도 없고, 1000만 달러를 벌기도 어렵다. 유명한 소설을 쓰기도 쉽지 않고, 오토바이를 타고 세계 일주를 하는 것도 곤란하다. 목표를 달성하기 위해서는 완전한 헌신이 필요하다. ❹

* * *

단순히 살아남으려고 노력해야 한다. 그렇지 않으면 살아남을 수 없다. ❺

* * *

손실을 감당할 여유가 없다는 생각으로 시장에 뛰어들면 좋은 결과를 얻을 수 있다. 수백만 달러를 투자하는 사람보다 수천 달러를 투자하는 사람이 더 높은 수익을 기록할 가능성이 높다. ❻

* * *

적은 돈으로 투자할 때는 고심하지도 않고, 별로 큰돈도 아니라며 가볍게 생각하기 쉽다. "굳이 신발 끈을 묶어야 하나?"라는 생각으로 가볍게 투자하면서 리스크가 적기 때문에 보상도 크지 않을 거라고 생각한다. 하지만 거칠게 달리는 거대한 버스가 다가오고 있다면 엄청난 타격을 받을 수도 있다. 신발 끈을 제대로 묶지도 않고 달리다가 넘어졌는데, 거대한 버스가 덮친다면 적은 돈으로 하는 투자도 가볍게 생각해선 안 된다는 사실을 깨닫게 될 것이다. ❼

* * *

배짱을 두둑하게 가져라. 열정을 가지고 노력하라. 상상력을 동원하라. 확신이 든다면 크게 베팅하라. '아무래도 안 되겠다'고 생각해서는 안 된다. 꿈 같은 현실을 만들어낼 수도 있다. 목적이 있는 삶을 살아야 한다. ❽

＊

돈과 권력을 갖게 되는 이유는 재능이 있어서도, 좋은 교육을 받아서도 아니다. 매력이 넘치고 잘생긴 외모를 가지고 있어서도 아니다. 부자가 되고 싶고, 권력을 갖길 원했기 때문이다. 어떤 사람이 되어서 어떤 위치에 오르고 싶은지에 대한 목표가 가장 중요한 자산이다. 목표가 없으면 성취할 대상도 없어진다. ❾

❶ 마이클 로젠버그Michael Rosenberg, 〈치고, 게임하고, 사랑하고Beat, Play, Love〉, 《스포츠 일러스트레이티드Sports Illustrated》, 2004년 10월 18일.
❷ 짐 사이먼스 MIT 특강, MIT월드MIT World 영상을 참조하길 바란다.
❸ 마이클 코벨, 《추세추종전략》.
❹ 짐 로저스, 《월가의 전설 세계를 가다》, 굿모닝북스, 2004년.
❺ 로이 W. 롱스트리트, 《원자재 트레이더의 시각》, 트레이더스 프레스Traders Press, 1968년.
❻ 잭 슈웨거, 《시장의 마법사들》, 하퍼스 비즈니스.
❼ 마이클 코벨, 《추세추종전략》.
❽ 조이 레이먼Joey Reiman, 《먹고살기 위해 생각하기(자신만의 비즈니스, 경력, 삶에 활력을 불어넣는 아이디어 만들기Thinking for a Living: Creating Ideas That Revitalize Your Business, Career and Life》, 롱스트리트 프레스Longstreet Press, 2001년.
❾ 폴 아덴Paul Arden, 《얼마나 잘하는지가 아니라, 얼마나 잘하고 싶은지가 중요하다It's Not How Good You Are, It's How Good You Want To Be》, 파이돈 프레스Phaidon Press, 2003.

결정은 지금 당장!

> 트레이딩을
> 확률 게임이라고 믿는다면
> 시비와 승패의 개념은
> 별로 중요하지 않게 된다. ❶

룰렛을 만 번이나 돌려도, 룰렛 휠을 무슨 재료로 만드는지 알더라도, 왠지 유용할 것 같은 정보를 수백 가지나 알고 있더라도, 가장 중요한 것은 알 수 없다. 바로 '다음번에는 룰렛 볼이 몇 번에 떨어질까' 하는 것이다. ❷ 동전을 만 번 던졌다. 다음번 던졌을 때 동전의 앞면이 나올 확률은 얼마일까? 확률은 여전히 50 대 50이다. 만 번을 더 던져도 확률은 변하지 않는다.

추세추종기법을 야구에 비유해 설명해보자. 자신에게 물어야 할 질문은 단 하나다. '야구를 하고 싶은 가? 하지 않고 싶은가?' 투수가 던진 공이 날아오고 있다. 타자는 배트를 휘두를지 혹은 휘두르지 않을지 결정하면 된다. 자신이 칠 수 있는 공이라고 판단되면 배트를 휘둘러야 한다. 배트를 휘두르기 전에 가능한 한 정보를 많이 얻어야 할

까? 그럴 시간이 없다. 불확실한 세계에서 정확한 정보를 기다린다면, 다시 말해 투수가 던진 공이 바로 눈앞까지 날아오길 기다린다면 공을 칠 기회를 잃게 될 것이다.

경쟁이 치열한 분야에서 결정을 내릴 때는 가능한 한 많은 정보를 분석하고 시간을 들여 고심해야 한다고 생각한다. 하지만 이는 옳은 생각이 아니다. 언제나 시간이 부족하기 때문이다. 빠르고 간결하게 문제를 해결하기 위해선 제한된 시간 동안 노하우와 계산을 활용해 현실적인 선택을 해야 한다. ❹

현명한 결정을 내리는 투자자들은 하나의 정보를 가지고도 대담하게 실행하는 법을 아는 사람들이다. ❺ 다양한 선택과 대안을 하나하나 따져보고 추측하다 보면 오히려 잘못된 판단을 내리기도 한다. 설사 제대로 된 판단을 내리더라도 이미 귀중한 시간을 낭비해버린 뒤일지도 모른다.

남에게 들은 정보를 맹신해서는 안 된다. 널리 퍼진 소문이라고 무조건 믿어서도 안 된다. 자신이 종교처럼 떠받드는 책에 쓰인 내용도 마찬가지다. 스승이나 연장자의 말이라도 무조건 믿지 마라. 수세대를 거쳐 내려온 전통일지라도 그냥 믿어서는 안 된다. 관찰하고 분석한 후, 합리적이고 누구에게나 도움이 된다고 생각되는 것만 수용하고 따라야 한다. ❼

야구 선수가 공을 잡을 때를 생각해보자(자꾸 야구를 예로 드는 이유는 필자가 야구광이기 때문이다). 공이 어떤 모양의 포물선을 그릴지 예측하고 머릿속으로 복잡한 방정식을 계산해서 잡는 게 아니다. 빠르고 단순하게 잡아낼 뿐이다. 공이 높게 날아오면, 날아오는 야구공에서 눈을 떼지 않으면서 공을 향해 달린다. 처음에 공이 어떤 속도로 어느 정도의 거리를 어떤 각도로 날아오기 시작했는지는 무시해도 좋다.

공을 잡기 위해 필요한 정보는 단 하나뿐이다. 공을 잡을 수 있도록 공이 날아오는 각도에 주목하면 된다. ❻

이제 다시 시장으로 눈길을 돌려보자. 아침에 일어나 시장을 꼼꼼하게 살펴보았고, 매매할 이유도 충분하다. 매매 규칙이 20달러에 매입하는 것이라면 20달러에 매입하면 된다. 투자에 성공하고 싶다면 원래 생각했던 매입 신호를 지켜야 한다. 우리가 시장에서 원하는 건 환상, 재미, 흥미, 도박을 할 때 느끼는 짜릿함이 아니다. 우리는 유명 추세추종 트레이더들처럼 정확한 매매로 많은 수익을 낼 수 있기를 바란다. 이때 중요한 정보는 간단한 추론을 통해 얻어낸 가격 정보 하나뿐이다.

❶ 마크 더글러스Mark Douglas, 《투자, 심리학에서 길을 찾다Trading in the Zone: Master the Market with Confidence, Discipline, and a Winning Attitude》, 한국경제신문사, 2010년.

❷ 칼라 프라이드Carla Fried, 〈당신이 가진 투자접근방법의 문제점The Problem with Your Investment Approach〉, 《비즈니스 2.0》, 2003년 11월.

❸ 핼 럭스Hal Lux, 〈비밀스러운 짐 사이먼스의 세계The Secret World of Jin Simons〉, 《인스티튜셔널 인베스터Institutional Investor》 34권 11번, 2000년 11월 1일.

❹ 게르트 기거렌처Gerd Gigerenzer와 피터 M. 토드Peter M. Todd, 《단순한 경험이 우리를 스마트하게 만든다Simple Heuristics That Make Us Smart》, 옥스퍼드대학 출판사, 1999년.

❺ 상동.

❻ 게르트 기거렌처, 《똑똑한 경험Smart Heuristics》, 에지 파운데이션, Edge Foundation Inc., 2003년 3월 31일, http://www.edge.org.

❼ 석가모니.

과학

우리의 시장 접근 방법은 과학이다. 여기에 관련해 논문이 발표된 적은 없지만 그래도 부정할 수 없는 사실이다. 만약 성공한 트레이더들이 자신들의 투자 기술을 '옛날 일본에서 부인들이 남편 앞에서 기모노를 벗듯이' 공유했다면 가죽 줄로 친친 동여맨 두꺼운 종이뭉치가 만들어졌을 것이다. 시스템 투자는 통계 전문가들이 천신만고 끝에 알아낸 정보가 담긴 가방에서 다양한 색깔의 공을 하나씩 꺼내는 것과 비슷하다. 공을 하나 꺼내면 투자 실적의 일부가 된다. 하지만 다시 공을 가방에 넣으면 다음에도 같은 순서로 공을 뽑을 수 있을지 장담할 수 없다. ❶

"당신은 확률과 보상을 확실하게 정의하고 있습니까?"
만약 아니라면 가능한 한 빨리 해결책을 찾아야 한다.

재산이 85억 달러가 넘는 트레이더 짐 사이먼스Jim Simons(사이먼스
가 추세추종 트레이더라는 소문이 있다. 하지만 본인은 아직 명확하게 답을 하
지 않고 있다)는 매매에 있어서 과학이 가져다주는 혜택은 연산이나 수
학 기술이 아니라 과학적 사고라고 말한 적이 있다. 그만큼 과학적인
방법이 중요하다는 뜻이다.

1. 문제와 이론을 정의한다.
2. 정보와 자원을 모은다(관찰한
   다).
3. 가설을 세운다.
4. 실험을 한 뒤 데이터를 수집한다.
5. 데이터를 분석한다.
6. 데이터를 해석하고 새로운 가설을 세우기 위해 결론을 내린다.
7. 결과를 발표한다.
8. 수정한다(다른 과학자들이 수정하는 경우가 많다).

**추세추종기법을 이해하는 과
정은 과학수사와 비슷하다.**

추세추종기법을 활용하는 투자 기업에서는 천체물리학자를 고용
하곤 한다. 왜냐고? 천체물리학은 하늘에 무엇이 있는지 관찰하면서
배우는 '관찰의 과학'이기 때문이다. 태양계는 실험실에서 만들 수 있
는 게 아니다. ❷

기업을 하나 골라보자. 이 기업의 직원 수와 매출을 곱한 뒤 배당금

추세추종 트레이더들도 실험을 한다. 실험 대상은 금융 자료다. 금융시장은 이들의 실험실이다.

으로 나누고 여기에서 CEO의 나이를 빼보자. 뭐 어쩌란 건가? 계산할 수 있다고 해서 무조건 유용한 건 아니다. 과학적 사고는 논리적인 결함을 찾아내는 능력이다. ❸

추세추종기법을 활용하더라도 잘못된 판단을 내릴 수 있다. 매번 그 이유를 쉽게 알아낼 수 있는 것도 아니다. ❹ 하지만 시장의 움직임에 관해 과학적으로 수립된 원칙이 있고, 이를 관찰하고, 수익을 올리기 위해 사용할 수 있다는 게 핵심이다. 로버트 리플리Robert Leroy Ripley가 말했듯이 믿을지 믿지 않을지는 당신의 자유다!*

❶ 사이먼 커, 〈윈튼 캐피털 매니지먼트(사이먼 커와 데이비드 하딩의 인터뷰)〉, 《더 헤지펀드 저널》, 2005년 9월.
❷ 척 케인 블로그, 2011년 1월 9일, http://www.michaelcovel.com/2011/01/09/computers-are-uselesswithout-you.
❸ 상동.
❹ 상동.

* 신문 만화가 출신의 미국 모험가 로버트 리플리의 〈믿거나 말거나(Ripley's Believe It or Not!)〉는 35년간 전 세계 198개국에서 특이한 소재를 발굴해 소개하는 프랜차이즈 프로그램으로, 라디오, TV, 박물관, 책 등 다양한 매체로 만들어졌다-역주

통계적 사고

안톤 시거: 동전을 던질 테니 당신에게 가장 중요한 것을 걸라고.

상점 주인: 뭐라고요, 손님?

안톤 시거: 가장 중요한 거. 잃어서는 안 되는 거. 동전 던질 테니 베팅하라고.

상점 주인: 모르겠어요. 말할 수 없어요.

　　　　　 (시거는 동전을 던진 다음 카운터에 올려놓고 손으로 가린다.)

안톤 시거: 앞이야 뒤야?

상점 주인: 정하라고요?

안톤 시거: 응.

상점 주인: 아무것도 걸지 않았는데요?

안톤 시거: 그냥 대답이나 해.

상점 주인: 뭘 걸었는지 알아야 대답을 하죠.

안톤 시거: 대답해야 해. 내가 대신 대답해줄 순 없잖아? 그럼 공평하지 못하니까.

상점 주인: 하지만 난 아무것도 걸지 않았어요.

안톤 시거: 아니야 걸었어. 지금 막 당신 인생 전부를 걸었다고. 당신이 모를 뿐이야. ❶

추세추종기법으로 벌어들이는 수익은 일정하지 않다. 수익이 일관되게 발생하는 경우는 절대 없다. 대다수가 가능하다고 믿는 것과 달리 투자 수익은 들쭉날쭉하다. 추세추종 트레이더들이 베어링스 은행 파산, LTCM 붕괴, 2008년 약세장에서 홈런을 친 것은 생각보다는 자주 발생하는 극단적인 사건을 성공적으로 공략한 덕분이다.

샤프지수Sharpe ratio*는 성과를 과도하게 측정하는 경향이 있다. 정확도가 제대로 알려지지 않았기 때문에 사람들의 예측을 현명하지 못한 방향으로 이끌곤 한다. ❷

이 사례들은 통계적으로 매우 이례적인 사건들이다. 추세추종기법의 기본은 추세가 꺾일 때까지 순응하고, 손실이 발생하면 재빨리 투자 포지션을 청산하는 것이다. 이런 방법으로 예상치 못한 추세가 밀려오기를 기다리면서 유리한 투자 포지션을 잡는다.

추세추종기법의 알파수익은 예측하지 못했던 사건이 발생했을 때 올바른 투자 포지션은 그냥 놔두고, 잘못된 투자 포지션은 재빨리 정리하기 때문에 가능하다. 실패한 포지션은 없애버리고, 수익이 발생하는 포지션은 계속 유지하기 때문에 남들보다 뛰어난 성과를 얻어낼 수 있는 것이다. ❸ 일관적인 수익을 원하다 보면 오히려 리스크에 취약해진다. ❹

---

* 특정 펀드가 한 단위의 위험자산에 투자해서 얻은 초과 수익의 정도를 나타내는 지표—역주

예측 가능한 통계의 대표적인 예로 야구선수들의 타율을 들 수 있다. 유명 메이저리그타자인 앨버트 푸홀즈Albert Pujols의 기록을 참고하라. ❺

추세추종기법의 수익 그래프는 오른쪽으로 갈수록 상승하는 곡선 그래프를 그린다.

앞서 '추세추종 트레이더들은 돈을 얼마나 벌었을까?' 부분에 소개된 추세추종 트레이더들의 투자 실적을 보면 푸홀즈의 기록과 전혀 다른 것을 알 수 있다. 투자는 야구 선수의 기록처럼 일관적이지 않다. 그렇다고 해서 나쁜 건 아니다.

물론 투자 실적이 들쭉날쭉하면 마음을 졸이게 된다. 교육 수준이 높고 돈이 많은 사람이라도 마찬가지다. 필자는 얼마 전 친분이 있는 성공한 사업가와 점심식사를 한 적이 있다. 그는 필자의 경력에 대해 어렴풋하게 알고 있었는데, 식사를 하면서 이런저런 이야기를 나누던 중 최근 헤지펀드 사기를 당했다고 털어놓았다(매도프는 아니다). 나는 문제의 펀드가 매월 수익을 기록했느냐고 물었고, 그는 대답했다. "매월요." 집으로 돌아와 인터넷으로 관련 정보를 검색해보았는데, 그가 사기당한 돈은 수백만 달러가 넘었다.

통계적으로 사고해야 하는 이유는 들쭉날쭉한 추세추종 트레이더들의 수익이 종형 곡선bell curve*의 어디쯤에서 발생하는지 측정하기

---

* 정상분포를 나타내는 곡선으로 종을 수직으로 자른 모양이다—역주

〈차트 9〉 앨버트 푸홀즈의 경기 기록

연도	출장경기수	타수	득점수	안타수	2루타	홈런수	타점	볼넷	삼진	타율	장타율
2001	161	590	112	194	47	37	130	69	96	.329	.610
2002	157	590	118	185	40	34	127	72	69	.314	.561
2003	157	591	137	212	51	43	124	79	65	.359	.667
2004					51	46	123	84	52	.331	.657
2005	161	591	129	195	38	41	117	97	65	.330	.609
2006	143	535	119	177	33	49	137	92	50	.331	.671
2007	158	565	99	185	37	32	103	99	58	.327	.568
2008	148	524	100	187	44	37	116	104	54	.357	.653
2009	160	568	124	186	45	47	135	115	64	.327	.658
2010	159	587	115	183	39	42	118	103	76	.312	.596
평균	162	596	123	198	44	42	128	95	67	.331	.624

위해서뿐만은 아니다. 여러 이유가 있겠지만 그중 하나는 통계자료를 남들과 다른 시각에서 이해하기 위해서다.

두 개의 병원이 있다. 첫 번째 병원에서는 하루 평균 120명의 아기가, 두 번째 병원에서는 하루 평균 12명의 아기가 태어난다. 평균적으로 남자 아기와 여자 아기가 태어나는 비율은 50 대 50이다. 어느 날 이들 병원 중 남자 아기보다 여자 아기가 두 배나 많이 태어날 확률이 높은 곳은 어느 쪽일까? 작은 병원일 확률이 높다. 왜냐고? 전체 분포에서 무작위적인 왜곡 현상이 나타날 가능성은 샘플의 크기가 클수록 줄어들기 때문이다. ❻

두 명의 트레이더가 모두 40%의 투자 승률을 기록하고 있고, 성공할 때 얻는 수익이 실패했을 때 잃는 손실의 세 배 정도 된다고 가정해보자. 그런데 이 중 한 명은 지금까지 1000번 매매했고, 또 다른 한 명은 10번 매매했다. 앞으로 10번 매매했을 때 성공 가능성이 40%가 아니라 10%일 가능성이 높은 사람은 누구일까? 10번밖에 매매하지 않은 트레이더다. 그 이유는 매매 경험이 많은 트레이더일수록 평균 승률이 유지될 가능성이 높기 때문이다. 매매한 적이 별로 없다면 지금까지 기록한 평균에서 벗어날 확률이 높다.

운 좋게 들은 주식 정보로 단기간에 돈을 벌었다고 동네방네 자랑하고 다니는 사람이 있다. 문제는 남에게 우연히 들은 정보로 투자에 성공할 가능성은 매우 낮다는 것이다. 이례적인 사례이고 통계적으로 전혀 유의하지 않다. 다음에 비슷한 정보를 들었을 때는 돈을 모

> 다른 모든 조건이 동일하다면 투자 전략으로 가장 긍정적일 경우와 가장 부정적일 경우를 예측해야 한다. 그래야만 큰 손실을 피할 수 있다. ❼

조리 잃을지도 모른다. 우연히 한 번 제대로 된 정보를 얻은 건 아무런 의미를 갖지 못한다.

잘 관찰해보면 통계적인 사고는 어디에서나 찾을 수 있다. 월요일 밤 미식축구 경기를 중계하던 론 자워스키Ron Jaworski는 축구 경기의 확률과 통계를 언급하면서 "통계는 확률일 뿐, 확실한 사실이 아니다"라고 말했다. 추세추종기법에서도 마찬가지다.

❶ 〈노인을 위한 나라는 없다Now Country for Old Men〉, 조엘 코엔과 에단 코엔, 미라맥스 필름 파라마운트 밴티지Miramax Films Paramount Vantage, 2007년.

❷ 핼 럭스, 〈비밀스러운 짐 사이먼스의 세계〉, 《인스티튜셔널 인베스터》, 34권 11번, 2000년 11월 1일.

❸ 제즈 리버티 블로그, 2009년 10월, http://www.automated-trading-system.com/why-trend-following-works-look-at-the-distribution/.

❹ 마이클 코벨의 폴 멀바니 인터뷰, 2011년.

❺ http://www.baseball-reference.com/players/p/pujolal01.shtml

❻ 《통계의 기본Elementary Concepts in Statistics》, 스태트소프트 전자통계학 교과서 Statsoft Electronic Statistics Textbook, http://www.statsoft.com/textbook/elementary-concepts-in-statistics/.

❼ 〈체계적인 글로벌 매크로: 수익, 리스크, 상관관계의 특성Systematic Global Macro: Performance, Risk, Correlation Characteristics〉, 그레이엄 캐피털 매니지먼트, 2009년 1월, http://www.grahamcapital.com.

아하!

> 다른 사람을 아는 건 지혜다. 나 자신을 아는 건 깨달음이다.
> 다른 사람을 통제하기 위해서는
> 힘이 필요하다. 나 자신을 통제하기 위해서는
> 강인함이 필요하다. ❶

진실을 알아내기 위해서는 시간과 에너지가 필요할 뿐 아니라 "아하!" 하는 깨달음의 순간을 몇 번이나 겪어야 한다. 이런 때는 마치 뇌에 전기충격이 가해지는 것 같은 기분이 든다(그렇다고 필자가 정말 뇌에 전기충격을 받아본 적이 있는 건 아니다!).

필자에게는 1980년대 말에 제작된 트레이더 폴 튜더 존스Paul Tudor Jones의 다큐멘터리 영화가 존재한다는 사실을 알았을 때가 그중 하나였다. 33억 달러에 달하는 재산을 모은 뛰어난 트레이더 존스의 초기 투자 기록은 당연히 두 손 들고 환영할 만한 자료였다. ❷ 상상하는 그 이상의 내용이 담겨 있을 것 같았지만, 일반적인 경로로 유통되는 자료가 아니어서 여간 찾기 힘들지 않았다. 아마존Amazon, 이베이eBay 를 비롯해 필자가 아는 모든 방법을 동원했지만 구할 수 없었다. 마침 내 개인적인 경로로 겨우 손에 넣었을 때 내 짐작이 정확하게 들어맞 았다는 걸 확인할 수 있었다.

〈트레이더Trader〉라는 제목의 이 다큐멘터리는 1987년 3월에 제작 되었다. 당시 존스는 32살이었고, 함께 일하는 직원은 고작 22명이었 다. 현재 존스의 투자기업에서는 300명이 넘는 직원이 100억 달러가 넘는 자산을 관리하고 있다.

다큐멘터리는 열정 그 자체였다. 존스와 최측근인 피터 보리시Peter Borish는 아귀다툼이 벌어지는 투자 시장에서 단 하나의 목표를 가지 고 있었다. 바로 엄청난 부자가 되는 것이었다. 보리시는 지름길 같 은 건 없다고 믿는 사람이었다. "나는 세상에서 가장 엄한 선생님에 게 성적을 평가받는다. 그는 바로 시장이다. 시장에 상대평가 따위는 없다. '어제는 밤늦게까지 놀았어. 하지만 나뿐 아니라 반 학생 전체 가 축구 응원을 하러 갔었다고. 내 점수는 70점인데, 그래도 반에서 가장 높은 점수여서 A를 받을 거야'라는 식은 먹히지 않는다." ❸

존스 역시 상대평가를 믿지 않았다. 영화에서 고향인 체서피크 베 이Chesapeake Bay를 배경으로 완벽한 투자에 대해 설명하는 존스의 독 백을 들어보자. "100%의 수익률을 기록했다면 만 달러를 투자했는지 1억 달러를 투자했는지는 중요하지 않다. 78%의 성공은 미식축구 선수에게나 좋은 기록이다. 대학생, 고등학생, 초등학생이라면 단순히 이긴 것만으로 만족하기도 한다."❹

영화 뒷부분에서 존스는 자신의 상사이자 뛰어난 목화 트레이더인 일라이 툴리스Eli Tullis에 대해 설명한다. "취직하고 첫 해엔 상사에게 커피를 타다 주는 게 전부였다. 하지만 일을 하면서 삼투압 현상으로 물이 천천히 빨아올려지듯이 여러 가지를 배울 수 있었다. 나는 꽤 괜찮은 비서였고, 덕분에 상사가 하는 행동 하나, 발걸음 하나 등 모든 걸 배울 수 있었다."❺ 그는 특별히 소중하게 생각하는 추억을 털어놓았다. "내 상사는 엄청난 손실이 적혀 있는 칠판 앞에 앉아 있었다. 그는 얼굴에 너무나 아름다운 미소를 띠고 매우 우아한 자세로 평정심을 잃지 않은 채 나와 한 시간 정도 이야기를 나누었다. 그 강인함에 압도될 수밖에 없었다."❻

스트레스에 의연하게 대처하는 툴리스를 보면서 존스는 전혀 다른 사람이 되었다. 그는 큰 영감을 받았고, 값을 따질 수 없는 소중한 교

숫자는 거짓말을 하지 않는다. 수익이거나 손실일 뿐이다.

훈을 얻었다. 평범하지 않은 트레이더가 되려면 다른 사람의 태도를 보고 기꺼이 배울 줄 알아야 한다. 자존심 따위는 버리고 자신의 부족한 부분을 드러내는 건 쉽지 않다. 이것이 바로 진정한 승자의 마음가짐이다.

뛰어난 몇몇 사람 중 하나가 되어보자.

❶ 노자, 《도덕경》.
❷ http://forbes.com/profile/paul-tudor-jones.
❸ 〈트레이더(다큐멘터리)Trader: The Documentary〉, PBS필름PBS Film, 1987년.
❹ 상동.
❺ 상동.
❻ 상동.

영웅 숭배

아이들에게 물려줄 수 있는
가장 큰 유산은
매일 단 몇 분이라도
함께 시간을 보내는 것이다. ❶

이 책은 추세추종기법을 배우는 데 방해가 되는 각종 걸림돌들을
설명하기 위해 쓰였다고 해도 과언이 아니다. 각종 금융 관련 미디어
들은 투자자들의 관심(혹은 투자자들의 돈)을 사로잡기 위해 고군분투
하고 있다. 하지만 금융 세계의 정설이라는 이유만으로 혹은 달변의
시장 전문가라는 이유로 무조건 숭배받는 건 정말 이해되지 않는다.
이런 상황을 마주할 때마다 TV 만화 〈킹 오브 더 힐King of the Hill〉이
머릿속에 떠오르곤 한다. 특히 개인적으로 알고 있는 금융권 인물들

이 만화영화 속 인물들과 정확하게 겹쳐지기까지 한다(마약 중독을 비롯해 모든 면에서 비슷한 점이 많다).

그중 한 에피소드를 소개한다. 주인공인 행크Hank의 동네에 은퇴한 프로 미식축구 선수 빅 윌리Big Willie가 이사를 온다. 빅 윌리는 한때 댈러스 카우보이Dallas Cowboys에서 선수 생활을 했지만, 그다지 뛰어난 경기를 보여주지는 못했다. 하지만 아마추어인 행크와 친구들에게는 과거 프로팀 선수 생활을 했다는 사실만으로도 숭배의 대상이었다. 그런데 이들이 빅 윌리의 실체를 알게 되면서 태도는 달라진다.

> **빅 윌리**: 이봐, 내가 선수였을 때 물건을 좀 보여줄까? 이건 내가 기막히게 막아낸 바로 그 공이야. 이건 그때 사진이고……. 이렇게 공을 막아낸 거지.
> **행크**: 그 이야기는 언제 들어도 싫증이 나지 않아요.
> (얼마 뒤 행크의 아들 바비Bobby가 빅 윌리는 그다지 인상적인 축구 선수가 아니었다고 말한다.)
> **바비**: 그러니까 윌리는 프로선수치고 술을 너무 많이 마셨어요. ❷

너무 많은 사람이 금융 전문가를 마치 예언가라도 되는 것처럼 믿는다. TV에서 누군가가 "지금은 구글Google 주식을 매입하고 라스베이거스 샌즈Las Vegas Sands 주식을 매도할 때"라고 떠들면 아무 생각 없이 그대로 따르곤 한다. 그의 명성을 믿기 때문이다. 하지만 이들의 실제 모습을 알고는 있는 걸까? 이들이 빅 윌리와 비슷한 사람일 가능성은 없을까? 그래도 시장에서의 명성만을 믿고 선택하겠다는 사람이 있다면 다른 투자자들은 나팔을 불고 환호할 일이다.

그런데, 투자자들이 시장의 유명 인사라는 사람들의 예측을 하루 종일 듣고 있는 이유는 뭘까? "전문가의 말만 들으면 몇백만 달러를 벌 수 있을 거야"라고 생각하는 걸까? "구글 매수 시점이라는 말은 맞는 것 같은데, 지금 투자해도 좋을까?"라는 생각일까? 아니면 "TV에 나온 전문가는 맞는 말만 할 거야!"라고 믿는 걸까?

어떤 유명 인사가 금을 사라고 조언했다. 그렇다면 '지금이 금을 매수할 때'라는 조언은 온 세상에 떠벌려진 것 아닌가? 게다가 정말 금을 매수했다고 가정해보자. 그렇다면 금을 팔 때도 전문가가 신호를 줄 때까지 기다릴 텐가? 아니면 금값이 떨어지는 일은 절대 없고 그래서 금을 팔 일도 없다는 생각으로 매수하는 걸까?

> 기하학이 어쩌고, 점성술이 어쩌고, 시장의 방향이 어쩌고 하는 소리를 들으면 지갑을 손에 꼭 쥐고 있어라. 당신의 돈을 가로채려는 수작이다. 시장의 바닥이 어쩌니 천장이 어쩌니 하는 말이 나오면 시장의 사기극이 시작되고 있는 것이다.

---

❶ 올란도 A. 바티스타Orland A. Battista, 작가.
❷ 〈동네의 새로운 카우보이New Cowboy on the Block, 신디 탱 러브랜드Cyndi Tang-Loveland〉, 〈킹 오브 더 힐〉 에피소드 152, 2003년 11월 16일.

일단 매수하고,
가격이 오르기만 바라고

월가에는 커다란 화이트보드가 있는 방이 있다. 보드 왼쪽
에는 오늘 시장이 상승할 이유가 적혀 있고, 오른쪽에는 오
늘 시장이 하락할 이유가 적혀 있다. 장이 마감하면 전문가
들이 방에 들어와 오늘 장이 상승 혹은 하락한 이유를 하나
뽑아낸다. 투자자들은 늘 장이 상승 혹은 하락한 이유를 알
아내려 한다. 하지만 그 이유는 무엇이든 가능하다. ❶

　금융 산업은 화장품 산업과 놀라울 정도로 비슷하다. 이들 두 산
업 모두 사람들에게 희망을 판다. 2000년 시장의 거품이 꺼졌을 때나
2008년 10월 주식시장이 붕괴됐을 때 매입 보유 전략의 개념은 심장
에 말뚝이 박힌 듯 죽어버렸다. 하지만 대다수의 투자자는 과거의 쓰

라린 경험에도 불구하고 매입 보유 전략에 대한 희망을 버리지 못하고 있다.

정해진 길에서 벗어나서는 안 된다. 가격이 하락하면 매입하라. 절대 포기해서는 안 된다. 매입 보유 전략 투자자들이 외쳐대는 주문이다. 결코 과학적이라고 할 수 없는 사고방식이다. 가장 기본적인 세 가지 질문에 답을 제시하지 않기 때문이다. 바로 '어떤 종목을 얼마나 매수해야 하는가?', '어느 가격에 매수해야 하는가?', '얼마나 오래 보유해야 하는가?' 하는 문제다.

1973년과 1974년 나스닥 폭락을 살펴보자. 나스닥은 1972년 12월 최고점을 기록한 후 60%나 폭락했고, 1974년 9월 바닥을 쳤다. 당시 약세장을 실질적으로 벗어나기 시작한 건 1980년 4월부터였다. 덕분에 1972년 12월부터 1980년 3월까지 매입 보유 전략을 활용한 투자자들은 거의 돈을 벌지 못했다. 1970년대 주식시장은 암흑기였다. 차라리 그 돈을 저축해 3%의 금리를 받는 게 나을 정도였다. 역사는 반복된다고 하더니 나스닥은 2000년대 급등을 거듭하다가 2009년에는 70% 이상 폭락했다.

업계의 이해관계자들은 주식에 돈을 묻어놓고 꾹 참으면 많은 수익을 낼 수 있다면서 투자자들을 유혹한다. 하지만 10년 아니 20년을 보유하고 있어도 수익은커녕 손

죽은 고양이 시체도 충분히 높은 곳에서 떨어뜨리면 튕겨 오른다.

실을 가져다주는 경우도 많다는 사실을 잊어서는 안 된다.

게다가 매입 보유 전략 투자자들은 시장을 복수의 대상으로 인식해 문제를 더 복잡하게 만드는 경향이 있다. 투자에서 손실을 본 다음에는 돈을 되찾을 생각뿐이다. "마이크로소프트에 투자했는데 손실이 이만저만 아니야. 하늘이 무너져도 잃어버린 돈을 찾아야겠어. 마이크로소프트, 누가 이기나 보자고." 이런 식이다. 현명하지 못한 행동이다.

비슷한 예는 수없이 많다. 1989년 4만 포인트를 찍었던 일본 닛케이지수는 22년이 지난 지금은 고작 1만 포인트 수준이다. 그런데도 일본 투자자들이 여전히 매입 보유 전략을 신뢰할까?

다우존스 지수: 1999년 3월 − 10,006포인트

2007년 10월 − 14,164포인트

2011년 2월 − 12,339포인트

나스닥 지수: 2000년 3월 − 5,048포인트

2011년 2월 − 2,789포인트

닛케이 225 지수(일본): 1989년 12월 − 38,915포인트

2011년 2월 − 10,600포인트

절대 죽지 않고 영원히 사는 사람에게는 매입 보유 전략이 유용할

지도 모르겠다. 마법이나 요정을 믿는 사람들에게도 통할 것이다. 그런데 투자자들에게 희망을 팔아온 뮤추얼펀드는 그 대가로 엄청난 수수료를 챙겼다. 〈차트 10〉을 보라.

〈차트 10〉 지금까지 뮤추얼펀드가 챙겨온 수수료

	10년간 운용	총 214억 달러의 수수료를 챙김
피델리티 마젤란Fidelity Magellan	1999 ~ 2008년	37억 달러
피델리티 콘트라펀드Fidelity Contrafund	1998 ~ 2007년	30억 달러
아메리칸 센추리 울트라American Century Ultra	1999 ~ 2008년	23억 달러
핌코 토털 리턴PIMCO Total Return	1999 ~ 2008년	30억 달러
아메리칸 펀드 인브 코 에이머American Funds Inv Co Amer	1998 ~ 2007년	15.4억 달러
피델리티 그로스&인컴Fidelity Growth & Income	1999 ~ 2008년	15.6억 달러
아메리칸 펀드 그로스 에프엔디 에이머American Funds Growth Fnd Amer	1999 ~ 2008년	21억 달러
피델리티 로 프라이스 스톡 펀드Fidelity Low-Priced Stock Fund	1999 ~ 2008년	16.6억 달러
아메리칸 펀드 유로퍼시픽American Funds Europacific	1998 ~ 2007년	17.4억 달러
피델리티 디비던드 그로스Fidelity Dividend Growth	1999 ~ 2008년	8억 달러

주식시장의 시가총액에는 거의 변화가 없었는데도 지난 10년간 뮤추얼펀드가 투자자들에게서 수수료 명목으로 벌어들인 돈은 210억 달러가 넘는다. 엄청난 사기 행각이다. 이들은 투자자들로부터 눈에 띄지 않게 약간의 돈을 갈취해왔다. 피델리티 CEO가 그동안 받아 챙긴 급여는 110억 달러에 이른다. 다음의 통계를 보면 모골이 송연해질 정도다.

▶ 미국 가정이 보유하고 있는 순수 금융 자산은 평균 1000달러다.

▶ 2016년에는 사회보장혜택이 세수 총액을 넘어설 것이다.

▶ 미국 근로자가 연금을 수령하는 비율이 가장 높았던 때는 46%였다. 2005년 이 비율은 17%로 떨어졌다.

▶ 연방준비위원회는 금리를 0%로 인하했다. 저축 및 머니마켓 예금 계좌Money Market Account를 가지고 있는 국민들에게는 치명적이었다.

▶ 1929년 9월 3일 다우존스지수는 381.17포인트로 마감했다. 같은 해 최고가를 경신했지만 25년 후인 1954년 11월 23일 역시 381포인트로 마감했다. ❷

보기에도 끔찍한 이 통계 자료들은 투자자들의 기억이 얼마나 짧고 선별적인지 잘 보여준다. 상황이 이런데도 시장이 저점을 지나 크게 상승하기 시작하면, 매입 보유 전략 투자자들은 또다시 안도감을 느낀다. 이때는 시장에서 거품이 사라진 것처럼 생각되고, 특히 금융권의 유명 인사들은 하나같이 목소리 높여 시장이 회복세에 접어들었다고 외치곤 한다.

주식시장에 거품이 끼어 있는지 정확하게 판단할 수 있는 사람은 없다. 하지만 놀랍게도 확신에 찬 사람들이 있다. 최근 만난 한 친구는 남부 캘리포니아Southern California 지역의 부동산이 안정되고 있다고 말하더니(사실 여부는 여기에서 전혀 중요하지 않다), 곧 시장의 거품에 관해 이야기하기 시작했다. 현재 주식시장에 거품이 없다는 것이었다. 나는 그 자신감에 놀랐다. 단 한 번이라도 많은 사람이 함께 시장의 거품을 경고했던 적이 있던가? 거품은 꺼지기 전까지는 분명하게 드러나지 않는다.

누군가 이렇게 비판한 적이 있었다. "모멘텀은 80% 정도 맞는다."[3] 대체 어디에서 얻은 통계일까? 모멘텀의 정의는 뭘까? 그럼 나머지 20%에는 무슨 일이 벌어진다는 걸까? 파산한다는 걸까? 투자한 돈이 반 토막 나는 걸까? 또 몇 번 중 80%라는 걸까? 10년 중 8년이라는 소리일까? 몇 개월의 80%일까? 몇 주 중 80%일까? 말도 안 되는 통계를 내놓는 전문가들을 보면 바로 경계해야 한다.

❶ 제임스 로어바흐 블로그, 〈희박한 공기를 벗어나Out of Thin Air〉 기사에 대한 답변, 2008년 5월 20일, http://www.michaelcovel.com/2008 /05/20/out-of-thin-air/.
❷ 애리엘 넬슨Ariel Nelson, 〈다우 지수와 공황Dow and The Depression〉, 2008년 10월 10일, http://www.cnbc.com/id/27119471/Dow_and_the_Depression.
❸ 데이비드 메르켈David Merkel 블로그, 2009년 4월 25일, http://www.michaelcovel.com/2009/04/25/david-merkel-defending-a-wrong-view-to-the-bitter-end.

개종

> 패를 잡고 있어야 할 때를 알아야 한다. 물러설 때를 알아야
> 한다. 도망갈 때를 알아야 한다. 도박판에서는 절대 돈을 세
> 어보아서는 안 된다. 도박이 끝난 후에도 돈을 세어볼 시간
> 은 충분하다. ❶

    필자가 설립한 기업은 추세추종기법에 관한 연구를 몇 년 동안이나 진행해왔다. 그 덕분에 필자는 100개가 넘는 국가에 있는 수천 명의 투자자 및 트레이더와 친분을 쌓을 수 있었다. 1996년 5페이지짜리 터틀트레이더닷컴TurtleTrader.com 웹사이트를 만들 때만 해도 전혀 생각하지 못했던 성과다. 그때 나는 웹사이트 디자인을 맡겼던 22살짜리 프로그래머가 선불로 낸 4000달러를 들고 러시아로 도망가는 바람에 HTML 프로그램을 독학하기도 했다.

처음에는 그만큼 초라했지만, 지금은 다양한 투자자들이 필자의 웹사이트를 방문해 추세추종기법에 관한 조언을 구하고 있다. 남녀노소를 불문하고 대학생부터 수십억 달러의 자산을 보유한 헤지펀드까지 여러 사람이 나의 글을 읽고, 나의 고객이 되었다. 현재 터틀트레이더닷컴 웹사이트는 시스템을 활용하는 추세추종기법이 더욱 폭 넓게 받아들여지는 데 방해가 되는 걸림돌들을 제거하는 데 중심적인 역할을 해내고 있다.

추세추종기법의 '복음'을 전하는 과정에서 겪은 가장 흥미로운 일은 투자자들의 개종이다. 다시 말해 다른 투자 방식을 활용하던 사람이 나의 노력 덕분에 추세추종 트레이더로 바뀌는 순간이다. 예를 들어보자. 얼마 전 터틀트레이더닷컴 웹사이트에 등록한 고객은 유명 공중파 라디오 프로그램을 제작하고 있을 뿐만 아니라 지난 수십 년간 개인 고객들의 돈을 관리해온 트레이더였다. 그의 특기는 펀더멘털 분석으로 고객이 맡긴 투자 자산을 불리는 것이었다. 내가 쓴 책을 읽기 전까지는 추세추종기법에 대해 전혀 알지 못했다고 한다. 이 트레이더는 터틀트레이더닷컴 웹사이트 덕분에 올바른 방향으로 투자 방법을 개선할 수 있었는데, 필자가 놀란 이유는 그 때문만이 아니다.

그는 왜 나의 고객이 되었는지 솔직하게 털어놓았다. 이유는 간단했다. 펀더멘털 분석에 따르면 2009년 봄 시장이 바닥을 치고 난 이후 상승세가 지속될 가능성은 없었다고 한다. 하지만 시장은 상승했

컴퓨터 화면을 수놓는 숫자를 모두 이해하는 사람은 없다. 이 역시 시장의 노이즈 중 하나일 뿐이다. ❷

다. 그러자 그는 달라진 시장에 가능한 한 빨리 대응할 도구가 필요했고, 이런 맥락에서 필자가 쓴 책을 읽게 되었다고 했다.

우리의 대화는 매우 고무적이었다. 수십 년 동안 개인 고객들을 위해 돈을 관리해오던 트레이더가 무언가 잘못되었다는 사실을 즉시 감지했고, 지금까지의 투자 방식에 변화가 필요하다고 생각한 것이다. 이는 굉장히 드문 사례다. 상당수의 사람이 시장은 효율적이고, 인간은 이성적이며, 무조건 자신의 방식이 옳다고 믿는 시카고대학의 거만한 경제학과 교수들과 비슷하다. 교수들처럼 굴어서는 안 된다. 스펀지가 물을 빨아들이듯 새로운 지식에 유연한 태도를 가져야 한다.

❶ 케니 로저스Kenny Rogers, 〈더 갬블러The Gambler〉, 돈 슐리츠Don Schlitz 작사, 1978년.
❷ 마틴 크로티클Martin Kronicle, 〈빌 던(패배를 모르는 트레이더)Bill Dunn: Unbreakable〉, 《트레이더 먼스리Trader monthly》, 2008년 9월.

오마하의 현인,
워런 버핏

첫 번째 원칙들, 클라리스 스털링:
마르쿠스 아우렐리우스를 읽어라. 특히 품어야 할 의문은
"사물의 본질은 무엇인가?"다. ❶*

워런 버핏Warren Buffett은 '투자의 성배'를 거머쥐었다. 그의 성공에 모두들 경의를 표한다. 누구나 워런 버핏이 될 수 있는 걸까? 물론 아니다. 버핏은 모든 규칙을 벗어난 예외적인 존재다.

매입 보유 전략을 활용하는 가치투자자인 버핏은 복잡한 기업을 거느린 복잡한 사람이다. 이에 대해 그 자신도 이의를 제기한 적은 없

---

* 클라리스 스털링은 토머스 해리스의 소설 《양들의 침묵》의 주인공이다. 이 책에서 헥터 박사는 스털링에게 아우렐리우스를 읽으라고 충고한다—역주

다. 하지만 실상은 완전히 다르다. 그는 통화에 상당한 투자를 하고 있는데, 특히 달러화 하락에 베팅하는 경우가 많다. 물론 잘못된 것은 아니다. 하지만 버핏의 주주총회에 참석하는 수천 명의 투자자는 이 같은 사실을 전혀 모르고 있다. 진짜 전설의 알려지지 않는 편이다.

버핏은 파생상품에도 투자하고 있다. 그러면서도 파생상품을 공공연하게 비난한다. "우리는 아이디어보다 돈이 더 많다. 절대 투자해서는 안 되는 대상 중 하나가 파생상품이다. 파생상품은 숫자를 조작할 가능성이 너무 크기 때문이다."[2] 수십억 달러의 연봉을 받는 버핏의 오른팔 찰리 멍거Charlie Munger는 심지어 "파생상품을 쓰레기라고 표현한다면 쓰레기에 대한 모욕이다"[3]라고 혹평했다. 이런 발언이 있은 직후 버핏이 이끄는 버크셔 해서웨이Berkshire Hathaway는 특정 자격을 갖춘 기관투자가들에게 사모를 발행해 4억 달러어치의 파생상품을 판매했다. [4] 몇 년 후 버핏은 한 술 더 떠 "파생상품은 금융권의 대량 살상 무기다. 너무 위험하기 때문이다. 지금 당장은 아니더라도 잠재적으로 매우 치명적이다. 우리는 파생상품이 시한폭탄이라고 생각한다. 해당 상품을 거래하는 당사자들뿐 아니라 경제 시스템 전반에 걸쳐서도 마찬가지다"라고 비난했다. [5]

매입 보유 전략과 가치투자로 막대한 돈을 벌었다는 버핏의 전설적인 투자 신화는 지난 수십 년간 회자됐다. 여기에 관한 책만 해도 수십 권이 넘는다. 하지만 가치투자자로 알려진 버핏이 파생상품을 소개하면, 어느 누구도 눈치채지 못하거나 혹은 눈치채더라도 비난하기를 꺼린다(버핏을 비난했다가는 자신이 피해를 입을 수 있기 때문이다).

몇 년 전 뛰어난 추세추종 트레이더와 이야기한 적이 있다. 그는 20년간 연평균 20% 이상 수익을 올려왔다. 대화 중 우연히 버핏 이야기가 나왔다. 그는 버핏을 존중하지만, 사람들이 자신의 추세추종 기법은 운이 좋았다고 평가하고, 버핏은 실력이 좋다고 평가하는 게 당혹스럽다고 했다. 그러면서 자신은 매매 경험이 수천 번이나 되고, 다른 추세추종 트레이더 동료들 역시 수십 년 동안 수천 번의 매매를 했다고 설명했지만 버핏은 코카콜라Coke, 질레트Gillette, 아메리칸 익스프레스American Express, 골드만삭스Goldman Sachs, 웰스 파고 은행Wells Fargo 등 단 몇 개 종목을 매매해서 큰돈을 벌었기 때문에 운이 좋았다는 평가는 버핏에게 더 어울린다고 지적했다.

버핏은 수십억 달러에 달하는 옵션(파생상품도 포함된다)을 취급하고 있다. 뿐만 아니라 그의 투자 포트폴리오와 버크셔 해서웨이는 2008년 가을에 불거진 논란의 중심이 되었다. 당시 주식시장이 붕괴했을 때 버크셔 해서웨이의 건전성이 나빴던 건 아니다. 그가 상당한 돈을 투자했던 골드만삭스가 정부의 구제금융을 받고 살아났는데, 만약 그렇지 않고 완전히 파산했다면 버핏의 투자 포트폴리오나 버크셔 해서웨이는 도미노처럼 무너졌을 것이다. ❻

3년이 지난 2011년 버핏은 인도를 방문했고, 투자자들에게 미국 재무부 10년 만기 채권을 포함해 달러화 자산에 장기적으로 투자하지 말라고 경고했다. 미국 정부의 정책이 달러화의 가치를 하락시키고 있다는 이유 때문이었다. "미국 달러화가 5년 뒤, 10년 뒤, 혹은 20년 뒤에 2011년의 구매력을 유지할 수 있을지 묻는다면 '그렇지 못할 것'이라는 게 나의 답이다." 그렇다면 버핏은 미국 국채를 매도하고 있을까? 아마 그럴 것이다. 하지만 2008년 그는 자신이 신랄하게 비난한 미국의 정책으로 엄청난 혜택을 받았다. ❼

그러나 버핏의 생각은 다른 것 같다. 그는 2008년의 금융 위기를 이렇게 기억한다. "나의 투자 기술에는 별로 새로울 것이 없다. 당장 내일 아침 갚을 수 없는 부채는 얻지 마라. 시장에 휘둘리지 마라. 자신의 의지대로 할 수 있는 투자 포지션을 구축하라. 감당할 수 없을 만큼의 리스크를 짊어져서는 안 된다. 이 모두는 과거부터 지켜온 투자 원칙들이다. 앞으로 어떤 일이 벌어질지는 알 수 없다. 하지만 이들 원칙을 지킨다면 어떤 상황에서도 어려움을 겪지 않고 수익을 얻을 수 있다. 좋은 기업, 좋은 경영, 풍부한 유동성은 총에 장전된 총알과 같다. 원칙을 지킨다면 어떤 일이 벌어지더라도 이겨낼 수 있다. 미래는 절대 예측할 수 없다." ❽

영화 본 시리즈에서 기억상실증으로 과거를 잊은 주인공 제이슨 본 Jason Bourne처럼 버핏도 과거에 있었던 일들을 자꾸만 잊어버리는 것 같다. 골드만삭스 투자도 그렇지만, 한때 버핏의 후계자로 지목되었던 데이비드 소콜David Sokol은 내부자 거래 의혹으로 결국 사임하고 말았다. 10년 전만 해도 도통 돌려서 말할 줄 모르던 친척 아저씨 같던 버핏이 이제는 도통 속을 내비치지 않는 사람으로 변해버렸다. 노련한 펀드매니저 마이클 스타인하트Michael Steinhardt는 버핏을 신랄하게 비난했다. "버핏은 근래에 본 사람 가운데 가장 능수능란한 홍보담당자다. 사탕발림으로 내가 아는 모든 언론계 인사들을 구워삶아놓았다. 게다가 여전히 홍보 활동을 멈추지 않는다는 사실이 놀랍다."[9]

필자는 워싱턴DC에서 어린 시절을 보낸 덕에 제도를 이용하거나 악용해 경제적 이득을 얻어내기 일쑤이지만 그래도 비도덕적이라는 비난을 받지 않는 정치인들을 숱하게 봐왔다. 2008년 가을 버핏은 추세추종 트레이더들은 꿈도 꾸지 못했던 특혜를 얻어냈고, 정부에도 영향력을 행사했다. 하지만 옳은 행동은 아니었다. 내가 버핏의 신화를 열렬히 지지하지 않는 데는 다 이유가 있다.

아무리 훌륭한 물건이라도 생각 없이 덥석 받아서는 안 된다.

---

❶ 토머스 해리스Thomas Harris, 《양들의 침묵The Silence of the Lambs》, 고려원, 1999년.
❷ 데이비드 두케비치David Dukcevich, 〈버핏의 우울한 시나리오Buffet's Doomsday Scenario〉, 2002년 5월 6일, http://www.forbes.com/2002/05/ 06/0506buffet.html.
❸ 상동.
❹ 버크셔 해서웨이 보도자료, 2002년 5월 22일.
❺ 《워싱턴 포스트》, 2003년 3월 6일.
❻ 컬렌 로셰, 〈워런 버핏에 대한 잘못된 믿음The Myths of Warren Buffet〉, http://pracap.com/the-many-myths-of-warren-buffet.
❼ http://www.fool.com/investing/general/2011/03/28/buffet-warns-the-dollar-will-decline.aspx.
❽ http://english.themarker.com/warren-buffett-the-u-s-is-moving-toward-plutocracy-1.351236.
❾ 조 커넌의 마이클 스타인하트 인터뷰, 2011년 4월 5일, CBNC.

TV 시트콤
같은 순간

> 친한 친구 중 하나가 유명 신문사의 기자였다. 어느 날 이 친구가 설탕에 대한 투자와 앞으로 설탕 시장이 어떨지에 관해 특집 기사를 쓴 적이 있다. 기사를 본 나는 친구에게 물었다. "이런 정보는 대체 어디에서 얻었어?" 그러자 친구는 대답했다. "그냥 내가 다 만들어서 쓴 거야." ❶

요즘에는 연예 기사와 금융 기사의 경계가 모호하다. 유명 TV 시트콤 〈사인필드Seinfeld〉의 에피소드 하나를 예로 들어보자.

NBC방송국 이사: 회의 시간에 제리 사인필드 씨가 언급됐어요. 사인필드 씨와 프로그램을 하나 만들어볼까 합니다.

제리: 정말요? 놀랄 만한 소식이네요.

NBC방송국 이사: TV 프로그램에 관한 아이디어가 있으시면 함께

이야기를 나누어보고 싶어요.

제리: 저야 물론 당연히 하고 싶죠.

NBC방송국 이사: 그럼 전화주세요. 시리즈로 만드는 것도 좋을 것

같아요.

제리: 네, 감사합니다.

(조지가 들어온다.)

조지: 무슨 전화야?

제리: 방송국에서 나한테 관심이 있대.

조지: 무슨?

제리: TV 프로그램 만든다네?

조지: 네 이름으로 된 프로그램을 만든단 말이야?

(이후 조지와 제리는 아이디어에 관한 이야기를 나눈다.)

제리: 그럼 새 프로그램 아이디어는 어떤 게 좋을까?

조지: 아무것도 안 하는 거.

제리: 이야기 없이?

조지: 응, 이야기는 잊어버려.

제리: 하지만 이야기는 있어야지!

(잠시 후)

제리: 아무것도 안 한단 말이야?

조지: 응, 아무것도 안 해.

제리: 그럼 NBC에 가서 아무것도 안 하는 프로그램을 아이디어랍
시고 말하고 오란 말이야?

> CNBC는 부자들과 부자가 되
> 고 싶은 사람들을 위한 방송
> 이다. 우리가 매일 CNBC를
> 보는 이유도 부자가 되기 위
> 해서다.❷

필자도 CNBC의 초청을 받은 적
이 있다. 방송국에서는 여행경비를
지원해주었지만, 회의 전에 아무
정보도 말해주지 않았다. 다만 짐
크레이머Jim Cramer의 프로그램을
만든 수전 크라코워Susan Krakower라

는 프로듀서와 회의를 하기도 되어 있었다. 아마도 새로운 프로그램
을 만들려고 하는 것 같았다. 회의는 뉴저지 CNBC 건물에 있는 창
문도 없는 작은 사무실에서 프로듀서와 직원 두 명, 그리고 필자까지
단 네 명만 참석한 채 진행되었다. 시트콤 〈사인필드〉에서 제리와 조
지가 NBC 방송국 프로듀서와 만났을 때와 비슷했다. 프로듀서가 앉
아 있는 자리의 뒤쪽에는 짐 크레이머의 포스터가 걸려 있었다.

넓은 책상을 가운데 두고 프로듀서는 필자의 맞은편에, 두 명의 직
원은 필자의 양쪽에 앉아 있었다. 마치 삼각측량이라도 하는 것 같았
다. 회의 중 세 사람은 몇 가지 질문을 했지만 필자의 책이나 연구, 투
자 철학에 대해서는 전혀 모르고 있었다. 다만 어디에서 찍혔는지 도
통 기억나지 않는 필자의 사진을 한 장 가지고 있었다. 투자 프로그
램을 논의하는 자리가 아니라 영화 캐스팅을 위해 오디션을 보고 있

는 것 같았다. CNBC가 투자 프로그램을 기획할 때 쓰는 가장 기본적인 아이디어가 달랑 사진 한 장이라는 사실이 당황스러웠다.

크라코워는 열 시간짜리 방송 프로그램을 제작한다면서 필자의 아이디어를 물었다. 나는 알고 있는 거라고는 추세추종기법밖에 없다고 대답했다. 원래 돌려서 말할 줄 몰라서 솔직하게 대답했을 뿐인데, 모욕이라고 생각하는 것 같았다. 회의는 단 30분 만에 끝났고(놀랍지도 않다), 더 이상의 진척은 없었다.

CNBC 건물 복도를 따라 걸어 나오는데, 불현듯 영화 〈트루먼 쇼 The Truman Show〉가 생각났다. 영화 속에 등장하는 '트루먼 쇼'는 무대며 각본이 미리 짜여 있는 리얼리티 프로그램이지만 주인공인 트루먼(짐 캐리Jim Carry가 연기했다)은 그 사실을 전혀 모르고 있다는 설정이다. CNBC는 전 세계 시청자를 대상으로 매일, 매주, 매월 방송되는 '트루먼 쇼'였다. 이들의 시각으로 보면 나는 당연히 기피인물이었다.

필자는 브라질에서 1000명 정도의 사람들을 앞에 놓고 강연을 한 적이 있다. 이때 언론과 관련된 좋지 않은 기억을 털어놓았는데(이런, 나도 이번 책을 광고하려면 언론을 너무 비난해서는 곤란한데!), 이야기를 듣고 난 후 누군가 내게 날카로운 질문을 던졌다. "그럼 강연자께서는 짐 크레이머와 어떻게 다른가요?"

이미 2008년 시장 폭락 때 추세추종 트레이더들이 상당한 수익을 올렸다며 한 시간에 걸쳐 구구절절하게 설명한 다음이었지만 그냥 지나칠 수 없는 질문이었다. 펀더멘털 분석과 기술적 분석을 확실히 비교할 수 있는 기회이기도 했다. 크레이머는 투자자들에게 늘 자신의 말에 귀를 기울이라고 한다. 여기에 가장 분명한 차이점이 있다. 추세추종 트레이더들은 다르다. 필자 역시 마찬가지인데, 일단 추세추종 투자방법을 제대로 배우기만 한다면 다른 사람의 도움을 계속 받아야 할 필요는 없다. 이게 가장 큰 차이점이다. 필자 역시 가능한 한 많은 사람에게 투자를 가르치는 게 목표고 자본주의를 뼛속까지 신뢰하지만, 크레이머와는 확실히 다르다.

필자의 논리에 누구나 수긍하는 건 아니다. 어떤 독자는 내게 이렇게 불평했다. "CNBC를 비롯해 다른 사람들을 계속 비난하시는데, 잘 모르셔서 그렇지 사실 이들은 꽤 훌륭한 정보를 제공합니다. 다른 사람의 시각을 무조건 무시하지는 마세요. 세상에는 더 뛰어난 의견을 가진 사람도 많습니다."

이 정도로는 어림없다. 필자를 비난하고 싶다면 더 강력한 한 방이 필요하다.

> 정부나 언론이 자신들의 존재감을 정당화하려는 목적으로 지식에 목마른 대중에게 정보를 전달하는데 헛웃음이 날 정도로 많은 시간과 에너지를 쏟아붓고 싶다면, 그렇게 하도록 놔두어라. 단 현명한 사람이 되고 싶다면 자신의 무지를 인정하고, 다른 사람들과 거리를 두고 관찰해보자. 모든 것을 웃어넘길 수 있게 될 것이다. ❸

---

❶ 마이클 코벨의 〈왜 기술적 트레이더들에게는 중요하지 않는가Why Doesn't Matter fo the Technical Trader〉에서 마이클 기븐스 인용, SFO Magazine, 2007년 4월 24일.

❷ 제프 주커Jeff Zucker, 전 CNBC CEO, http://www.newsweek.com/ 2007/08/13/ forward-into-battle.html.

❸ http://www.thefinancialphilosopher.com/2011/02/understanding-markets-nature-not-naivety-or-narcissism.html.

사탕발림

21세기의 문맹은 읽고 쓰지 못하는
사람들이 아니라 배우지 않으려 하고,
잘못 배운 것을 잊지 못하고,
다시 배우려고 하지 않는 사람들이다. ❶

라스베이거스에서 열린 트레이딩 엑스포에서 프레젠테이션을 마치고 나오는데, 어떤 투자자가 다가왔다. 그는 직관적으로 내린 투자 결정을 바탕으로 자신의 육감만 믿고 투자해 수익을 낼 수 있다고 말했다. 그 말을 듣고 있자니 이 사람이 안락의자에 앉아 자신의 기분이 어떤지 가만히 생각해보는 모습이 머릿속에 그려졌다. 그는 최근 출판된 책 한 권이 자신의 주장을 뒷받침한다고 말했을 뿐, 객관적인 정보는 전혀 제시하지 못했다. 나는 이렇게 대답했다. "지금 말씀하시는 의사결정 과정에 관해 신빙성 있는 증거자료를 하나만 말씀해 주시겠어요? 단 하나면 충분합니다." 그는 단 하나의 증거도 대지 못했다.

이런 예언가 같은 사람들은 끝도 없이 나타났다가 사라진다. 2010년 11월 10일 한 금융 전문가는 마치 다음 날 세상이 멸망하기라도 할 것처럼 이렇게 예언했다. "직관적으로 봐도 그렇다. 아마 시장이 반등하기 전 S&P 500지수는 670선을 다시 시험하게 될 것이다. 주식에 투자하고 있다면 빨리 현금화하라. 100% 현금화하는 게 좋다. 나라면 연금 펀드까지 모두 매도해버릴 것이다. 뮤추얼펀드나 개별 종목도 마찬가지로 매도해야 한다. 시장의 조정이 다가오고 있다. 이번 조정 역시 끔찍할 것이다. 내 직관에 따르면 지난번보다 훨씬 더 힘든 시기가 될 것이다. 나는 일반적으로 시장에 대한 예측을 내놓지 않는다. 지금까지 내가 한 말은 시장에 대한 예측이라고는 할 수 없는데, 가격이 상승할 가능성을 아예 배제할 수는 없기 때문이다."

> **시장에서 돈을 벌었다고 말하는 사람들은 시장 전체가 상승해서가 아니라 자신의 능력 덕분에 수익을 낸 사람들이다. 이제 진실은 각자 알아서 판단하길 바란다.**

세상이 멸망할 것같이 이야기하더니, 갑자기 가격이 상승할 수도 있단다. 이렇게 동전 던지기 정도의 확률로 트레이딩해서는 시장에서 돈을 벌 수 없다. 한 달 후, 이 전문가에게 그의 예측과 다르게 시장이 움직이는 이유를 물어보았다. 그는 말도 안 되는 대답으로 면피하려고 했다. "시장의 문제는 아직 해결되지 않았다. 이 문제들이 다음 주부터 5년 안에는 터질 것이다. 하지만 지금은 중립 상태를 유지히고 있을 뿐이다."

다음 주부터 5년 안에는 문제가 발생할 거라고? 그것도 예측이라고 하나? 황당한 헛소리는 똑똑한 사람들을 당황하게 만든다. 헛소리를 해대는 건 누군가에게 야구공을 던지는 것과 비슷하다. 헛소리에 귀를 기울일지 말지는 듣는 사람의 마음에 달려 있다. 날아오는 야구공을 받을지 말지 결정해야 하는 것과 비슷하다. 헛소리를 이해하려고 노력해야 할지 혹은 그에 대응해야 할지도 듣는 사람에게 달려 있다. 복잡한 단어를 나열해 듣는 사람이 이해하는 데 시간이 걸리도록 만든다면 어느 정도는 목적을 달성한 셈이다. 사람들은 이해하지 못해 바보처럼 보이지 않으려고 수긍하는 척하든가 혹은 적어도 이해는 한 것처럼 행동하기 때문이다(madbot.org을 참조하길 바란다).

더 심각한 사례도 있다. 어느 날 TV 채널을 돌리다가 우연히 피터 포포프Peter Popoff라는 이상하게 생긴 남성을 보았다. 독일인인 포포프는 사이비 전도사였는데, 미국 남부의 흑인 시청자를 대상으로 돈에 대해 설교를 늘어놓았다. 그의 영상을 보다 보니 부아가 치밀어 올랐다. 골치가 아플 정도였다. 그는 시청자들에게 우편으로 수표를 보내 그들의 부채를 탕감하는 기적을 행하고 있다고 떠들어댔다.

포포프 이외에도 신께서 금세 부자로 만들어주고 부채도 없애줄 거라며 수천 명을 속여먹는 사기꾼은 많다. 진짜 전도사인 팻 로버트슨 Pat Robertson 목사 역시 마찬가지다. 그는 '하나님'께서 2009년과 2010년에 주식시장이 폭락할 거라는 예언을 내려주셨다고 했다. 하지만 그의 예측은 맞지 않았다. 종교인들뿐만이 아니다. 유명 연예인들까지 투자자들을 양 떼처럼 몰아대곤 한다. H&H 임포츠H&H Imports Inc.는 유명 래퍼 50센트50 Cent가 트위터에 다음과 같은 글을 남긴 후 주가가 폭등했다. "H&H임포츠가 올해 내 이름을 내걸고 열다섯 개 상품을 선보인다. 내가 H&H임포츠의 주주들을 위해 일하게 된 거다. 주주들은 엄청난 돈을 벌게 될 것이다. 내 친구가 괜히 정보를 흘리지 말고 우리끼리만 알고 있자고 부추긴다. 정말인지 확인해봐도 좋다. 이번에 H&H임포츠가 내 이름을 걸고 열다섯 개 상품을 런칭한다. 농담이 아니다."

투자자들을 잘못된 방향으로 끌고 가는 어중이떠중이도 많지만, 소위 믿을 만하다는 자료들도 수많은 잘못된 정보로 투자자들을 괴롭히기는 마찬가지다. 다음은 인터넷 'Fool.com'에서 찾아낸 사례다.

▶ 배당금 잠재력이 높은 소형주 세 개 종목

▶ 돈이 되는 부동산은 어디에 있을까?

▶ 일곱 명의 전문가가 제안하는 매력적인 투자처

▶ 금리 인상 임박?

▶ 높은 배당금을 지급하는 네 개 기업

▶ 부자들이 가장 좋아하는 투자 종목 세 가지

▶ 이번 주를 걱정하지 말아야 하는 일곱 가지 이유

▶ 지난 주 주가가 가장 크게 상승한 다섯 개 종목

▶ 지난 주 주가가 가장 크게 하락한 다섯 개 종목

시장을 예측할 수 있다고 말하는 사람에게 나는 이렇게 묻곤 한다. "내일 시장은 어떨까요?" ❷

추세추종 트레이더들은 인터넷에서 이런 제목을 보면 슬그머니 미소를 짓고 넘길 뿐, 클릭을 해서 읽어보려고 하지는 않는다. 그래 봤자 별 내용이 없다는 걸 알고 있기 때문이다.

사람들은 수정 구슬을 가지고 있는 마녀가 인생의 모든 문제를 해결해주길 바란다. 누군가를 믿는 건 요즘처럼 각박한 세상을 살면서 인생의 의미를 찾을 때나 도움이 된다. 하지만 잘못된 정보라도 그냥 지나치기는 쉽지 않다. 특히 예언자를 자처하는 사람의 경력이 화려하면 더욱 휩쓸리기 쉽다.

---

❶ 앨빈 토플러Alvin Toffler.
❷ 제임스 로어바흐 블로그, 〈추세추종은 기본적 분석이 아니다Trend Following is not Fundamental Analysis〉에 대한 답변, 2011년 1월 28일, http://www.michaelcovel.com/2011/01/28/trend-following-is-not-fundamental-anlysis.

트윗 좀 날려줘

> 확신을 가지고 소리친다. 복잡한 시장을 만화 속 캐릭터들
> 처럼 단순하게 축약해버린다. 그러면 사람들은 믿게 된다.

트위터, 채팅방, 메시지 창, 이메일로 누군가에게 무언가를 설득하는 메시지가 끝도 없이 날아든다. 필자는 그중에서도 SNS인 트위터에 완전히 매료되고 말았다. 너무나 멋진 기술이다. 눈 깜짝할 사이에 사람들과 소통하고 메시지를 보낼 수 있기 때문이다.

하지만 수백만 명의 트위터 유저들과 그들이 보내는 트윗에서 매일매일 현실적이고 신뢰할 만한 투자 정보를 얻어낼 수 있을까? 불가능하다. 트위터에는 정보가 너무 많고, 또 그다지 중요한 정보들도 아니기 때문이다(앞에서 누누이 설명했지만 가장 중요한 정보는 가격이다).

어떤 창의적인 사람이 트위터를 기반으로 헤지펀드를 운영하겠다며 다음과 같은 글을 보낸 적이 있었다. "트위터로 투자자들의 심리를 짐작할 수 있다면 큰 도움을 얻을 수 있을 것이다." 그런데 트위터로 투자자들의 심리를 파악하기 위해서는 매일 1억 8000만 명의 열혈 트위터 유저들이 포스팅하는 1억 2000만 개의 트윗 메시지를 분석해야 한다. 실시간 알고리즘을 활용하더라도 투자자들의 심리를 걱정, 안정, 슬픔을 포함해 여섯 개 카테고리로 나누어야만 전 세계적인 분위기를 파악할 수 있는 것이다. ❶

과거에도 바보 같은 소리를 하는 사람은 많았다. 예전부터 사람들은 서로를 속고 속이며 살아왔다. 게임에 발을 들인 이상 이기건 지건 결과에 승복하는 수밖에 없다.

모든 대상에게 무한한 배려를 쏟아붓는 정부는 패자에게도 도움의 손길을 내밀곤 한다. 자신의 선택과 무지로 실패한 사람에게도 마찬가지다. 그렇다면 정부는 어떤 방법으로 문제를 해결하려고 했을까? 미국 증권거래위원회를 통해 기업에 관한 거짓되거나 잘못된 정보를 더욱 강력하게 규제하기로 했다. 전 증권거래위원회 회장 크리스토퍼 콕스Christopher Cox는 투자자들이 시장에서 기업에 관해 신뢰할 수 있고 정확한 정보를 얻길 바란다고 설명했다.

> **언젠가 한번은 노벨상 후보로 지목된 적이 있다며 광고를 해대는 사기꾼을 인터넷에서 본 적이 있다. 증거가 없는 건 돌아보지도 마라. 사기꾼은 아무 말이나 내뱉는다.**

채팅방에서는 익명이라는 이유 때문에 거짓말이 더욱 능수능란해지고 대담해진다. 그런데도 이를 심각하게 믿는 사람들이 있으니 기가 찰 노릇이다. 인터넷의 음지에서 활동하는 사기꾼들에게서 정보를 찾는 투자자들은 끊이지 않는다. ❷

말도 안 되는 이야기다. 투자자들을 보호하는 데 필요한 방어막은 이미 존재한다. 그것은 다름 아닌 시장의 가격이다. 가격을 속일 순 없다. 어떻게 잘못된 정보를 막겠다는 건지도 모르겠다. 어떤 멍청이가 정보를 흘리면서 '이건 잘못된 정보'라고 큼지막하게 써서 광고를 하는 것도 아니고, 세상에는 아무 정보나 믿는 멍청이도 많으니 말이다. 의도는 좋지만 불가능한 일이다. 일자리를 만들 때처럼 정부가 개입한다고 될 일이 아니다. 규제는 규제일 뿐이다.

❶ http://www.citywire.co.uk/global/can-you-make-money-from-twitter/a479038?.
❷ 데이비드 실버맨David Silverman, 〈채팅방의 광기The Madness of Chat Room Crowds〉, 《SFO 매거진》, 2005년 10월 3일.

골드라인

우리는 돈을
흥청망청 써대고 있다! ❶

TV나 라디오에서 골드라인닷컴Goldline.com 광고를 본 적 있을 것이
다. 그렇지 않더라도 금에 투자해야 한다는 소리를 한 번쯤은 들어보
았을 것이다. 금은 언제나 최고의 투자처라고 한다. 곧 세계 경제가
급락할 거라면서 금을 사라고 권한다. 만약에 대비해 금을 사라고 한
다!

금에 투자하려는 사람들에게 해주고 싶은 말이 있다. 일단 골드라
인닷컴에 전화를 하자. 그리고 판매자에게 이렇게 물어보자. "그럼
지금 금을 사면 언제 팔아야 하나요?" 필자는 실제로 골드라인닷컴

에 전화를 걸어 이렇게 질문을 해본 적이 있다. 그 결과, 한 편의 코미디 같은 대답을 들었다. 20대인 것 같은 상담원이 화색을 띠면서 이렇게 대답했다. "금은 절대 하락하지 않아요. 만에 하나라도 금값이 800달러에서 200달러로 하락한다면 그 과정에서 매도 경고를 계속 들으실 수 있을 거예요." 그 말에 나는 다시 물었다. "누가 경고를 주는데요?" 그러자 이 멍청한 청년이 대답했다. "사람들요."

누구나 금을 사기 전에 전화를 걸어 자세히 물어봐야 한다. 발신번호를 띄우지 말고 이름이나 신상정보를 숨긴 채 질문을 해보자. 일반인들은 경제의 근간이다. 그래서 격려와 위로가 필요한 사람들이다. 세상이 멸망할 때나 일어날 만한 시나리오로 협박해서는 안 된다. 그런데 골드라인닷컴은 금을 팔기 위해 마치 심판의 날이 다가오기라도 하는 것처럼 공포를 심어준다. 모두 거짓말이다.

아 참, 골드라인닷컴은 정확하게 말하면 금을 파는 사이트가 아니다. 금 선물이나 금 ETF를 판매하는 것도 아니다. 실제 금의 가치보다 훨씬 비싼 금화를 판매한다. 어수룩한 투자자들에게 비싼 프리미엄을 받고 금화를 파는 행위를 불법으로 규정해야 한다는 뜻은 아니다. 정부의 규제는 이미 차고 넘친다. 다만 독자들에게 말도 안 되는

추세추종기법을 비난하는 이들도 있다. "추세추종은 시장이 만들어낸 최대의 사기극이다. 사이언톨로지 같은 사이비 종교에 비견될 만한 개념이다. 추세추종 트레이더들은 유리 겔라Uri Geller나 점성술사처럼 비현실적인 사람들이다."[2]

사기 행각을 꿰뚫어볼 수 있는 눈썰미를 심어주고 싶을 뿐이다.

추세추종 트레이더들도 금을 매매할까? 물론이다. 금값이 오르면 롱 포지션을, 금값이 떨어지면 숏 포지션을 구축한다. 다시 말해 추세를 따를 뿐이다. 하지만 2012년 세상이 멸망한다는 마야인들의 예언을 믿고 금을 매입하는 일 따위는 하지 않는다. 게다가 정말 세상이 멸망한다면, 죽으면서 금화를 가지고 갈 수 있는 것도 아니지 않은가?

❶ 제이 지, 〈빅 핌핀Big Pimpin〉, Vol.3 〈라이프 앤 타임스 오브 에스 카터Vol. 3...Life And Times Of S. Carter〉 앨범, 로카펠라 앤드 데프 잼Roc-A-Fella and Def Jam, 2000년 4월 11일.
❷ 빅터 니더호퍼Victor Niederhoffer.

중독

앵커 마리아 바티로모^{Maria Bartiromo} (2001년쯤):
"나는 투자자들이 제대로 이해하지도 못하면서
돈을 투자하지는 않는다고 믿는다.
공개된 뉴스와 정보를 가지고
현명하게 투자할 거라고 생각한다." ❶

얼마 전 필자의 책상에 미래를 낙관하는 건지 비관하는 건지 도통
알 수 없는 글이 올라온 적이 있다. "앞으로 몇 주간 시장이 상승한다
면 오늘이 바로 매수 적기다. 하지만 오늘 그 답을 알고 있는 사람은
없다. 시장에서는 매일 놀라운 일이 벌어진다. 해외 시장의 동향과
그 영향력을 예측할 수 있는 방법 역시 알 수 없다."

비슷한 사례는 어디에서나 찾아볼 수 있다. 최근 동부 해안 지역에

갔다가 우연히 AM라디오에서 나오는 금융 프로그램을 듣게 되었다. 나이가 지긋한 어떤 남성이 전화를 걸어 원자재 투자를 고려하고 있는데, 최근 가격이 너무 올라 망설이고 있다며 도움을 요청했다. 프로그램의 여성 진행자는 걱정할 필요 없다면서 시간은 많으니 천천히 투자해도 늦지 않는다고 설명했다. 청취자가 될 수 있는 한 싸게 사고 싶기 때문에 가격이 하락하길 기다리고 있다고 하자 이 진행자는 하이퍼인플레이션Hyperinflation에 대비하라고 조언했다. 그러더니 아프리카 국가를 예로 들었다가, 곧 식량 안보에 대해 이야기하기 시작했다. 그 뒤로는 더욱 횡설수설해대서 무슨 말인지 도통 알 수 없었다.

사람들이 자신도 모르는 소리를 떠들게 된 건 어제오늘 일이 아니다. 오래전에 있었던 일을 예로 들어보자. 1930년 5월 허버트 후버Herbert Hoover 대통령은 자신의 생각을 중언부언 늘어놓았다. "시장이 폭락한 지 이제 겨우 6개월 지났지만 저는 우리가 최악의 상황은 벗어났다고 생각합니다. 우리는 단결된 노력으로 빠르게 회복할 수 있을 겁니다. 큰 은행이나 산업이 타격을 받지도 않았습니다. 그 위험에서도 역시 벗어났다고 생각합니다."

굳이 옛날 일을 들춰낼 필요는 없다. 최근의 사례를 살펴보자. 골드만삭스 CEO 로이드 블랭크페인Lloyd Blankfein은 골드만삭스가 정부의 도움을 받지 않았더라도 금융 위기를 극복했을 거라고 말했다. 사장인 게리 콘Gary Cohn은 한 술 더 떠서 "골드만삭스가 파산하는 일은 없었을 겁니다. 현금을 가지고 있었으니까요"라고 대놓고 주장했다. 그러자 미국 재무부 장관 티머시 가이트너는Timothy Geithner는 "정부 도움이 없었다면 누구도 살아남지 못했을 것"이라고 응수했다. ❷

2010년 TV 토크쇼 〈60분60 Munites〉과 인터뷰한 벤 버냉키Ben Bernanke 연방준비위원회 의장은 정부 정책을 강조하기 위해 모호한 말을 늘어놓았다.

> **스콧 펠리:** 인플레이션을 잡는 게 현재 연방준비위원회가 목표로 하는 최우선 과제가 아닌가 봐요.
>
> **벤 버냉키:** 아닙니다. 현재 우리는 균형을 맞추려고 애쓰고 있습니다. 연방준비위원회는 인플레이션 상승률을 2% 미만으로 유지하겠다고 분명하게 밝혀왔습니다.
>
> **펠리:** 인플레이션이 상승하지 못할 만큼 빠르게 조치를 취할 수 있을까요?
>
> **버냉키:** 마음만 먹으면 15분 내 금리를 올릴 수도 있죠. 적절한 시기에 금리를 인상하는 건 일도 아니에요. 통화 정책을 긴축시키는 것도, 경제를 둔화시키는 것도, 인플레이션을 잡는 것도 전혀 문제가 없습니다. 하지만 지금은 때가 아닙니다.
>
> **펠리:** 어느 정도 자신하시나요?
>
> **버냉키:** 100% 자신합니다. ❸

지난 몇 년간 해온 버냉키 의장의 말을 돌이켜보면 도대체 그의 근거 없는 자신감은 어디에서 나오는지 모르겠다.

2005년 버냉키 의장은 인터뷰에서 다음과 같이 언급했다. "전국적으로 주택 가격이 하락한 적은 없습니다. 그래서 주택 가격이 둔화되다가 곧 안정을 찾을 거라고 생각합니다. 그러면 소비도 좀 안정되겠죠. 하지만 고용 시장에 악영향이 미칠 만큼 경제를 악화시키지는 않을 겁니다."❹

2006년의 설명이다. "주택 시장이 평정심을 되찾고 있습니다. 부동산 하락 혹은 둔화는 곧 안정되고, 결국 다시 지속적으로 상승할 것으로 예측합니다."❺

2007년에는 이렇게 말했다. "현재 서브프라임subprime 모기지 사태의 여파로 인한 경제 및 금융 시장의 어려움은 어느 정도 안정된 것 같습니다."❻

여기에서 끝이 아니다. 2011년 미 의회에서 열린 금융청문회에서 버냉키 의장은 주식시장에 거품이 있다는 증거는 거의 없다고 증언했다. 그러더니만 자기 딴에는 정확한 답을 댄다면서 짤막하게 "물론 아무도 단언할 수는 없습니다"라고 덧붙였다. 이런데도 계속 버냉키 의장의 말에 귀를 기울여야 할까?

> 우리는 경제학 개론에서 배웠던 신고전주의 경제 모델과는 전혀 관련 없는 복잡한 체계 속에서 살고 있다. 그래서 경제학자들이 금융 위기를 예측하지 못했던 것이다. ❼

버냉키 의장의 모호한 발언은 전임자인 앨런 그린스펀Alan Greenspan 의장 때부터 시작되었다. 애틀랜타에서 연방준비은행 총재로 있는 잭 권Jack Guynn은 2005년 부동산에 관한 문건을 공개했다.

플로리다의 거의 모든 주요 도시에서 부동산 가격이 두 자릿수 상승률을 기록했다. 마이애미, 팜 비치, 새러소타, 웨스트 팜 등의 지역에서는 부동산이 매년 25~30%의 상승률을 기록했다. 따라서 부동산 시장에 거품이 끼었거나 혹은 거의 거품 수준으로 급등하고 있다고 보는 게 합리적이다. 우리가 과거에 겪었던 끔찍했던 상황이, 그것도 가까운 미래에 다시 시작될지도 모른다. 그러면 신규 주택 판매는 말라버릴 것이고, 건축 회사들은 부동산을 팔아보겠다고 고통스러운 선택을 감수하게 될 것이다. 이는 다시 시장을 더욱 악화시키는 결과를 낳고 자본 소득을 노리고 있던 투기자들은 구매를 포기하거나 계약을 파기해 부동산을 포기할 것이다. 아마도 나의 직책 때문이겠지만, 내가 확실히 다른 동료들보다 부동산에 더 큰 불안감을 느끼고 있는 것 같다.

보고서를 들은 그린스펀 의장은 이렇게 대답했다.

"잠시 커피나 마실까요?"❸

6년 후인 2011년 그린스펀 의장은 다음과 같이 선언했다.

"미국과 전 세계 주식시장이 크게 상승했는데도 그 긍정적인 결과

가 전반적인 경제 회복으로 이어지지 못하는 것 같다. 그것은 현 정부의 활동 때문이라고 생각한다."❾

대체 '현 정부의 활동'이라는 게 뭘까? 그린스펀 의장이 실시한 2차 양적완화 조치 아닐까? 어쨌거나 그마저 없었다면 주식시장이 상승할 수는 있었을까? 지난 10년간 주식과 부동산의 경제 효과를 고안해낸 사람은 그린스펀 의장 자신이 아니었던가?

> 그린스펀이 있었다. 금리는 제로였다. 각종 모기지 상품도 있었다. 플로리다에서 집을 담보로 대출을 받아 또 다른 집을 사야 한다는 분위기도 있었다. ❿

언론 역시 마찬가지다. 필자는 다큐멘터리 영화를 제작하기 위해 CNBC의 마리아 바티로모Maria Bartiromo 앵커와의 인터뷰를 계획했다. 그리고 몇 달 전에 미리 인터뷰 약속을 받아냈다. 바티로모 외에도 노벨상 수상자 두 명과 유명 헤지펀드 매니저들 다수가 영화를 위해 인터뷰에 응해주었다. 그런데 바티로모는 약속을 단 몇 분 앞두고 보이스메일로 인터뷰를 취소해버렸다.

"홍보팀과 먼저 상의하고 인터뷰 약속을 잡았어야 했는데 실수한 것 같습니다. 죄송하지만 현재 상황도 안 좋고, 애널리스트들은 연일 비난의 대상입니다. 아시다시피 닷컴 거품이 꺼지면서 생겨난 일이죠. 세부적인 내용도 모르는 상태여서 인터뷰는 하지 않는 게 좋을 것 같습니다."

그는 10년도 넘게 세계적인 지도자들과 금융 전문가들을 인터뷰해온 베테랑 앵커다. 그런 그가 금융권에서 언론이 해온 역할에 대해 공식적으로 언급하기를 꺼리며 닷컴 거품이 붕괴된 후 8년이 지난 시점에 닷컴 붐을 변명거리로 삼은 것이다. 바티로모 앵커의 보이스메일은 그해 초 필자가 CNBC에 대해 갖게 된 생각을 다시 한 번 확인시켜주는 계기가 되었다. 언론은 그저 허울 좋은 세트장일 뿐이다.

CNBC에 대한 나의 평가를 못마땅하게 생각한 독자도 있다. "증거나 구체적인 사례도 없이 남을 비난하시는군요. 하지만 당신도 언론 중 하나이고, 다른 언론사만큼이나 문제가 많습니다. 그러면서 아무 이유도 없이 남을 헐뜯기만 하는군요. 당신의 말에 귀를 기울이는 사람들은 아마도 미국, CNBC, 바티로모 앵커 등에 악감정을 가지고 있을 겁니다. 하지만 나는 우물 안 개구리인 당신의 우물에 함께 있지 않아 다행입니다."

어쩌면 특정 집단의 과장된 광고와 그들을 막기 위한 노력인지도 모르겠다. 특정 집단의 내부를 잘 알고 있는 사람은 그 영향력과 효율성을 제대로 파악하게 마련이다. ⓫

━━━━━━━━━━

이번에는 정말 다른 것 같다. 환율, 금리, 원자재의 변동성이 거의 사라지면서 주식시장이라는 정책적 도구의 변동성도 0을 기록할 것 같다. ⓭

정보, 인터넷, 언론, 신문에 집착하는 대다수의 사람은 머릿속에서 쓸데없는 건 지워버려야 추세추종기법의 지식과 지혜를 받아들일 수 있다는 사실을 믿지 않는 것 같다. ⑫ 필자는 추세추종기법의 개념과 규칙을 설명하는 한편, 사람들의 머릿속에서 쓸데없는 부분을 없애려고 노력하고 있다.

❶ 〈래리 킹 라이브Larry King Live〉, CNN, 2001년 3월 30일.
❷ 로버트 슈미트Robert Schmidt, 〈가이트너 재무부 장관의 일격Geithner Slams Bonuses, Says Banks Would Have Failed(Update2)〉, 블룸버그, 2009년 12월 4일.
❸ 벤 버냉키, CBS 〈60분〉, 2010년 12월 5일.
❹ 벤 버냉키, CMBC 〈스콱 박스Squawk Box〉, 2005년 7월 1일.
❺ 벤 버냉키, 하원 청문회, 2006년 2월 15일, http://www.federalreserve.gov/newsevents/testimony/bernanke20060215a.htm.
❻ 벤 버냉키, 미국 경제 전망, 의회 경제위원회 증언, 2007년 3월 28일, http://www.federalreserve.gov/newsevents/testimony/bernanke 20070328a.htm.
❼ 니얼 퍼거슨Niall Ferguson, 아스펜 아이디어 페스티벌Aspen Ideas Festival 연설, 미국 콜로라도Colorado 아스펜Aspen, 2010년 7월 8일.
❽ 미국 연방공개시장위원회Feneral Open Market Committee(FOMC), 스크립트 및 여타 역사적 자료Transcripts and Other Historical Materials, 2005년 6월, http://prapcap.the-fed-knew-about-the-impending-housing-bust에서 다운로드.
❾ http://www.cfr.org/content/publications/attachments/infi_1277_Rev6.pdf.
❿ 제리미 그랜섬, 〈파블로의 황소Pavlo's Bull〉, 《GMO분기별 뉴스레터GMO Quarterly Newsletter》, 2011년 1월.
⓫ 로버트 B. 치알디니Robert B. Chialdini, 《설득의 심리학Influence: The Psychology of Persuasion》, 21세기북스, 2002년.
⓬ 나심 탈레브, 《프로크루스테스의 침대(철학적이면서도 실용적인 문구들)》, 랜덤하우스, 2010년.
⓭ 테일러 더든Tyler Derden, 〈2007년 여름 이래 최저치를 기록한 VIXVix Closes at Lowest Level Since Summer of 2007〉, 2011년 1월 14일, http://www.zerohedge.com/article/vix-closes-lowest-level-summer-2007.

알코올중독자, 변태,
실패한 인생의 정치인들

이해해야 해. 사람들은 아직 시스템에서 분리될 준비가 안
돼 있거든. 어떤 사람은 부상이 심각하기도 하고, 또 어떤 사
람은 시스템에 대한 의존도가 너무 커서 오히려 시스템을 보
호하기 위해 싸우는 거지. **❶**

더 이상 사회보장제도에 의지해서는 안 된다고? 말처럼 쉬운 일일
까? 2010년 시사 프로그램 〈미트 더 프레스Meet the Press〉에 출연한
어떤 주지사는 자신도 혼란스러운 것처럼 보였다. "민주주의를 중요
하게 생각하고, 일반 시민들을 존중하고, 이들의 권리를 충족시켜주
고 싶다면, 사회보장제도가 해체되기를 바라서는 안 됩니다. 메디케
어Medicare는 연장자들이 은퇴한 다음에도 집을 잃거나 쉼터 생활을
하지 않도록 돕기 위한 세대간의 약속입니다."

이 주지사는 사회보장제도의 이자율이 인플레이션을 감안했을 때 단 2%라는 걸 알고 있는 걸까? 2011년 같은 프로그램에 출연한 미국 상원의원은 이 사실을 전혀 모르고 있는 것 같았다. "사회보장제도는 제대로 작동하고 있습니다. 앞으로 40년은 끄떡없을 겁니다. 그러니 비난은 그만두세요. 사회보장제도는 위기를 맞고 있지 않습니다. 여전히 건재합니다."

정치인들이 멍청한 건 아니다. 다만 생각을 하지 않을 뿐이다. 아니면 자신이 속한 정당에 유리하게 이야기하는 것뿐인지도 모른다. 좌파이건 우파이건 중립적이건 정치인들의 관심은 단 한 가지, 선거뿐이다. 그래서 정치인들을 기다리고 믿는 건 바보 같은 투자 전략이다.

국회의원들은 한 꺼풀만 벗겨보면 명성과 권력을 쫓는 알코올중독자, 변태, 실패자가 대부분이다. 어느 정당이나 마찬가지다.

역사를 살펴보면 정치인들은 언제나 찬사 혹은 비난의 대상이 되곤 했다. 첫 번째 걸프전 때를 기억해보자. 아버지 부시Bush Sr. 대통령은 1991년 2월 28일 당시 89%의 지지율을 기록했다. 그런데 경제가 급강하하기 시작했다. 부시 대통령의 잘못일까? 아니다. 1980년대의 저축대부조합Savings and loan 부실 때문에 1990년대 초반부터 부동산 시장이 급락한 탓이었다. 그다음 무슨 일이 벌어졌을까? 1992년 클린턴 대통령William J. Clinton이 당선되었다. 하지만 클린턴 대통령의 당선이 경제 회복의 신호탄은 아니었다. 클린턴 대통령이 속한 민주당은 1944년 이후 처음으로 공화당에 상원과 하원을 모두 내주었다. 그

짧은 기간 동안 클린턴 대통령이 미국 경제를 말아먹기라도 했기 때문이었을까? 물론 아니다.

이후 기적이 일어났다. 1994년 말에는 인터넷이 발동을 걸기 시작했고, 1995년 8월에는 넷스케이프Netscape가 기업공개IPO에 성공했다. 그때의 여파가 지금까지 남아 있을 만큼 큰 사건이었다. 1995년부터 1999년까지 주식시장은 크게 성장했다. 닷컴 거품은 계속됐다. 하지만 거품은 좋은 일이 아니었고, 사람들도 알고 있었다. 1996년 연설에서 그린스펀 연방준비위원회 의장은 주식시장이 "비이성적인 상승"을 보이고 있다고 표현했는데, 주식시장의 거품이 오히려 유용하다고 설명했다. 그의 주장은 무시되었고, 일부 언론사로부터 비웃음을 사기까지 했다.

행복한 시간은 계속됐다. 클린턴 대통령은 취임 6년째인 1998년 12월 19일 73%의 지지율을 기록했다. 당시 정부가 기록적인 세금을 거둬들인 것과 클린턴 대통령 혹은 공화당이 이끄는 의회는 어떤 관련이 있을까? 아무런 관련 없다. 닷컴 거품은 모든 사람에게 현금을 안겨주었다. 정부는 돈이 넘쳐났고, 미국 전체가 부자가 된 것 같았다.

파티는 곧 끝났다. 2000년 3월 나스닥은 붕괴했다. 연방준비위원회는 사태의 심각성을 깨닫고 다우존스마저 폭락할까 봐 두려워했다. 그래서 2000년 3월 16일 6%대였던 금리를 2003년 6월 1% 밑으로 낮추었다. 2000년 3월 봄에 닷컴 거품이 붕괴되지 않았다면 민주당의 앨 고어Al Gore 부통령이 대통령으로 당선되었을까? 아마도 그랬을 것이다. 하지만 2000년 가을에는 앨 고어 부통령이 아니라 전 부시 대통령의 아들인 조지 부시George W. Bush 대통령이 당선되었다.

부시 대통령은 닷컴 거품의 잔해를 물려받았고, 취임 1년이 채 지나지 않아 9·11테러사태가 발생했다. 이후 미국은 두 번의 전쟁을 치렀다. 연방준비위원회의 금리는 이미 새로운 거품을 불러일으키고 있었다. 이번에는 부동산과 다우존스였다. 국민들은 거품의 한가운데서 부시 대통령을 높게 평가했다. 그리고 2005년 1월, 부시 대통령은 두 번째 임기를 시작했다.

모든 게 잘 돌아가는 것처럼 보였다. 하지만 2007년 여름이 되자 또다시 거품이 터져버렸다. 2008년 10월에는 시장이 폭락했고, 버락 오바마Barack Obama 대통령이 당선되었다. 적절한 시기에 적절한 위치에 있었기 때문이다. 2007년과 2008년 경제가 급강하하지 않았다면 공화당 측의 존 맥케인John McCain 후보가 대통령으로 당선되었을까? 아마 그랬을 것이다. 또 다른 경제 불황이 찾아올까? 만약 그렇다면 그건 오바마 대통령의 잘못일까? 아니다. 지금도 대통령이 투자자들이 가진 문제점들을 해결해줄 수 있다고 믿는가?

지난 20년간 연방준비위원회가 금리를 어떻게 조절해왔는지를 보면 더욱 확실히 알 수 있을 것이다.

1994년 11월 15일, 연방준비위원회의 금리는 5.50%였다.
주식시장이 상승하기 시작했다.

1998년 11월 17일, 연방준비위원회 금리는 4.75%로 하락했다.

2000년 5월 16일에는 금리가 6.50%였다.

2000년 3월 시장의 거품이 꺼졌다.

이후 연방준비위원회는 금리를 13번 삭감했다.

2001년 9월 17일에는 금리를 3.00%로 낮추었다.

2002년 11월 6일, 금리는 0.25%가 되었다.

주식시장이 다시 상승하기 시작했다.

부동산 시장이 하락하기 시작했다.

2003년 6월 25일 연방준비위원회는 금리를 1.00%로 낮추었다.

이후 연방준비위원회는 금리를 17번에 걸쳐 올렸다.

2007년 8월 17일, 금리는 5.25%였다.

그러자 연방준비위원회는 다시 금리를 10번이나 낮추었다.

2008년 10월 주식시장의 거품이 꺼졌다.

2008년 12월 16일, 연방준비위원회 금리는 0%다.

주식시장은 다시 상승세를 타기 시작했다.

이 모든 게 정부의 개입이고 완력 행사라는 건 명백한 사실이다. 2010년 뉴욕 연방준비위원회의 브라이언 색Brian Sack은 주식시장의 붕괴를 억지로라도 막을 필요가 있다고 인정했다. "정책적으로 가계와 기업의 장기적인 대출 비용을 낮추어야 한다. 자산의 가치를 높게 유지시켜 각 가정의 부를 상승시키는 효과가 있기 때문이다."

연방준비위원회가 사기 행각을 벌이고 있다고 인정한 셈이다. ❷

그래서 투자를 그만둬야 할까? 물론 아니다. 정부가 개입하는 시장도 시장이라는 사실에는 변함이 없다.

정부가 알려지지 않은 일정한 수준으로 시장을 유지하기 위해 각종 정책을 실시하고 있는 상황에서 유일하게 합리적인 투자 방식은 바로 추세추종기법이다. 정부가 꼭 필요하다고 생각하는 수준까지 주식시장을 끌어올리기 위해서 어떤 방법을 사용할지는 전혀 알려지지 않았다. 그런데 정부가 주식시장을 부양할 수 있다면, 반대로 주식시장을 끌어내릴 수도 있다. 언제일까? 아직은 모른다. 다만 절대 그런 일은 없을 거라고 확신하는 건 금물이다.

눈을 감는다고, 눈앞에 있는 괴물이 사라지는 건 아니다.

엄청난 투자 손실을 비관해 창문 밖으로 뛰어내리는 사람들이 생기는 건 슬픈 일이다. 하지만 당사자의 문제다. 정부는 투자 손실에 대한 책임은 투자자 자신이 져야 한다는 사실을 깨달아야 한다. ❸

---

❶ 〈매트릭스The Matrix〉, 앤디 워쇼스키Andy Wachowski와 래리 워쇼스키Larry Wachowski, 로렌스 피시번Laurence Fishburne, DVD, 워너브러더스, 1999년.

❷ 컬렌 로셰, 〈데이비드 로젠버그 연방준비위원회의 의도적 사기 행각 비난David Rosenberg Attacks the Fed's Intentional Ponzi Approach〉, 2010년 10월 5일, http://pracap.com/david-rosenberg-attacks-feds-intentional-ponzi-approach.

❸ 아리아나 은정 차Ariana Eunjung Cha, 〈자본주의를 위해 소액 투자자들 버린 중국China Leaves Small Investors Behind on Road to Capitalism〉, 《워싱턴 포스트》, 2008년 5월 3일, http://washingtonpost.com/wpdyn/content/article/2008/05/02/AR2008050204009.

사람들이
붐비는 집

알기 전에는 나무를 자르고 물을 길어라.
알고 나서도 나무를 자르고 물을 길어라. ❶

이 책 덕분에 신세대 추세추종 트레이더들이 양산되어 추세의 빈도, 방향, 강도에 부정적인 영향을 미치게 될 거라고 생각한다면, 또 다른 투자자들의 수익성을 갉아먹을 거라고 생각한다면 오산이다. 추세추종 트레이더들이 뛰어난 이유는 다음과 같다.

> ▶ 추세추종 트레이더들은 추세를 따른다. 추세를 만드는 게 아니다. 시장에서 큰 추세가 시작되고 끝날 때는 변동성이 커진다. 하지만 피상적이고 일시적일 뿐이다. ❷

▶ 사람들이 제로섬 게임에 뛰어드는 이유는 다양하다. 누구나 게임에서 이기겠다는 생각으로 시장에 뛰어들지는 않는다. 일례로, 헤저들은 방어적인 투자 포트폴리오를 구성한다. 이때 비용을 지불해야 하는데, 추세추종 트레이더들이 그 비용을 가져간다. 하지만 헤저들은 투자 손실을 보더라도 나름대로의 혜택을 얻는다.

▶ 이제 매입하고 기다리는 건 그만두자. 시장의 상당수를 차지하고 있는 펀더멘털리스트들은 새로운 매매 방법을 찾아야 한다. 매입 보유 전략이나 롱–온리 전략은 그만두고 추세추종기법을 따라야 한다.

▶ 대부분의 투자자가 숏 포지션을 구축하려 들지 않는다. 언제나 롱–온리 전략을 활용한다. 이들은 언제쯤에나 바뀔까?

인터넷에서는 무엇이든지 거래할 수 있다. 인간이 만든 가장 위대한 발명은 욕구를 없애는 것이다. 이 두 가지를 어떻게 조절해야 할까?

▶ 뮤추얼펀드를 버려야 한다. 하지만 미국의 은퇴 연금이 말 그대로 100% 뮤추얼펀드에 투자되고 있는 현실을 감안하면 쉬운 일은 아니다.

▶ 투자자들은 얼마나 매수하고 얼마나 매도해야 할지에는 신경 쓰지 않는다. 다만 언제 매수해야 할지만을 걱정한다. 매도 시기에 대해서도 별로 고민하지 않는다. 추세추종기법을 받아들

이기 힘든 사고방식이다.

▶ CNBC, 월스트리트저널WSJ, 블룸버그Bloomberg 등은 사라져야
한다.

▶ 매매할 때는 자신의 감정과 자존심을 버려야 한다. 하지만 사
람이다 보니 너무 민감하게 반응하거나 과도한 추세도 생기기
마련인데, 이들을 이용해야 한다.

▶ 투자를 하면서 위험한 도박을 아예 하지 않는다면, 밥도 그만
먹어야 할지 모르겠다.

일부에서는 "추세추종기법이 그렇게 훌륭하다면 왜 더 많은 사람
에게 인기를 끌지 못하는가?"라고 질문한다. 미래를 전혀 알 수 없다
는 사실을 인정하고 받아들인 다음 행동을 하기는 쉽지 않다. 그런데
이것이 바로 추세추종기법이 요구하는 것이다.

---

❶ 불교 격언.
❷ 키스 캠벨Keith Campbell, 캠벨 & 컴퍼니Campbell & Co., 매니지드 어카운트 리포트
Managed Account Reports.

블랙박스

신사숙녀 여러분, 제가 유명 레코드 기업을 변호하다가 영화 〈스타워즈Star Wars〉에 나오는 추바카Chewbacca에 대해 이야기한다면 말이 될까요? 당연히 말이 안 됩니다. 지금은 그 어떤 것도 말이 안 됩니다. 그렇다면 배심원들께서 미국 흑인 노예 해방에 대한 판결을 숙고하고 있다면 말이 될까요? 배심원 여러분, 그것 또한 말이 안 됩니다. 추바카가 스타워즈 속 배경인 엔도Endor 행성에 살았다면 무죄를 선고받았을 겁니다. 이상 변론을 마치겠습니다. ❶

과학 및 기술적으로 보면 블랙박스는 정보를 입력, 출력, 전송만 할 뿐 어떻게 작동하는지 그 내부에 대해서는 전혀 알려지지 않은 기기, 시스템, 혹은 물건이다. 속이 보이지 않기 때문에 '블랙박스'라고 불리는 것이다. ❷

골프는 실수를 줄이는 게임이다. 실수를 가장 많이 줄인 사람이 경기에서 승자가 된다. ❸

월가에서 존경받는 투자자 중 한 명이자 예일대학의 총투자책임자로 170억 달러의 자산을 관리하는 데이비드 스웬슨David Swensen은 추세추종기법을 이렇게 비난했다. "숫자만을 생각하는 블랙박스에 돈을 투자할 수는 없습니다. 그 속을 알 수 없으니까요." 어째서 스웬슨은 추세추종기법의 시스템을 전혀 이해하지 못하는 걸까?

어떤 추세추종 트레이더가 스웬슨의 말을 이렇게 반박했다. "추세추종기법을 '블랙박스'라고 부른다면 시장의 미래를 예측하는 모든 사람은 어느 정도 일관성이 있더라도 수정 구슬을 든 점쟁이라고 봐야 한다." ❹

증권가는 고객들을 유혹하기 위해 이야기를 필요로 한다. 그런데 이들의 이야기는 거의 비슷하다. 연금기금, 가족자산관리서비스family office, 재간접펀드fund of funds, 그 외에 돈을 할당하는 모든 것이 여기에 포함된다. 이들은 일종의 문지기인데, 모두 함께 움직인다. 최악의 투자 계획을 맹목적으로 따르면서 추세추종기법 같은 건전한 투자 전략을 블랙박스니 뭐니 하면서 헐뜯어댄다. ❺

왜? 별로 중요하지도 않은 문제에 연연하기 때문이다. 예를 들어, 누군가의 비용으로 유지되는 단기 자금(단기일수록 좋다) 같은 이유 때문이다. 이 때문에 금융권은 나락으로 떨어지곤 한다. 사람들의 은퇴 자금을 관리하는 펀드매니저들은 아무리 좋은 의도를 가지고 있어도 자신의 무지를 잘 모르기 때문에 주기적으로 잘못된 투자를 하곤 한다.

당신과는 상관없는 이야기 같은가? 당신은 정부에서 운영하는 은퇴연금을 붓고 있을 뿐이라고 생각하는가? 그냥 무시할 일이 아니다. 텍사스 주 근로자, 캘리포니아 주 근로자뿐만 아니라 베리존Verizon 및 GM 근로자들, 경찰, 소방관, 교사 등 모든 사람이 내는 연금은 결국 헤지펀드에 투자된다. 문제는 체계적으로 추세를 추종하는 헤지펀드에 투자하고 있는지 혹은 매도프가 그랬듯이 비현실적인 수익을 약속한 헤지펀드에 투자했는지 여부다.

> 월가는 평균보다 약간 높은 수익률을 바라지 않는다. 거대한 수익을 원하거나 1999년 같은 강세장을 원한다. F1 대회가 열리는 동안 모나코에 가본 적 있는가? 월가에서 벌이는 난잡한 파티다.[6]

❶ 〈가장 중요한 도움Chief Aid〉, 〈사우스 파크〉 27번 에피소드, 1998년 10월 7일.
❷ 블랙박스Black Box, http://en.wikipedia.org/wiki/Black_box.
❸ 벤 호건Ben Hogan.
❹ 샤운 조던 인터뷰 영상, 아브라함 트레이딩 컴퍼니의 선물관리Managed Futures with Abraham Trading Co., 2011년 3월 8일, http://www.cmegroup.com/education/managed-futures-with-abraham-trading-co.html.
❺ 마이클 코벨의 블로그, http://www.michaelcovel.com.
❻ 〈사람들이 매도프에게 돈을 준 이유(추세추종 트레이더들에게 돈을 맡기지 않는 이유와 같다)The reason people gave Madoff money; same reason they don't give it to Trend Follower〉에 대한 블로그 답변, 2011년 1월 5일, http://www.michaelcovel.com.

운이 좋았기
때문일까?

사람이 다섯이라면/사람이 다섯이라면/사람이 다섯이라면/악마는 여섯이다/악마는 여섯이다/악마는 여섯이다/신은 일곱이다/신은 일곱이다/신은 일곱이다/이 원숭이는 천국에 갔다. ❶

"돌이켜보고 추세추종 트레이더들을 찾아 이들의 능력을 칭찬하는 건 쉽다. 어려운 건 추세추종 트레이더들을 모두 찾아내 이들의 실적을 평가하는 것이다."

마지막으로 살아남은 사람이 있다. 운이 좋아서일까? 아니면 능력이 뛰어나서일까?

조지 소로스George Soros를 보자. 소로스의 투자는 추세추종기법과 매우 흡사하다. 그렇다면 소로스 역시 운이 좋은 사람일까? 이렇게 생각해보자. 버핏에 비해 소로스는 무작위로 투자 대상을 고르는 경우가 많지 않다. 그래서 거의 모든 대상에 투자했다. 버핏은 재무제표만 보고 단 몇 개 기업을 선택해 성공을 거두었다. 굳이 따지자면, 적은 선택으로 성공한 버핏이 더 운이 좋았다고 할 수 있다. ❷

언젠가 독자의 편지를 받은 적이 있다. "무한히 많은 수의 원숭이가 타자기를 하나씩 앞에 놓고 앉아 있다고 가정해보세요. 그중 하나가 타자기로 유명한 소설을 정확하게 베꼈다면 별로 놀라운 일이 아니죠. 세상에 수많은 투자 상품이 있고, 수많은 트레이더가 있습니다. 그 중 몇 개 상품이나 몇 명의 트레이더가 우연히 뛰어난 수익률을 기록했다고 해도 별로 놀랄 일은 아닙니다. 뛰어난 실적을 기록한 추세추종 트레이더들이 능력이 아예 없다는 뜻은 아닙니다. 다만 생각만큼 능력이 없을 수도 있다는 거죠."

추세추종기법에 대해 회의적인 사람들에게 이렇게 생각해보라고

> 내가 초등학교에 다닐 때 별의별 아이가 다 있었다. 의자를 던지는 애가 있는가 하면, 계속 이상한 소리를 내는 애도 있었고, 갑자기 화장실에 가버리는 애도 있었다. 하지만 갑자기 아무에게나 총을 쏘아대는 애는 없었다. ❸

권하고 싶다. 어떤 트레이더가 있다. 이 사람은 40년간 시스템을 이용하는 추세추종기법으로 수만 건을 매매했고, 연평균 20%의 수익을 기록했다. 통계적으로 보았을 때도 무시할 수 없지만, 복리로 따지면 엄청난 수익이다. 물론 실제 사례다.

수많은 추세추종 트레이더가 수십 년간 다양한 시장에서 상승 및 하락 추세를 통해 돈을 벌어들였는데도 이들에게서 전혀 배울 것이 없다는 건 말도 안 되는 소리다. 여기에 당신의 인생을 변화시킬지도 모르는 질문이 하나 있다. 추세추종기법을 배워야 할까? 아니면 수십 년 동안 벽에 다트를 던졌는데 우연히 몇 번씩이나 과녁을 맞힌 운 좋은 원숭이로 치부해야 할까?

　당신은 지금 인생의 갈림길에 서 있다. 추세추종 트레이더들의 성공은 단순히 행운일까? 아니면 이들의 능력 덕분일까? 어떤 선택을 내리느냐에 따라 당신의 인생이 달라질 것이다.

---

❶ 더 픽시스The Pixies, 몽키 곤 투 헤븐Monkey Gone to Heaven, 두리틀Doolittle, 엘렉트라 Elektra, 1989년.

❷ 프레데릭 토메스토Frederic Tomesco, 〈탈레브에 따르면 오바마 대통령의 경기부양책은 상황을 더 악화시킨다Obama's Stimulus Plan Made Crisis Worse〉, 《블룸버그 비즈니스 Bloomberg Business》, 2010년 9월 25일.

❸ 빌 시몬스Bill Simmons.

정직함

뛰어난 여행자는 정해진 계획을
따르지 않을 때도 있고,
목적지에 도착하는 것을
목표로 삼지 않을 때도 있다. ❶

뮤추얼펀드, 주식중개인, 금융 뉴스, 거대 은행, 이제 갓 저널리즘 학교를 졸업한 23살짜리 AP 경제기자, 매일 경제 펀더멘털에 관한 기사를 쓰고 예측을 하는 사람들은 지금까지 자신의 의도와는 상관없이 거대한 사기극에 동참해 투자자들의 눈앞에 누구나 맞힐 수 있을 만큼 엄청나게 큰 과녁을 가져다놓곤 했다. 필자의 말이 도발적이라는 건 잘 안다. 원성을 살 만하다는 것도 안다. 하지만 그게 나의 일이다. 추세추종기법을 비난하는 사람들의 주장을 들어보자.

▶ 추세추종기법은 성공했다는 자랑만 늘어놓을 뿐 실제적인 증거는 제시하지 않는다. 실패한 기록은 숨기고, 자신을 합리화하느라 바쁘다. 긍정적인 결과를 보여주는 자체적인 평가가 부족하다. 논리나 수학, 통계적으로 허구일 뿐이다. 성공했다는 기술적 투자자는 많다. 하지만 통계상으로 꼼수를 부린 덕분이거나 표준, 주관적 분석, 펀더멘털 분석을 몰래 사용하는 경우도 많다. 기술적 트레이더들은 아무리 성공적인 시스템도 시장 앞에서는 무용지물이 된다는 사실을 간과하곤 한다. ❷

> 레이먼즈Ramones의 노래 중 "바보가 뛰어다니는 걸 막을 수 있는 방법은 없다"는 가사가 있다.

▶ 마이클 코벨의 책에는 추세추종 트레이더가 될 수 있는 방법이 설명되어 있지 않다. 또 일반 투자자가 추세추종 트레이더들의 투자 대상인 원자재, FX, 선물을 매매할 수 있는 방법도 소개되어 있지 않다. 나는 무언가를 추천만 하고, 어떻게 해야 하는지 구체적인 방법을 설명하지 않는 책은 싫어한다.

▶ 추세추종기법은 주식시장을 떠도는 최대의 사기극이다. 사이언톨로지 같은 사이비 종교 집단과 비슷하다.

▶ 상세한 내용은 없다. 의지할 만한 부분도 없다. 추세추종기법에 대해 정말로 알고 싶다면 이 책이 아닌 다른 곳에서 답을 찾아야 한다.

▶ 추세추종기법에는 내용이 없다. 역사적인 자료에 따르면 추세
　추종기법이 존재하기는 한다. 일부 돈을 번 사람도 있다고 한
　다. 하지만 그게 전부다! 구체적인 방법에 대해서는 어떤 정보
　도 알려져 있시 않다.

▶ 코벨이 쓴 책에는 제대로 정신이 박힌 사람이 아닌 맹목적인
　종교단체나 수긍할 만한 내용이 담겨 있다.

▶ 조심하라! 코벨의 《터틀 트레이딩》은 뭔가 숨은 꿍꿍이가 있는
　책이다.

▶ 코벨은 마치 맹목적인 종교인처럼 중립적인 증거를 제시하기보
　다는 절대 양립할 수 없는 두 개의 원칙에 경쟁을 붙여놓았다.

▶ 가격만 관찰하는 건 원시적인 투자 방법이다. 거대한 바다의
　해수면만 보는 것에 비유할 수 있다. 가격 변동만 고려한다면
　바다의 표면적인 변화만 보고 실제 물결을 일으키는 원인은 모
　조리 무시하는 것과 같다. 물결이 일어나는 건 바람뿐 아니라
　중력, 달, 바다의 구조, 온도 등 다양한 원인, 즉 펀더멘털 때문
　이다.

▶ 코벨이 만든 다큐멘터리 〈파산〉은 리스크와 행운을 쫓는 사
　람들을 위한 영화다. 영화는 아메리칸 드림을 이루었다고 말
　할 만큼 돈이 많은 사람이 수백만 명이나 된다고 떠든다. 마법
　사 후디니Houdini처럼 생각해야 한다고 주장한다. 도박꾼의 본
　능을 가지고 있다면 어느 정도 리스크는 짊어져도 괜찮다고 믿

게 한다. 적어도 1970년대까지는 교육, 건전한 결혼생활과 마음가짐이 있어야 아메리칸 드림을 이룰 수 있다고 생각되었다. 그런데 코벨은 도박꾼의 탐욕적인 본능이 있어야 아메리칸 드림을 이룰 수 있다고 한다. 이런, 지금이 무슨 서부시대라도 되나!

▶ 차트 분석가, 엘리오트 파동 이론가, 추세추종 트레이더는 모두 비슷비슷하다. 그리고 나는 그 모두보다 뛰어난 펀더멘털리스트다.

상황을 이해하더라도 바뀌는 건 없다. 상황을 이해하지 못하더라도 바뀌는 건 없다.

이중에서 추세추종기법에 대한 독자들의 이해를 넓히는 데 가장 도움이 되는 비판은 예측에 관한 것이다. 이 책의 곳곳에 언급되어 있지만 추세추종 트레이더들은 시장의 타이밍이나 방향을 예측하지 않는다. 시장의 움직임에 대응할 뿐이다. 유명 추세추종 트레이더 빌 던은 그 차이를 명확하게 설명했다. "우리는 시장을 예측하지 않는다. 추세라는 야생마를 탈 뿐이다."

추세추종기법을 비판하던 어떤 사람은 자신의 생각을 제대로 정리할 수 없어서 답답했는지 토론 도중 꽤 오랫동안 고함을 지르면서 자신의 가슴을 주먹으로 쳐댔다. 35년간 추세추종기법으로 뛰어난 실적을 기록해 수억 달러를 벌어들인 빌 던의 말처럼 예측을 그만두어야 되는지, 혹은 필자를 비판한 어떤 마사지사의 말처럼 추세추종 트레이더들도 실은 예측을 하고 있는지는 독자들의 판단에 맡기겠다.

한편, 언론은 지난 10년간의 혼란스러웠던 시장 상황에도 불구하고 여전히 미래에 대한 예측을 내놓고 있다. "시장은 결국 이성적일 수밖에 없다. 일본 원자력 발전소의 방사능 누출 위험은 여전하다. 리비아 내전의 결과는 불확실한 상태다. 하지만 이번 한 주간 S&P500지수는 2.7% 상승했다. 다우존스지수도 3.1% 상승했다. 그렇다면 2주 전 주식시장이 보여준 큰 변동성은 이제 사라진 것일까? 역사적 패턴을 보면 이번 주 시장의 반등은 별로 놀랍지 않다. 전반적인 통계 자료에 따르면 몇 달간 시장은 계속 상승세를 유지할 것으로 예측된다."❸

자신이 미래를 예측할 수 있다고 믿다가는 결국 자기 꾀에 빠져 손실을 보게 된다. 하지만 일부에서는 그런 사실은 모른 채 필자의 책을 비난하느라 바쁘다. 예를 들어보자.

"코벨이 저술한 책은 흥미롭다. 나는 그중 《추세추종전략》을 몇 번이나 다시 읽어보았다. 하지만 이번에 새로 출판된 책은 불행하게도 그 이전 책과 별반 다른 점이 없다(예를 들어 추세추종기법으로 기록한 실적 정보랍시고 유명 트레이더들의 실적만 보여주는 것도 변하지 않았다). 다만 자신의 주장을 간접적으로 뒷받침하기 위해 각종 이야기와 다큐멘터리에 대한 정보를 페이지마다 무작위로 늘어놓았을 뿐이다. 내용은 부실한데 작가는 자존심만 내세우니 어리둥절할 뿐이다. 코벨과 생

나는 토크쇼에 출연한 유명 정신과 의사 닥터 필 Dr.Phil**이 아니다. 아직도 추세추종기법을 인정하지 않는 비판론자들에게는 심리치료사를 만나보라고 권하고 싶다.**

각이 다르면 무조건 그에게 반대하는 사람이거나 심지어 바보로 취급당한다. 가치투자자들의 성공은 아예 부정한다(심지어 버핏마저도 운이 좋거나 파생상품을 투기해 돈을 벌었다고 설명한다. 버핏에게 미안하기 짝이 없다). 게다가 전 세계 트레이더가 양떼처럼 몰려다니고 있다고 비난한다. 이럴 수가. 추세추종기법이란 이런 것인가? 과학적으로도 빈약하고 인간성이라고는 전혀 찾아볼 수 없다."

스탠퍼드대학Stanford University의 저명한 심리학 교수는 확신에 찬 사람을 변화시키기는 매우 어렵다고 말한 적이 있다. 이런 사람들은 상대방이 동의하지 않으면 그냥 돌아서버린다. 사실과 수치를 보여주면 출처가 의심스럽다고 한다. 논리에 호소하면 주장을 받아들이지 못한다.

필자는 비판을 쉽게 피할 수 있고, 아무것도 하지 않고, 아무 말도 하지 않고, 아무것도 아닌 사람이 될 수도 있다. 하지만 천성적으로 포기하는 건 못하겠다. 하지만 비판은 중요하고 다양한 이유로 활력소가 된다.

▶ 누군가 내 뒤에서 나를 헐뜯는다면, 목표를 향해 제대로 가고 있는 것이다.

▶ 일반적인 사고방식에 상당한 흠집을 내면 비난과 폄하의 대상이 된다. 원래 그렇다. ❹

▶ 모든 사람에게 사랑받는다면, 중간 정도밖에 안 되는 것이다. ❺

▶ 너무 편협해도 마찬가지지만 너무 대인배여도 비난을 받게 돼 있다. 어차피 받을 비난이라면 대인배가 되자. ❻

▶ 역사는 어중간한 사람은 기억하지 않는다. 정확하게 자신의 방향을 정하고, 자신과 함께 하는 이들을 선택하고, 자신의 믿음을 고수하자. 그러면 된다. ❼

▶ 다른 사람들이 언급하기 불편해하는 문제에 대해 공공연하게 외쳐대면 남들의 비난을 받을 수밖에 없다. ❽

▶ 불만이 많은 사람들은 분노를 표출할 필요가 있다. 이들이 분노를 표출하기에 좋은 대상이 되는 것도 나쁘진 않다. 비난과 영향력은 서로 밀접하게 연결되어 있다. ❾

▶ 자신이 원하는 대로 사실을 보지 말고, 있는 그대로 보는 용기가 필요하다.

▶ 상대방의 콤플렉스를 자극하면 독설을 듣게 된다. 언제나!

현실을 뒤흔드는 사람이 나타나면 사회는 비난하고, 디지털 언론마저 그 비난에 동참한다. 그래서 바보와 노벨상 수상자는 비슷한 대우

마음대로 비난하세요. [10]

를 받는다. 진실이 자꾸 사라지는
건 바로 이 때문이다.

❶ 노자.

❷ 마이클 셔머Michael Shermer, 《회의적인 사람들(사이비 과학의 백과사전)The Skeptic:
Encyclopedia of Pseudoscience》, ABC클레오ABC-Cleo Inc., 2002년.

❸ http://www.cnbc.com/id/42297221.

❹ 팀 페리스Tim Ferriss, 〈사람들을 쫓아내면 좋은 점들The Benefits of Pissing People Off〉,
2009년 11월 25일, http://www.fourhourworkweek.com.

❺ 상동.

❻ 데이비드 턴불David Turnbull, http://davidturnbull.com/2009/11/05/1-love-for-
criticism.

❼ 상동.

❽ 상동.

❾ 상동.

❿ 퍼블릭 에너미Public Enemy, 〈911 이즈 어 조크911 is a joke〉, 〈피어 오브 어 블랙 플래
닛Fear of a Black Planet〉 앨범, 데프 잼 레코즈Def Jam Records, 1990년 3월 22일.

터틀 트레이더들,
그 뒷이야기

> 모든 추세추종 모델을 나란히 놓고 비교해보면 동일한 시장
> 에서 가장 많이 수익을 올린 모델과 가장 많이 손실을 기록
> 한 모델을 찾을 수 있을 것이다. 모든 사람이 같은 차트를 보
> 고, 동등한 기회를 갖는다. ❶

　필자의 두 번째 저서 《터틀 트레이딩》은 전설적인 트레이더인 리처
드 데니스Ricahrd Dennis가 1980년대 초반 투자 초보자들을 추세추종
트레이더로 훈련시킨 실화를 바탕으로 쓴 책이다. 당시 훈련 받은 사
람들은 모두 '터틀Turtle', 즉 '거북이'라는 별명으로 불렸다. 이들은 아
직까지 트레이더로 활약하고 있고, 그중 일부는 최고의 추세추종 트
레이더로 알려져 있다. 영화 〈대역전Trading Places〉*에서처럼 거리에

시장에서 자신만의 기술로 돈을 벌어들이는 사람이 있다. 다만 자신의 성공을 글로 쓰지 않을 뿐이다. **❷**

서 우연히 만난 일반인을 백만장자로 만들 수 있는지 알아본 일종의 실험이었다.

이 책을 쓰기 위해 자료를 조사하던 중 당시 터틀 중 한 명의 행방을 찾을 수 없었다. 나중에야 이 트레이더가 어쿠스틱, 클레즈머Klezmer, 라틴 음악에 정통한 기타리스트라는 사실을 알아냈다. 그가 여전히 추세추종기법을 활용해 투자하고 있는지 궁금했다. 그러던 중 다른 터틀을 통해 그의 소식을 들었는데, 투자를 계속하고 있을 뿐 아니라 터틀 중에서 1988년 이후 투자 수익률이 가장 높다고 한다.

대학에서 공부하게 되었다. 여러 과목 중 어쿠스틱 기타 수업을 수강했다. 그런데 수업을 하는 교수가 현존하는 최고의 추세추종 트레이더 중 한 명일지도 모른다. 알 수 없는 세상이다. 학생들은 샌디에이고 주립대학San Diego State University의 어쿠스틱 기타 과목 교수가 대학 전체 교수진 중 트레이딩과 돈을 버는 방법을 가장 잘 알고 있는 투자의 대가라는 사실을 짐작이나 할까?

---

❶ 로리 카플란Laurie Kaplan, 〈터틀을 트레이더로Turning Turtles into Traders〉, 《매니지드 데리버티브즈Managed Derivatives》, 1996년 5월.

❷ 존 와그너John Waggoner, 〈주식시장은 얼마나 이성적인가?How rational is stock Market?〉, 《USA투데이USA Today》, 2011년 5월 14일, http://www.usatoday.com/MONEY/usaedition'2011-02-15-efficientmarket15_CV_U.htm.

---

* 흑인 거지를 증권회사 간부로 바꾸는 내용의 영화-역주

정신

개의 날들은 끝났다. 개의 날들은 지나갔다.
말들이 다가오고 있다. 빨리 도망가야 한다. ❶

지금부터 필자의 투자 방식을 형성하는 데 결정적인 역할을 한 주
옥 같은 글귀들을 소개하겠다.

▶ 기쁘고, 상상력이 가득한, 열정적인 에너지로 매일의 삶을 살
  아야 한다. 단, 진심에서 우러나야지 거짓으로 꾸며서는 곤란
  하다.
▶ 몸집이 크다고 잘하는 건 아니다. 똑똑하게 굴어야 한다.
▶ 아무도 없는 곳에 자신을 밀어넣어라. 개척자가 되어야 한다.

- ▶ 세상에 뛰어들어라. 자신의 인생이 걸려 있다고 생각하면서.

- ▶ 다른 사람을 변화시키는 것보다 더 중요한 일은 없다.

- ▶ 남들과는 다른 비전을 가져라.

- ▶ 승자는 호기심이 가득하고 약간은 미친 듯 보이는 사람이다.

- ▶ 책임감이 사라진 인생은 자살 행위나 마찬가지다.

- ▶ 남의 허락을 받을 필요는 없다. 나의 생각은 내가 책임지자.

- ▶ 문제를 해결할 수 없는 이유는 남들과 똑같이 생각하기 때문이다.

- ▶ 긴장을 늦추지 않는다. 끊임없이 노력한다. 강한 의지를 갖는다. 이것이 바로 성공의 비결이다.

- ▶ 승자는 매몰비용과 기회비용을 구분할 줄 아는 사람이다.

- ▶ 승리를 위한 계획을 세워라. 승리를 준비하라. 승리를 꿈꾸기 위한 모든 권리를 가져라.

- ▶ 지금까지의 고정관념을 바꾸는 건 각자의 몫이다. 누구나 한계는 없다. 한계에서 탈출하라.

당신이 뛰어나다면 사람들이 곧 찾아낼 것이다. 하지만 그렇다고 당신을 원하는 건 아니다.

물론 실천하기가 쉽지는 않을 것이다. 사회에서는 지금까지 증명받지 못한 채 노력하고 있는 사람들이 격려받거나 축하받는 일이 없다. 오히려 새로운 생각은 무시하거나 비난하는 게 안전한 세상이다. 젊은 청년들에게도 안전한 길을 권하는 게 사회다. 몇 년 전까지만 해도 '안전한 길을 선택하라'고 하면 괜찮은 조언이었다. 하지만 지금은 달라졌다. 이제는 근시안적인 생각일 뿐이다. ❷

좋은 집에서 태어나지 못했다고, 초기 자본금이 적었다고, 유명 터틀 트레이더들과 달리 20대 초반에 추세추종기법을 배우지 못했다고 불평하는 사람들이 있다. 하지만 운이 따르지 않거나, 나태하거나, 목표에 문제가 있거나, 생각이 한정되어 있다면 돈이 아무리 많아도 별 소용이 없다. ❸

생각에 얽매이지 않은 예를 하나 들어보겠다. 언젠가 스포츠 일러스트레이티드Sports Illustrated의 마이클 로젠버그Michael Rosenberg는 대학 농구팀 중 전혀 주목받지 못했던 버틀러대학과 버지니아 코먼웰스대학이 2011년 NCAA 준결승에 진출했던 사건을 언급했다. 기억하는 사람도 있겠지만, 이 두 팀은 시즌 내내 성적이 좋지 않아서 시즌 막바지까지 준결승 진출 여부가 불투명했다. 로젠버그는 이 두 팀처럼 벼랑 끝에 몰렸을 때의 장점을 강조했다.

"희망이 없다고 생각할 때 두 가지 놀라운 기적이 일어난다. 첫째, 스트레스에서 벗어나 걱정을 덜어놓게 된다. 둘째, 자신이 운명적으로 이길지도 모른다고 믿게 된다. 사실 나는 운명은 믿지 않는다. 하지만 자신의 운명을 믿는 사람들은 믿는다. 그런 팀은 승리할 가능성도 높다. 그래서인지 당시 준결승에 버틀러대학과 버지니아 코먼웰

스대학이 진출했을 때 다들 놀랐지만, 막상 당사자들은 전혀 놀라지 않는 것 같았다."❹

나는 나 자신이 외로운 한 마리의 늑대라고 생각한다. ❻

진심으로 성공을 원하는 사람은 그 어느 것으로도 막을 수 없다. 실패를 생각하는 사람은 상상력이 부족하거나 비관적인 사람이다. 비관하면 잘될 일도 안 되곤 한다. 자신이 비관적이라고 생각하는가? 그럼 당장 이 책을 덮어버리기 바란다. ❺

---

❶ 플로렌스 앤 더 머신Florence and the Machine, 〈더 도그 데이즈 아 오버The Dog Days Are Over〉, 〈렁스Lungs〉 앨범, 유니버설 아일랜드Universal Island, 2008년 12월 1일.

❷ http://www.sethgodin.typepad.com.

❸ http://michaelcovel.com/2009/11/08/michael-covel-business-philosophy.

❹ http://sportsillustrated.cnn.com/2011/writers/michael_rosenberg/03 /27/vcu. burtler/index.html.

❺ http://michaelcovel.com/2009/11/08/michael-covel-business-philosophy.

❻ 〈행오버〉, 토드 필립스, 워너브러더스, 2009년 6월.

사람들의 게임

> 누구나 말을 하지만 정말 중요한 말을 하는 사람은 없다. 누구나 사랑을 하지만 진정한 사랑을 하는 사람은 없다. 누구나 도망치지만 정말로 움직이는 사람은 없다. 누구나 승자가 되지만, 잃을 게 없다. 정말 이상한 세상이다. 이상한 세상이야. ❶

100만 달러는 많은 돈이다. 하지만 절대 벌 수 없을 정도는 아니다. 누구나 많은 돈을 벌 수 있다. 물론 10억 달러, 혹은 수십억 달러를 벌려면 운이 따라야 한다. 하지만 어떤 종류건 적합한 교육만 받는다면 달랑 스마트폰 하나만 가지고도 꽤 많은 돈을 벌 수 있다.

세상이 바뀌었다. 사람들의 게임도 바뀌었다. 좋은 일자리가 나타나길 가만히 앉아서 기다리고 있다면, 유명 전문가가 정치나 일자리

지금은 대화를 시작해야 할 때다. 지금까지 익숙하던 건 버려라. 사람들을 새로운 세상으로 몰아붙여라. 호기심을 불러일으켜라. 남과 달라야 한다.

에 대해 떠드는 소리를 듣고 있다면, 중국 때문에 돈을 벌 수 없다고 생각한다면, 자신이 마조히스트masochist는 아닌지 자문해보라.

또 다른 게임이 있다. 그중 하나가 추세추종 트레이딩 게임이다.

누누이 설명했듯이 게임의 사냥감이 되지 않도록 노력해야 한다. 게임을 하고 있는 세 가지 부류에 대해 생각해보라.

방에 들어갔을 때 누구를 노려야 할지 모르겠다면, 사냥감은 다름 아닌 당신이다.❸

▶ 자신이 게임을 하고 있다는 사실을 알고 있는 사람
▶ 자신이 게임을 하고 있다는 사실을 모르는 사람

▶ 게임을 하는지도 모르고, 게임의 사냥감이 되어버린 사람❷

게임을 30분 정도 하고서도 누구를 잡아야 할지 모르겠다면, 게임의 목표는 당신이다. 당신의 금융 건전성과 재산이 걸린 중요한 게임에서 이기길 바라는 마음에서 하는 말이다.

---

❶ 존 레논John Lennon, 〈노바디 톨드 미Nobody Told Me〉, 〈밀크 앤 허니Milk and Honey〉 앨범, 폴리도어 레코즈Polydor Records, 1984년.
❷ 알렉산더 M. 이나이헨, 《절대수익》, 존 와일리 & 선즈, 2003년.
❸ 라라 로건Lara Logan의 빌 월터스Bill Walters 인터뷰, CBS 60분, 2011년 1월 16일.

블러드하운드*

> 롬멜**,
> 훌륭하면서도 나쁜 놈!
> 네놈 책은 읽었어!❶

    사람들은 남들이 흘리는 정보를 듣는 데 너무 오랜 시간을 할애한다. 그다음에는 자신이 얻은 정보를 얼마나 효율적으로 남들에게 제공하는지에 따라 평가받는다. 미국 대학생들이 흔히 하는 '눈치 보며 술 마시기 게임'과 비슷하다. 딱 그 수준이다.

    책임감을 가지고 결정을 내려야 할 때는 남이 명령을 내려주길 기

---

* 사냥개의 일종으로 뛰어난 후각으로 유명하다−주
** 에르빈 롬멜(Erwin Rommel)은 2차 세계대전 당시 독일 방위군 총사령관이었다−역자 주

똑똑하고 재능이 있어야 할 필요는 없다. 하지만 호기심을 가져야 한다.

다린다. 아니면 남들이 자신과 비슷한지 확인하려고 어깨너머로 눈치 보기에 바쁘다. 호기심을 잃어버린 사람이 너무 많다. 지그문트 프로이트Sigmund Freud는 "아이의 빛나는 지적 능력과 어른들의 쇠약한 정신 상태는 매우 대조적이다"라며 개탄하기도 했다.

알고 싶다는 욕구 외에 다른 목적은 없는 아이들 같은 순수한 호기심은 소중한 자산이다. 난생 처음 장난감을 접한 아이들은 어떻게 작동하는지 알아내려고 눈을 크게 뜨고 경이로움에 차서 바라보곤 한다. 어른도 그래야 한다. 단순한 소리 같지만 아이 같은 호기심과 열정을 가지고 있으면 유연한 마음가짐을 유지할 수 있다.

한 유명 CEO가 하버드대학 MBA 학생들에게 강연하는 중이었다. 강연을 듣던 학생이 물었다. "제가 무엇을 해야 할까요?" 그러자 이 CEO는 "남은 학비를 가지고 다른 일을 하십시오"라고 대답했다. 이 말을 이해하지 못했다면 어쩔 수 없다. 하지만 호기심이 동한다면, 언젠가는 방법을 찾게 될 것이다. 그것이 바로 남과는 다른 차이를 만들어낸다.

그러나 대다수의 사람이 레밍스 쥐*처럼 겁에 질려 절대 호기심을 갖지 않는다. 의문을 품으면 리스크에 노출된다고 생각하고 걱정한

---

* 일종의 주머니쥐로 군집 생활을 하는데 주기가 되면 단체로 바다에 빠져 죽는다–역주

다. 하지만 의문을 품지 않으면 오히려 실패하게 된다. 남들이 질문하기 두려워할 때, 용기를 갖고 답을 찾아야 한다. 그래야 선순환 구조를 만들어낼 수 있다.

끊임없이 의문을 품으면 한 발짝 물러나 전체를 관망할 수 있게 된다. 그러면 지금 올바른 것은 무엇인지도 알 수 있다. 이 책을 쓰기 시작한 이유도 다름 아닌 호기심 때문이다. 필자는 언제나 넘치는 호기심으로 무엇이든 좀 더 알고 싶어 한다. 절대 겉으로만 보고 끝내는 일이 없다. 학교를 다닐 때는 늘 손을 들고 질문을 해대서 선생님들을 곤혹스럽게 만들기도 했다.

필자는 당연하다고 생각되던 일반적인 기준에도 열정적으로 의문을 품곤 했다. 누군가 감추길 원하는 세부적인 사실들을 파헤치곤 하다 보니 주 정부 혹은 연방정부의 정보 공개에 관한 법률과 같은 트레이딩과 관련 없는 생소한 분야에서도 나름대로 상당한 지식을 쌓게 되었다.

뛰어난 재능을 가진 음악가, 타고난 운동선수……, 원래 똑똑한 사람들은 유전자의 노예다. 유전자가 뛰어나다고 빼어난 능력을 개발할 수 있는 건 아니다. 능력은 유연하고 수정 가능하며 성인이 되고 나서도 한참 후에야 갖추어진다. 모두들 인간적인 사고방식, 희망, 남들과는 다른 의지, 위대함을 꿈꿔야 한다. ❷

세상은 생각보다 좁다. 언젠가 전혀 예상 밖의 인물에게서 "그렇게 잘 알려져 있지 않은 세부적인 사실들은 어떻게 알아내고 있는 건가요?"라는 질문을 받은 적이 있다. 질문을 한 사람은 구소련의 대통령인 미하일 고르바초프Mikhail Gorbachev였다. 그는 내가 추세추종기법으로 상당한 돈을 번 사람이라는 러시아 통역의 소개를 듣더니 이렇게 질문했다.

"트레이더들에 관해서 책을 쓰는 건 어떤 기분인가요?"

고르바초프 대통령은 아주 바쁜 사람일 거라는 생각에 나는 될 수 있는 한 짧게 대답했다.

"아주 흥미롭습니다."

통역의 말을 들은 그는 다시 물었다.

"겉으로는 드러나지 않는 사실을 알아내는 일은 어렵지 않나요? 비결이 있나요?"

나는 미소를 지으며 이렇게 대답했다.

"저는 뭐든지 파헤치는 걸 잘하거든요."

대답이 떨어지기가 무섭게 고르바초프 대통령은 너털웃음을 웃었다. 통역도 필요없었다. 고르바초프 대통령은 필자의 영어 대답을 정확하게 알아들었다. ❸

구소련의 대통령처럼 많은 사람이 필자에게 질문을 던진다. "제가 추세추종 트레이더의 자질이 있는지 알 수 있을까요?" 혹은 "제가 추세추종기법을 유용하게 활용할지 미리 알 수 있는 방법은 없을까요?" 하는 등이다.

필자는 지난 50년 동안 최고의 추세추종 실적을 기록한 트레이더들에게 직접 투자를 배웠다. 과장이 아니라 정말이다. 하지만 처음부터 거창했던 건 아니다. 시작은 1994년경 필자가 런던에 있는 대학원을 졸업하면서부터였다. 경영 전문가이면서 듣는 사람들에게 영감을 불어넣는 연설로 유명한 앤서니 라빈스Anthony Robbins가 쓴《거인의 힘 무한능력Unlimited Power》을 읽고 뛰어난 트레이더가 되고 싶다는 생각을 하게 되었다. 하지만 어떻게 시작해야 할지 몰랐다. 다만 책 속에서 읽은 이야기에 완전히 매료되어 있었다.

책에는 영화감독 스티븐 스필버그Steven Spielberg의 일화가 소개되어 있었다. 그는 17살 때 유니버설 스튜디오를 관람하게 되었고, 이때 인생이 완전히 바뀌었다. 관람객은 영화를 찍는 장면은 볼 수 없었다. 하지만 어린 스필버그는 용기를 내 남몰래 영화를 찍는 장소로 숨어들어갔다. 이후 스필버그는 유니버설 스튜디오의 편집부장과 만나게 되었는데, 그가 스필버그가 처음 찍은 영상 중 하나에 관심을 보였다. 대부분의 이야기는 여기에서 끝난다. 하지만 스필버그는 달랐다. 그는 더욱 노력해 감독, 작가, 편집자 들을 만날 수 있었고, 이들과 대화하거나 이들을 관찰하면서 영화를 만드는 데 필요한 감각을 익혀나갔다. ❹ 스필버그 감독의 이야기는 굉장한 동기부여가 되었다.

언젠가는 수천 달러의 여행경비를 지원받아 독일 베를린에서 열린 투자 관련 회의에 참가한 적이 있다. 회의는 유명 트레이더들이 참석하는 자리로, 그때만 해도 필자를 아는 사람은 거의 없었다. 나를 알릴 방법이라고는 가슴에 달린 이름표와 용기백배한 태도뿐이었다.

그러나 무모하지만 계획적인 노력으로 시카고상품거래소의 전 의장과 소중한 대화를 나눌 수 있었다.

> 당신의 실패에 대해 알고 있는 사람도 없고, 신경 쓰는 사람도 없다. 실패로부터 배움을 얻기만 하면 된다. 언젠가 제대로 해내기만 하면 된다. 그러면, 모두가 당신을 행운아라고 이야기할 것이다. ❻

나는 비슷비슷한 투자 관련 회의에서 전설적인 트레이더들을 만날 수 있는 소중한 기회를 얻었다. 아주 오랜 시간은 아니었지만 그들도 보통 사람과 별반 다를 게 없다는 사실을 알 수 있을 만큼은 충분한 시간이었다. 덕분에 굉장한 자신감과 열정을 갖게 되었다.

불행하게도 요즘에는 문제를 찾아서 해결하는 문화가 사라지고 있다. 축구팀이나 영어 스펠링을 맞히는 게임을 하면 참여한 모든 아이에게 참가상이라도 주는 분위기다. 운동장에서 피구를 하는 것마저도 위험하다고 생각한다. 과민반응을 보이는 부모들은 뮤지컬 체어 게임*마저도 왕따 만들기라고 비난할 지경이다. 요즘 아이들은 별것 아닌 일로 과도한 칭찬을 받는다. ❺

이렇게 자란 아이들은 호기심이 없다. 살면서 작은 일만 터져도 신경안정제와 각성제를 같이 먹어가며 겨우겨우 대처하는 나약한 어른으로 자라게 될 것이다. 필자가 너무 비관적이라고 생각하는가? 절대

---

* 아이들이 음악을 들으며 의자 주위를 돌다가 음악이 멈추면 의자에 앉는 게임-역주

아니다. 독자들이 직면한 전쟁터와 맞서 싸워야 할 적들에 대해 이야
기하고 있을 뿐이다.

❶ 〈패튼 대전차 군단Patton〉, 프랭클린 J. 샤프너Franklin J. Schaffner, 조지 C. 스콧George
   C. Scott, 20세기폭스, 1970년.
❷ 데이비드 솅크David Shenk, 《천재성의 발견(지금까지 들어왔던 유전적 재능과 IQ에 관
   한 모든 것은 틀렸다)The Genius in All of Us: Why Everything You've Been Told About Genetics
   Talent, and IQ Is Wrong》, 랜덤하우스, 2010년.
❸ http://michaelcove.com/2010/02/06/meeting-mikhail-gorbachev-my-journey.
❹ 앤서니 라빈스, 《거인의 힘 무한능력》, 씨앗을 뿌리는 사람들, 2008년.
❺ 존 티어니John Tierney, 〈모든 아이가 뛰어날 때When Every Child Is Good Enough〉,
   《뉴욕타임스》, 2004년 11월 21일, http://www.nytimes.com/ 2004/11/21/
   weekinreview/21tier.html.
❻ 마크 큐반Mark Cuban, 〈성공과 동기(단 한번만 잘하면 된다)Success and Motivation-
   You Have to Be Right Once〉, 2005년 5월 30일, http://blogmaveric.com/2005/05/30/
   sucess-and-motivation-you-only-have-to-be-right-once.

에필로그

만약 내가 내일 떠난다면,
그래도 날 기억해주겠니?
내가 봐야 할 세상이 너무 많아서. ❶

데이비드 듀코브니David Duchovny가 주인공으로 나오는 TV 드라마 〈캘리포니케이션Californication〉을 보다가 엔딩크레디트와 함께 흘러나오는 레너드 스키너드Lynyrd Skynyrd의 곡 〈프리버드Free Bird〉를 듣게 되었다. 노래를 듣다 보니 내 안에 숨 쉬고 있는 열정이 되살아났다. 아드레날린이 용솟음치는 것 같았다. 필자의 경력에 굳이 이름을 붙이자면 '월가 연구' 정도 부를 수 있을 것이다. 그런데 여기에 전통적인 구석이라고는 없다 보니 뜬금없이 자극을 받곤 했다. 우연한 여행자라고 하면 맞을 것 같다. 전형적인 훈련도 없고, 정확한 규칙도 없다. 과거에는 존재하지 않았고, 전혀 생각지도 못했던 직업이라고 생각해도 좋을 것이다.

필자가 《왜 추세추종전략인가》를 쓰기 시작한 이유는 처녀작인 《추세추종전략》에 새로운 이미지를 만들어주기 위해서였다. 《추세추종전략》이 더 많은 사람에게 좀 더 쉽게 읽히고, 좀 덜 학술적이고, 좀 더 현실적인 책으로 받아들여지길 바라는 마음에서였다. 가수 제이 지 Jay-Z가 유명 가수들의 노래를 샘플링해서 뛰어난 곡을 만들어내는 것처럼 《추세추종전략》을 기초로 영원불변의 투자 원칙과 특별한 접근 방법이 담긴 특별한 책을 만들어내고 싶었다.

이 책에는 나의 시각뿐 아니라 위대한 추세추종 트레이더들이 지난 15년간 서서히 익힌 지식들이 담겨 있다. 아무도 모르는 치료법이다.

지금은 필자 역시 최고의 트레이더 대접을 받고 있다. 꾸준한 연습과 노력 덕분에 한때는 난공불락이라고 생각했던 유명 트레이더들과 어깨를 나란히 하게 된 것이다. 하지만 이 자리에 서기까지는 지루한 과정의 연속이었다. 한 발짝 앞으로 나아갔는가 하면 다시 두 발짝 후퇴했고, 그 이후 네 발짝 발전하는 식이었다. 무작위로 얻은 데이터들은 겉으로 보기에는 전혀 상관없는 것 같았다. 하지만 결국에는 하나로 연결되었다.

전설적인 추세추종 트레이더와의 우연한 만남은 자연스럽게 필자의 의지에 불을 지피는 계기가 되었다. 2001년의 일인데, 필자가 인터넷 도메인을 가지고 있었던 덕분이었다. 당시 내가 도메인을 가지고 있었던 이유는 사업적인 목적으로 쓰려고 했던 게 아니라 나를 개인적으로 소개하는 웹사이트로 쓸 수 있을 것 같다는 생각에서였다. 구체적인 사용 계획은 전혀 없었다. 그런데 유명한 트레이더가 이메일로 도메인 사용 의사를 밝혔다. 나는 도메인 양도 서류에 서명을 하고 아무런 대가도 없이 도메인을 보내주었다.

얼마 후 그는 다시 내게 연락을 해왔다. 덕분에 우리는 친구가 되었고, 사업 아이디어를 토론하는 사이가 되었다. 그러던 중 그의 동료가 필자의 기업을 인수하겠다고 나섰다. 우리 세 명은 이메일을 통해 세부 사항을 의논했다. 그런데 이 유명 트레이더가 동료에게 보낸 이메일 한 통이 나를 자극했다.

마이클이 정말 생각 있는 사람이라면 그에 맞게 행동할 겁니다. 그러면 그를 직원으로 만들 수도 없고, 그의 기업을 인수하지도 못할 겁니다. 한다고 해도 엔진이 없는 자동차를 얻는 꼴이지요. 피스톤 없는 엔진, 점화가 안 되는 점화 플러그쯤으로 생각하면 되겠지요. 그래서 저는 기업을 인수해 완전히 제압하고 통제하는 방법보다는 서로 협력하는 접근 방법을 제안하고 싶습니다. 그러면 독립적인 형태로 남아 있을 수 있겠죠. 좋은 담장을 쌓으면 좋은 이웃을 얻게 됩니다. 좋은 이웃은 서로에게 도움이 되죠. 마이클은 좋은 친구입니다. 에너지가 넘치고, 현명하죠. 매우 귀중한 자산이 될 친구입니다. 물론 당신은 우리가 다른 기업을 인수해온 방법으로 마이클과 'www.turteltrading.com'을 통제하면 더욱 오랫동안 도움이 될 거라는 통계자료를 보여주면서 저를 납득시키려 하시겠지만요.

그의 메시지와 위트, 빈정대는 말투는 내가 기업을 파는 것보다 독립적으로 남아 있는 쪽이 훨씬

하나, 둘, 셋, 죽여라! ❷

득이 된다는 사실을 명확하게 보여주었다. 문제의 이메일은 나의 기업가적인 마인드에 큰 충격을 안겨주는 한편 더욱 강화시켜주었다. 죽도록 공부했던 MBA 과정보다 한 통의 이메일이 이후 《추세추종전략》을 출판하고 그 외에 다양한 프로젝트를 이끌어나가는 데 힘이 되어주었다.

10년이 지난 지금도 남을 따라하거나 남의 통제를 받는 것을 용인할 수 없는 건 마찬가지다. 한 번뿐인 인생을 살면서 남에게 통제 당하는 건 옳지 않다. 인생은 단 한 번뿐이다.

그런데 최근 인생의 새로운 계기를 맞았다. 얼마 전 우연히 몇 번 만나 얼굴을 익힌 후 날씨 등에 관해 시답지 않은 안부 인사나 건네면서 알게 된 한 여성이 필자에게 물었다. "그러니까, 작가이신거죠?"

자신이 노력하는 분야에서 남과 경쟁하지 않을 때, 진짜 인생을 살게 된다. ❸

처음 받아보는 질문이었는데, 대답하기가 쉽지 않았다. 생각이 엇갈렸다. 작가라. "아니오, 저는 기업가에 더 가깝습니다. 작가는 아닌 것 같아요." 그러면서도 마음이 갈팡질팡했다. 대화 상대가 바로 앞에 있다는 사실도 잊을 정도였다. 그러자 그녀는 내 생각을 읽었는지 날카롭게 덧붙였다. "그러니까 자신에 대해 확실치 않으신 거군요?"

그렇게 나의 연극은 끝이 났다.

덧붙이며

자신이 가지고 있는 돈을 베팅할 때는 불확실한 수익을 벌어들일 가능성에 대해 가치와 시간, 돈, 감정적인 리스크를 걸고 결정을 내리게 된다.

장기적으로 베팅에 성공하기 위해서는 수많은 매매에 직면해 끊임없이 결정을 내려야 한다.

이것이 삶이다. 추세추종 트레이더의 삶도 마찬가지다.

---

❶ 레너드 스키너드Lynyrd Skynyrd, 〈프리버드Free Bird〉, MCA 레코드MCA Records, 1974년.
❷ VCU NCAA 농구경기 4강 진출 구호.
❸ 나심 탈레브, 《프로크루스테스의 침대(철학적이면서도 실용적인 문구들)》, 랜덤하우스, 2010년.

이젠 놀랍지도 않아

미래에 대한 확신은 좋은 것이건 나쁜 것이건
확실한 것을 갈구하는 사람들의 욕망을 만족시킨다.
사람들은 믿고 싶기 때문에 믿는다. ❶

　앞의 '추세추종 시스템' 부분에서 CNBC 앵커인 에린 버넷과 추세
추종 트레이더인 데이비드 하딩의 몇 년 전 인터뷰 중 일부를 소개했
다. 2011년 4월 8일에는 CNBC의 또 다른 앵커 조 커넌Joe Kernen이
하딩을 인터뷰했다. 하딩이 이끄는 윈스턴 캐피털Winston Capital은 인
터뷰 당시 추세추종기법으로 고객들이 맡긴 210억 달러의 자산을 관
리하고 있었다. 이제 독자들도 《왜 추세추종전략인가》를 모두 읽었으
므로, 커넌의 인터뷰와 필자가 제시하는 질문에 대해 스스로 생각해

보길 바란다.

커넌은 하딩을 과학적 연구가 결국에는 성공한다고 믿는 추세추종 트레이더라고 소개하며 인터뷰를 시작했다. 그는 하딩이 '컴퓨터'를 투자에 활용하는지 여부를 궁금해했고, 그만의 투자 전략을 설명해 달라고 질문했다. ❷

멀리 떨어진 런던에서 인터뷰에 응한 하딩은 자신의 기업이 '추세를 따르는 투자'를 하고 있다고 설명했다. 자신도 추세를 활용해 투자하는데, 시장이 상승하면 롱 포지션을 구축하고, 시장이 하락하면 숏 포지션을 구축하면서 돈을 번다고 대답했다. 그리고 지난 15년간 거의 매년 수익을 벌어들였는데, 그만큼 시장에서 추세가 사라진 적이 없기 때문이라고 덧붙였다. ❸

고대 원시인들은 동물의 내장을 보고 미래를 예측했다.

커넌은 원유나 금 가격이 "마치 시계 추처럼 하락과 상승을 반복하는데, 그 폭이 펀더멘털 기준보다 훨씬 큰 이유가"❹ 하딩을 비롯한 여타 추세추종 트레이더들 때문은 아닌지 물었다. 하딩은 커넌의 말이 아주 과장은 아니지만 시간만 허락한다면 합리적으로 설명해보겠다고 대답했다. 그러자 커넌은 얼굴 가득 미소를 지으면서 조용하게 "네, 그럼요"라고 말했다. ❺

먼저 하딩은 정부가 투기적인 투자 포지션에 제한을 두고 있기 때문에 윈스턴 캐피털의 트레이딩 규모가 주요 은행보다 훨씬 적다는 부분을 지적했다. 그다음으로 자신은 "직관"에 따라 매매하지 않는다는 점을 분명히 밝혔다. 그러면서 "마음 내키는 대로 매매하는 게 아닙니다"라고 덧붙였다. 하딩은 시장에 대한 자신의 과학적인 접근 방법에 대해 전혀 망설임 없이 "엄격한 접근방법"이라고 대답했다. ❻

커넌은 LTCM 헤지펀드의 붕괴를 들어 반박했다. 그는 LTCM이 붕괴한 1997년 윈스턴 캐피털이 설립된 점이 역설적이라면서 "과학적 접근 방법이라고 말씀하셨고, 단 한 번도 손실을 기록한 적이 없다고 하셨습니다. LTCM이 생각나네요"라고 말했다. 그러고는 LTCM의 노벨상 수상 경제학자들도 "알고리

> **시장은 효율적이지도, 질서정연하지도 않다. 시장은 전투가 끊이지 않는 전쟁터다. 서로 다른 견해가 어느 한쪽이 승리해 앞서나갈 때까지 서로 싸움을 계속한다. 전투가 끝날 때쯤 가격은 추세를 형성한다. ❼**

즘"을 들먹였고, 붕괴 전까지 단 한 번도 손실을 기록한 해가 없었다는 점을 냉소적인 태도로 지적했다. ❽

하딩은 정확하게 2009년에는 손실을 기록했다는 점을 지적했고, 단 지난 20년에 걸친(정확하게는 23년) 투자 실적이 매우 성공적이었음을 분명하게 밝혔다. 또 그가 설립한 첫 번째 기업인 AHL은 현재 세계에서 가장 큰 선물관리펀드라는 사실도 강조했다. LTCM 붕괴에 대해서도 직설적으로 설명했는데, 이 과정에서 《천재들의 머니게임 When Genius Failed》(LTCM의 파산을 주제로 한 책이다)을 윈스턴 캐피털에

서 "필독서"로 삼고 있다고 밝히기도 했다. ❾

커넌은 알겠다는 듯이 "그러시겠죠"라고 대답하고는 하딩에게 "추천할 만한 투자 종목"이 있는지 물었다. 미래를 예측할 수 있다고 생각하는 가치투자자들에게는 추천 종목을 물어보는 게 당연하다. 하지만 추세추종 트레이더들에게 이보다 더 우스운 질문도 없을 것이다. 하딩은 앞으로의 시장을 예측할 수는 없다면서 "그래서 추천할 만한 종목은 없습니다"라고 대답했다. 그는 자신의 성공이 약간의 남다른 기술과 적절한 베팅 덕분에 가능했다는 점을 지적했다. ❿

커넌은 여전히 추세추종기법의 긍정적인 면을 이해하지 못했다. 그래서 언제쯤 추세가 끝날 것 같은지 물었다. 하딩은 약간 당황했지만 지난 40년간 추세추종기법이 성공적인 성과를 도출해왔다고 설명하는 것으로 대답을 대신했다. 그리고 시장의 추세가 두드러졌던 1970년대와 2010년부터 2011년까지의 시장을 비교했다. ⓫

커넌은 기자로서 갖추어야 할 객관적인 시각이라고는 없는 사람이었다. 그는 하딩의 설명을 듣고도 "많이 들어본 표현"이라면서 "또 한번 부동산 붐이 찾아와 자신이 가지고 있는 모든 돈을 투자할 수 있게 해달라고 기도하는 사람들이 있죠. 원유나 금에 투자하는 트레이더들도 한동안 비슷한 기도를 하겠군요"라고 응수했다. 그러더니 하딩에게 "이후에도 트레이더로서의 성공적인 명성을 잃지 말고 같은 주제로 인터뷰할 수 있기를 바랍니다"는 말과 함께 유쾌한 인사말과 농담으로 인터뷰를 마쳤다. ⓬

커넌과 하딩의 인터뷰를 분석하기에 앞서 비판적 사고의 정의에 대해 생각해보자.

비판적 사고란 관찰, 경험, 사고, 추론, 의사소통을 통해 수집된 정보를 역동적이고 기술적으로 개념화하고, 적용하고, 분석하고, 합성하고, 평가할 수 있도록 훈련된 정신적 절차를 뜻한다. 믿음과 행동의 기준으로 활용하기 위해서다. 가장 적절한 형태의 비판적 사고는 객관적인 요소를 포함하는 보편적인 가치를 기반으로 해야 한다. 즉 명확하고, 분명하고, 꼼꼼하며, 일관적이고, 관련성을 가지고 있어야 하며, 견고한 증거를 가지고 있어야 하고, 합리적으로 추론할 수 있어야 할 뿐 아니라 깊이, 폭, 공정성을 가지고 있어야 한다. [13]

이 점을 명심하고 다음 질문을 생각해보자.

1. CNBC의 대표적인 장수 프로그램 앵커인 조 커넌이 추세추종 기법이나 선물관리, 혹은 CTA에 대해 전혀 알지도 못하고, 이해도 못 하고 있다는 사실을 믿어야 할까? 거짓말이라면 가만두지 않겠다는 협박으로 "정말 몰랐다"는 거짓 자백을 받아낼 수는 있겠지만 사실이라고는 절대 믿을 수 없다.
2. 커넌은 추세추종 트레이더들이 고의적으로 펀더멘털 기준보

다 더 과도하게 시장을 흔들고 있다고 비난했다. 그렇다면 그
는 언제나 시장의 적정 가격을 판단할 수 있는 방법을 알고 있
다는 뜻일까?

3. 커넌은 LTCM의 붕괴와 하딩을 비교했다. 그런데 하딩이 효율
   적 시장 가설을 믿지 않는다는 사실을 알고는 있었던 걸까? 어
   떤 달에는 수익을 기록하지만, 어떤 달에는 손실을 기록하면
   서 장기적으로 막대한 수익을 벌어들이는 하딩이나 다른 추세
   추종 트레이더들의 투자 기록을 한 번이라도 본 적은 있는 걸
   까?

4. 왜 추세추종 트레이더에게 '추천 종목'을 물어본 걸까?

5. 하딩에게 이후에도 트레이더로서의 성공적인 명성을 잃지 말
   고 같은 주제로 인터뷰할 수 있기를 바란다는 말은 하딩이 언
   젠가는 LTCM의 매니저들처럼 크게 실패해 CNBC 뉴스에서
   치욕스럽게 보도되기를 바란다는 뜻일까? 인터뷰 대상이 하딩
   이 아니라 워런 버핏이었더라도 비슷한 질문을 했을까?

하지만 같은 인터뷰를 보고 다르게 생각하는 사람도 많았다.

"하딩이 데이터를 분석해 과학적으로 투자한다고 설명했을 뿐 아
니라 블랙박스처럼 모르는 부분에는 대답할 수 없다고 밝혔기 때문
에 LTCM과 비슷하다고 생각되었던 것 같다."

"커넌은 다른 사람을 골탕 먹이는 사람이다. 앵커라면 당연하다.

글렌 벡Glenn Beck이나 스티븐 콜베어Stephen Colbert 등 다른 앵커를 만났더라도 마찬가지였을 것이다."

"하딩은 추세추종 트레이더들이 세상에서 가장 똑똑하다고 대놓고 자랑한 셈이나 마찬가지다. 추세추종기법은 유용하고, 자신들이 많은 자료를 분석해왔다고 말했기 때문이다."

펀더멘털 분석에 관련된 서비스를 제공하는 한 독자는 내게 다음과 같은 내용의 이메일을 보내기도 했다.

> 커넌이 생각 없이 질문을 하기도 했고, 두서가 없었던 건 맞습니다. 하지만 하딩의 의견에 전혀 반박하지 않았습니다. 나름대로 하딩에게 허용된 시간 동안 자신의 기업이 어떻게 추세추종기법을 활용하고 있는지 설명할 수 있는 기회를 제공했습니다. 커넌은 흔히 말하듯이 어른스럽게 행동했습니다. 이제는 진지한 추세추종 트레이더들이 자신을 적극적으로 드러내야 한다고 생각합니다. 냉소적이거나 '우리는 미래를 예측하지 않아요'라는 대답이 모든 의문점을 풀어준다는 식의 태도는 이제 버려야 할 것 같아요.

하지만 여전히 의문이 가시지 않는다. 내가 모르는 무언가가 있는 것 같다. 커넌은 학술적인 지식이 없는 사람이 아니다. 그는 콜로라도대학에서 화학, 세포 및 분자생물학과 석사학위를 받았고, MIT대학에서 박사학위를 받았다. 이후 메릴린치Merrill Lynch를 비롯해 여러

> 움직이지 않으면 좀이 쑤시는 아이들이 있다. 이 아이들은 더 많은 것을 원한다. 이들에게 선택권은 없다. 반드시 이겨야 할 뿐이다.

투자은행에서 근무한 경력이 있는 투자 베테랑이다.

필자는 하딩의 팬이나 옹호자가 아니지만, 함께 연구를 진행한 적이 있다. 하딩은 연구 실적도 그렇지만 경력도 훌륭하며 지금까지 성공적인 실적을 기록해왔다. 그래서 지난 20년 동안 가장 널리 알려진 추세추종 트레이더 중 한 명이다. 이런 상황이다 보니 커넌에게 뭔가 다른 꿍꿍이가 있다고 생각할 수밖에 없었다. 그의 질문에는 분명히 하딩과 추세추종기법을 과소평가하려는 의도가 숨어 있었다. 왜 그랬을까? 솔직한 말로 인터뷰를 시작할 수 없었기 때문이다.

"CNBC는 시장이 효율적이라고 믿고 있습니다. 그래서 펀더멘털 분석을 활용합니다. CNBC는 방송국이니까 가능한 한 많은 시청자가 방송을 꼭 봐주셔야 하죠. 그런데 오늘 모신 분은 추세추종기법으로 수십억 달러의 수익을 버신 분입니다. 추세추종기법은 기본적인 분석이나 CNBC가 필요없죠. 우리 방송을 보지 않고서도 돈을 버는 방법에 대해 알아볼까요? 데이비드 하딩 씨 안녕하세요!"라고 말할 수는 없지 않은가?

커넌은 자존심 때문에 추세추종기법에 대한 토론을 객관적으로 진행할 수 없었다. 전혀 놀랍지 않은 일이다. 우리는 하딩의 인터뷰와 분석에서 배움을 얻어야 한다. 눈을 크게 뜨고 살피는 사람들에게는 돈을 벌 수 있다는 자신감을 갖는 또 다른 계기가 되어줄 것이다.

주: 앞에서는 하딩의 인터뷰를 발췌해 소개했다. 전체 인터뷰를 보고 싶은 독자들은 'http://video.cnbc.com/gallery/?video=3000015574'를 방문하길 바란다.

❶ http://reason.com/archives/2011/04/05/futurebabble.
❷ http://video.cnbc.com/gallery/?video=3000015574.
❸ 상동.
❹ 상동.
❺ 상동.
❻ 상동.
❼ 크리스 드베서바이Kris Devasabai, 〈투자 다변화 덕분에 선물관리 인기Managed Futures on the Rise as Investors Chase Diversification〉, 《헤지펀드리뷰Hedge Funds Review》, 2011년 4월 4일, http://www.hedgefundsreview.com/hedge-funds-review/feature/2035509/managed-futures-rise-investors-chase-diversification.
❽ http://video.cnbc.com/gallery/?video=3000015574.
❾ 상동.
❿ 상동.
⓫ 상동.
⓬ 상동.
⓭ http://www.criticalthinking.org/aboutCT/define_critical_thinking.cfm.

추세추종기법의
기원

바람의 방향을 바꿀 수는 없다.
하지만 배의 돛을 조정할 수는 있다.

　스티그 오스트가드Stig Ostgaard는 필자의 두 번째 책인《터틀 트레이
딩》에 소개된 터틀 중 한 명으로,《추세추종투자 전략》에 자신이 알
아낸 트레이딩의 역사를 소개해도 좋다고 동의해주었다.

　추세추종기법은 몇 년 전부터 투자 철학으로 인기를 끌기 시작했지
만, 그 기원과 역사에 대한 자료는 놀라울 정도로 적다. 그 이유 중 하
나는 20세기 이전의 정보가 거의 없기 때문이다. 불과 50년 전만 해
도 추세추종기법은 하나의 투자 철학으로 인식되지 못했다. 1950년
대 초에도, 아니 아마도 수백 년 전부터 추세추종 트레이더들은 공통

적인 투자 방식을 활용해왔다. 하지만 기본 개념이 확실히 규정되지 않았고, 심지어 이름도 제대로 붙여지지 않았다.

초기 정보가 부족한 가장 큰 이유는 '추세추종'이라는 용어 중 두 번째 단어인 '추종' 때문이다. 이 단어는 대담하고 적극적이기보다는 수동적이고 대응적인 의미를 담고 있다(인간의 본성은 특히 전자를 선호한다). 또 다른 이유는 추세추종기법이 진지하게 받아들이기엔 너무 단순한 개념이기 때문이다. 실제로 사람들은 복잡한 개념보다 단순한 개념을 받아들이는 데 더 어려움을 겪는다. 음수나 숫자 0의 개념을 생각해보자. 우리에게는 간단하지만, 우리의 조상들에게는 골칫거리였다.

하지만 이유를 막론하고 과거로부터 배운 교훈은 쉽게 받아들여진다. 과거는 당시의 참여자들이 무엇을 공개하기로 선택하는지, 역사를 기록하는 사람들이 글을 쓰기 좋은 흥밋거리로 무엇을 찾아냈는지에 따라 달라진다는 사실에는 신경 쓰지 않는다. 그래서 대니얼 드류Daniel Drew, 제이 굴드Jay Gould, 제임스 A. 패튼James A. Patten, 아서 커튼Authur Cutten 같은 '가격을 폭락시킨 장본인', '가격을 조작하는 사기꾼들', '급격한 가격 변동' 등의 이야기들에 대해서는 잘 알려져 있지만, 조용히 시장을 분석하면서 그 어떤 전설적인 투자 신화의 주인공보다 더 많은 돈을 벌어들이기도 하는 추세추종 트레이더들에 대해서는 거의 알려진 바가 없다. 그렇다고 역사가 모두 어둠 속에 가려져 있는 건 아니다. 그 속에도 자세히 들여다보면 찾아낼 수 있는 진실들이 있다.

일단 '추세추종기법'이라는 주제를 낱낱이 파헤쳐보자. 추세추종기법은 모두 똑같을까? 아니면 추세추종기법도 다양한 종류로 구성될까? 적어도 현재의 추세추종기법은 매우 다양한데, 저점 돌파breakout, 이동평균, 변동성 시스템 등을 비롯해 여러 가지 종류가 있다. 이들 모두 기본적으로는 추세추종기법이라고 할 수 있지만 세부적인 부분에서 차이를 보인다. 그것보다 추세추종기법이 보편적으로 가지고 있는 공통점은 무엇인지 알아보자. 추세추종기법의 본질은 무엇일까?

그 정의를 내리기 위해서 추세추종기법이 가진 두 가지 특성에 대해 설명하겠다. 첫째는 인간의 심리적인 면이다. 케인즈학파는 이에 대해 인간의 깊은 내면에 뿌리를 내리고 있는 '동물적 감각animal spirit'이라고 표현했다. 이런 종류의 추세추종은 단기적이며, 귀납적이고, 현실 수용적이면서, 계속 변화한다. 또한 환경적 변화를 빠르게 수용하는 방법이다. 인간의 심리는 금융뿐 아니라 음악, 예술, 옷, 세계관 등 여러 분야에서 추세를 따르려고 한다. 두 번째 특성은 첫 번째와는 전혀 다르다. 메타 레벨meta-level, 즉 인간의 외부적인 측면으로 실질적 및 심리적 원인과 결과는 일단 제쳐놓고 시장을 객관적으로 관찰하는 것이다. 시장의 변화에 따라 현명한 대응 방법을 미리 계획해놓기 위해서다. 추세추종 트레이더라면 반드시 해야 하며, 언제나 하고 있는 노력이다.

추세추종기법의 메타 레벨적인 특성은 복잡할 수도 있지만 기본적으로는 세 가지 요소로 구성된다.

첫째: 시장의 방향을 파악해 투자 포지션을 구축한다.
둘째: 시장의 방향을 파악해 투자 포지션을 유지한다.
셋째: 시장의 방향을 파악해 투자 포지션을 청산한다.

여기에 네 번째 요소로 '논리적 관계 혹은 수학적 공식을 바탕으로 위에서 말한 세 가지를 체계적으로 시행한다'를 추가할 수 있다. 하지만 필자는 이 네 번째 요소가 반드시 필요한 요구 조건은 아니라고 생각하기 때문에, 여기에서는 설명하지 않겠다. 물론 추세추종 트레이더라고 해서 반드시 객관적이기만 한 건 아니다. 추세추종 시스템에 체계적인 요소와 주관적인 요소를 조화시킬 수도 있다. 실제 투자 기법에 자신만의 주관적인 요소를 포함시키는 추세추종 트레이더들도 있는 것으로 알고 있다. 여기에서는 시스템적인 부분을 중점적으로 소개하겠다.

다시 말하지만, 추세추종기법 시스템의 특징은 간단하게 설명할 수 있다. 일반적으로(예외가 아예 없는 건 아니다) 추세추종기법의 시스템은 가격의 변동만을 고려한다. 기본적인 생각은 이렇다. 만약 시장의 가격이 특정 방향으로 이례적인 움직임을 나타낸다면, 곧 같은 방향으로 완만한 변화가 지속될 가능성이 있다. 그리고 이렇게 시작된 가격의 변화가 완만한 수준으로 계속 이뤄진다면, 이후 상당한 기간 동안 추세는 지속되고 덕분에 수익을 올릴 수 있다. 물론 추세추종기법의 시나리오가 어떤 상황에서든 100% 들어맞는 건 아니다. 하지만 장기적으로 투자 수익을 벌어들일 수 있을 만큼은 자주, 그리고 충분히 들어맞는다.

추세추종기법이 인간의 본성과 동떨어지지 않은 투자 방법이기 때문에, 최초의 추세추종 트레이더가 누구인지는 알 수 없다. 누가 시작했는지는 모르지만, 확실히 오래전에 시작된 것은 맞다. 추세추종기법이 완전히 자리 잡은 건 아니지만 그 특성이 관찰되기 시작한 건 오래전부터이기 때문이다. 특히 앞에서 언급한 투자 포지션 구축, 유지, 청산의 세 가지 요소는 꽤나 오랜 전통을 가지고 있다. 과거의 투기자들 중 상당수는 자신이 투자 포지션을 가능한 한 오래 유지하는 전략을 활용한다고 대답했다. 즉 가능한 추세를 활용한다는 뜻이다.

경제학자이자 트레이더인 데이비드 리카도David Ricardo를 예로 들어보자. 그는 1790년대부터 1818년까지 영국 런던 시장을 주름 잡던 투기자로 당시 영국의 채권인 콘솔채권consol과 주식에 대량으로 투기해 막대한 부를 축적했고, 덕분에 평생의 관심사였던 경제학에 집중할 수 있는 여유가 있었다. 리카도의 정확한 투기 방법은 알려지지 않았지만 그가 남긴 유명한 투자 격언을 보면 대강 짐작이 간다. "손실은 빨리 정리하고 수익은 그냥 놔두어라"❶라는 말이다.

훌륭한 조언이다. 지금까지도 잊히지 않고 자주 회자될 정도다. 물론 자세한 설명이 담겨 있는 건 아니다. 어떻게 손실을 정리해야 하는지, 수익은 어떻게 해야 그냥 놔두는 건지 언급하지 않았다. '손실을 빨리 정리하라'면서 투자 포지션을 청산하는 것만 이야기할 뿐, 어떻게 투자를 시작해야 하는지에 대해서는 전혀 언급하지 않았다. 하지만 "수익은 그냥 놔두어라"라는 부분에는 추세추종기법의 철학이 그대로 반영되어 있다. 자신이 제대로 매매하고 있는 한, 그만두지 말라는 뜻이다.

두 번째는 100년 후 미국 시카고 선물거래소에서 곡물 트레이더로 유명세를 떨친 아서 W. 커튼이 남긴 말이다. "내가 성공할 수 있었던 것은 수익이 쌓이는 동안 투자 포지션을 유지한 덕분이다. 이것이 바로 성공의 비밀이다. 앞으로 얻을 수 있는 수익을 노려라."❷ 커튼은 또 "추세와 함께하라"는 말을 남기기도 했다.

세 번째이자 마지막으로 제시 리버모어Jesse Livermore를 소개하겠다. 추세추종의 역사에서 매우 중요한 인물로, 이후 더 자세하게 설명하게 될 것이다. 리버모어는 "개별적인 종목이 변동성을 보일 때가 아니라 시장이 전반적으로 움직일 때 큰 수익을 얻을 수 있다. 티커테이프를 읽기보다는 전체 시장과 그 추세를 파악하려고 노력해야 시장의 움직임을 알 수 있다"❸라는 명언을 남겼다.

리버모어의 명언은 에드윈 르페브르Edwin Lefevre가 집필한《어느 주식투자자의 회상Reminiscences of a Stock Operator》에 소개되어 있다. 이 책은 1922년부터 1923년까지《새터데이 이브닝 포스트Saturday Evening

Post》에 연재된 기사를 편집해 만든 것으로, 몇 번이나 출간된 투자의 고전이다. 책 속 주인공의 이름은 래리 리빙스톤Larry Livingston이지만, 여러 정보를 종합해보았을 때 르페브르가 리버모어를 모델로 해서 쓴 책이라는 게 중론이다. 리버모어의 명언은 그가 주식중개소에서 우연히 알게 된 '나이가 지긋한 패트리지Patridge'라는 사람이 "지금은 강세장이잖아. 알지?"라고 말하는 것을 듣고 자신에게 맞게 해석한 것이었다. 패트리지의 말은 수익을 너무 빨리 실현하는 사람들에 대한 충고로 종종 사용되곤 하는데, 누구나 충고를 잘 받아들이지는 않았다. 하지만 리버모어는 패트리지의 말을 듣고 고심해서 자신의 트레이딩 스타일을 크게 바꾸었고, 적어도 그가 성공가도를 달리는 동안에는 자신이 남긴 말대로 매매를 해나갔다. 한편 패트리지라는 인물은 완전히 베일에 싸여 있다. 사람들은 그에 대해 더 알고 싶어 하지만, 그가 어떻게 투자 포지션을 구축하고 청산했는지에 관해서는 아무도 모른다.

19세기 이전까지 투기는 주로 엘리트 집단과 절반쯤은 엘리트라고 할 수 있는 초기 추세추종 트레이더들의 전유물이었다. 일반 대중이 나름대로 추세추종기법의 개념을 활용하기 시작한 건 '시장의 거품'이 금융시장에 출몰해 공포를 촉발했다 사라지기를 거듭한 때부터다.

이후 반세기 동안, 그리고 그 이후 시장 참여자들의 수가 크게 증가하면서 투자의 사고 방식과 절차에 근본적인 변화가 생겨났다. 윌리엄 파울러William Fowler는《월스트리트의 10년Ten Years in Wall Street》(1870

년에 출판되었다)에서 1862년이 관건이었다고 적었다. "전 세계적으로 굉장한 투기의 시대가 시작되었고, 미국 정부는 수백만 달러를 찍어 냈다."❹

확실히 이 시기 주가와 원자재 가격은 놀라운 변화를 나타냈다. 앞에서 언급했듯이 과도한 곡물 가격 변동과 1869년의 금 매집, 철도주들의 주기적인 가격 상승 등이 나타났다.

파울러의 지식이 중요한 이유는 그가 단순히 작가가 아니라 시장 참여자라는 데 있다. 그는 당시 유명 트레이더들을 개인적으로 알고 있었고, 다양한 시장의 가격 변동에 직접적으로 관계되어 있었다. 그래서 이 중요한 시기의 투기와 시장의 활동에 대해 다양하고 의미 있는 사례들을 소개할 수 있었다.

하지만 이들 작가 중 누구도 시스템을 활용하는 추세추종기법에 대해서는 기록하지 않았다. 다만 파울러가 팻 헌Pat Hearne이라는 투자자를 언급했는데, 그는 주식이 1% 상승할 때마다 투자 포지션을 늘리고, 1% 하락하면 완전히 투자 포지션을 청산했다고 한다. ❺

헨리 클루스Henry Clews는 《월스트리트에서의 28년Twenty-eight Years in Wall Street》에서 젊은 트레이더들에게 연로해 은퇴한 트레이더들을 닮아야 한다고 충고하면서 초기 형태의 추세추종기법을 제안했다. 이들은 오랜 기간 축적된 경험과 현명함을 바탕으로 시장에서 일어나는 소동에 개의치 않으며, 집 안에 거의 틀어박혀 지내다가 시장이 행복감에 빠져 있을 때 나타나 매도하고 시장이 공포에 물들어갈 때는 매수한다고 설명했다. "젊은 투기자들은 노인들이 월가를 방문할 때를 살펴야 한다. 이들이 매수할 때를 살펴라. 그러면 반드시 수익을 얻게 될 것이다."❻

나쁘지 않은 충고다. 하지만 그보다 더 복잡한 문제가 있다. 시장을 움직이는 건 "연로한 노인들"이 아니라 '세력'과 '매집'이라는 사실이다. 대체 언제 세력은 매수를 시작하는 걸까? 반대로 언제 매도를 시작하는 걸까? 펀더멘털로는 이런 의문의 해답을 찾을 수 없었다. 혹여 찾을 수 있더라도 일반 소액 투자자들은 접근하기 힘든 경우가 대다수였다. 신문으로 정보를 얻을 수 있지만 보도된 기사 내용이 진실인지 판단할 수 있을까? 의도적인 거짓 정보는 아니더라도, 막대한 자금을 가지고 있는 투기자들이 자신의 의도를 쉽게 알려주지는 않을 것이다. 이들은 오히려 자신들의 매수와 매도를 숨기려고 한다. 그래서 소액 트레이더들은 기술적인 방법으로 답을 찾아야 한다. 누군가의 매수 및 매도를 최대한 살피고, 주가의 변동과 폭을 관찰하면 답을 얻을 수 있다. 추세추종기법을 비롯해 기술적으로 트레이딩에 접근해야 하는 이유는 자신의 의도와 상관없는 필요조건이다.

19세기에는 투기 행위가 만연했지만, 관련 이론은 거의 정립되지 않은 상태였다. 당시에는 시장에서 한 발짝 물러나, 객관적인 시각으로 며칠 동안, 몇 달 동안, 몇 년 동안 가격의 변동과 폭을 살피는 접근 방법이 요구됐다. 가격이 상승하고 하락하는 데 중요한 패턴이 숨어 있을까? 패턴에 대한 지식이 시장에서 트레이딩을 하는 데 기준이 될 수 있을까? 실제 추세추종 모델을 뒷받침하는 구조적 및 체계적 이론이 있을까?

실제로, 19세기가 끝날 무렵이 되자 비록 완전하지는 않지만 추세추종기법의 모델이 만들어지기 시작했다. 찰스 다우Charles H. Dow가 만든 다우 이론Dow Theory이라는 모델인데, 1899년부터 1902년까지 《월스트리트 저널》에 연재되기도 했다. 이 모델은 1903년부터 1929년까지는 윌리엄 해밀턴William Hamilton에 의해 더욱 발전되었고, 1932년 로버트 레아Robert Rhea에 의해 다듬어졌다. 다우 이론은 신고가가 계속 경신되는 기간을 강세장으로, 신저가가 지속적으로 경신되는 구간을 약세장으로 정의했으며, 신고가를 경신할 때 매수하고, 신저가를 경신할 때 매도하라는 추세추종기법의 초석을 마련했다. 물론 확인confirmation, 거래총액 등 더 많은 규칙이 있지만, 기본 원칙은 앞에서 설명한 대로다(물론 이런 투자 방법은 개별적인 주식이나 원자재, "평균"에 모두 적용 가능하다).

필자는 다우 이론이 객관적인 추세추종기법의 가장 초기적인 형태라고 생각한다. 적어도 중요한 고가와 저가를 구성하는 요소를 판단하고 있을 뿐 아니라, 추세를 쫓기 위해 요구되는 진입 및 청산 시점을 명확하게 규정하고 있기 때문이다. 게다가 다우 이론은 일반화할 수도 있고, 변수를 적용할 수도 있다. 다시 말해 다양한 브레이크아웃, 이동평균, 기타 변수에 활용 가능하다. 다우 이론은 추세추종기법의 할아버지 격이라고 할 수 있다. 이후의 투자 기법들은 모두 다우 이론을 단순히 개선시킨 데 불과하다고 말해도 무방할 정도다.

　다우 이론은 아주 수학적이지는 않았다. 단지 시장의 방향을 판단하기 위해 현재 및 과거의 가격을 논리적으로 관찰했을 뿐이다. 수학적인 부분이 결여된 이유는 컴퓨터가 개발되기에 훨씬 앞서 만들어진 이론이기 때문으로, 전혀 놀라운 일이 아니다. 다우 이론의 초기 파생 이론들이 실측 및 구조적인 분석을 지속한 것 역시 놀랍지 않다. 일례로 로버트 프레처Robert Prechter는 R. N. 엘리엇R. N. Elliott의 파동이론이 다우 이론을 기초로 개발되었다고 언급했다. ❼ 리처드 W. 스커베커Richard W. Schabacker, 로버트 D. 에드워즈Robert D. Edwards, 존 마지John Magee 역시 자신들의 이론을 개발하는 데 있어서 다우 이론이 중요한 역할을 했다고 인정했다. 에드워즈와 마지가 공동집필한 《주식시장에서 발생하는 추세에 관한 기술적 분석Technical Analysis of Stock Trends》에서는 장장 세 개 장에 걸쳐 다우 이론을 자세하게 설명하기도 했다.

　1948년에 출판된 《주식시장에서 발생하는 추세에 관한 기술적 분석》은 1932년에 출판된 스커베커의 《기술적 분석과 주식투자수익 Technical Analysis and Stock Market Profits》, 1935년에 해럴드 M. 가틀리 Harold M. Gartley가 쓴 《주식투자수익Profits in the Stock Market》과 함께 추세추종기법의 기틀을 마련했다. 이 세 권의 책에는 깃발형flag, 패넌트형Pennant, 삼각형triangle, 머리어깨형head-and-shoulder 등 기술적 패턴이 중점적으로 설명되어 있기도 하지만, 무엇보다 추세가 시작, 지속, 끝나는 신호를 알아내기 위해 패턴을 구분한다는 점에서 특히 추세추종기법과의 연관성을 확인할 수 있다. 에드워즈는 자신의 책에서 "상방 혹은 하방 추세를 활용하고, 추세가 꺾이기 전까지 쫓아야 수익을 얻을 수 있다"고 설명했다. [8]

이처럼 '추세'와 '추종'이란 단어에는 추세추종기법의 다양한 요소를 아우르는 전반적인 철학이 담겨 있다.

그다음으로 독자들에게 소개할 책은 1923년 출판된 윌리엄 D. 갠 William D. Gann의 《차트로 주식 투자하는 법Truth of the Stock Tape》로, 역시 추세의 중요성을 강조한 책이다. 그중 한 구절을 소개하면 이렇다. "돈을 벌기 위한 방법은 추세를 판단하고 따르는 것이다." [9] 《차트로 주식 투자하는 법》뿐 아니라 이후 갠이 집필한 책들은 시장의 추세에 따라 매매하는 방법을 중점적으로 다루고 있다. 하지만 그 후 갠은 비책과 점성술로 유명세를 얻었기 때문에 일부 독자들에게는 《차트로 주식 투자하는 법》이 철저하게 추세추종기법에 관한 책이라는 사실이 믿기지 않을 수도 있을 것이다.

세 번째로 소개할 책은 1910년에 출판된 리처드 D. 와이코프Richard D. Wyckoff의 《티커테이프 연구Studies in Tape Reading》다. 특히 와이코프가 "플로어 트레이딩의 왕자"라는 제이콥 필드Jacob Field를 설명하면서 "추세를 추종하다"라는 표현을 사용한 점이 주목할 만하다. 하지만 추세추종기법의 철학이나 자세한 방법에 대한 설명은 빠져 있다. [10] 하지만 몇 년 후 와이코프는 〈추세 보고서Trend Letter〉라는 제목의 신문을 발행하기 시작하면서 더욱 확실하게 추세추종기법 쪽으로 기울어진다. 이후 "소액 트레이더는 히치하이커"❶라면서 추세추종에 관한 흥미로운 비유를 들었는데, 역시 같은 맥락으로 볼 수 있다. 하지만 그는 주식시장에서 수익을 내기 위해 차트를 활용하는 데만큼은 회의적이었다.

"도표 및 여타 차트를 가지고 돈을 벌 수 있다고 생각하는 사람들은 친구에게 차트를 몇 개 준비해달라고 부탁하자. 단 어떤 주식인지 언제 차트인지는 말하지 말아달라고 부탁한다. 그다음은 종이에 꼭 지켜야 할 투자 규칙을 적는다. 대강 추측하는 일이 없도록 하기 위해서다. 차트를 보면 상황마다 특정 행동이 요구될 텐데, 이때 예외를 인정해서는 안 된다. 준비가 끝났으면 종이로 차트의 시작 부분만 빼고 모두 가린다. 그다음 종이를 천천히 오른쪽으로 움직이면서 자신의 투자 방법을 확인해본다. 정말 트레이딩을 하는 것처럼 주문을 넣고 투자 방법을 어떻게 실행했는지 기록한다. 기록된 것처럼 투자했다면 어땠을지 계산한 다음 손실이 얼마인지 살펴보자."❷

와이코프가 제안한 방법은 지금도 일상적으로 활용되고 있다. 하지만 요즘에는 컴퓨터가 있기 때문에 수백만 개의 테스트를 와이코프가 놀랄 정도의 속도로 해낼 수 있다. 와이코프는 이후 차트에 대해 생각을 바꾸었을까? 아마 그런 것 같다. 몇 년이 지난 후 그는 차트를 이용해 추세선trendline(그의 표현을 빌리면 공급선과 수요선)을 그려보고, 이들이 고점 혹은 저점에 연결되는지 확인하기 시작했다.

다시 투자 방법에 대한 설명으로 돌아가 이번에는 제시 리버모어에 대해 이야기해보자. 리버모어는 르페브르의 책과 자신이 1940년에 집필한 《주식 매매하는 법How to Trade in Stocks》을 통해 자신만의 투자 방법을 소개했다. 리버모어의 초기 매매 형태는 부분적으로 추세추종기법의 특성을 띠고 있는데, 시장이 자신의 투자 포지션과 같은 방향대로 움직이면 투자를 늘리고, 그 반대이면 투자 포지션을 청산했다(기본적으로는 1981년 딕슨 와츠Dickson Watts가 제시한 투자 조언과 동일하다). 그는 또한 브레이크아웃을 활용하는 트레이더였다. 그래서 주가가 두 개 지점을 왕복하다가 어느 순간 매도 및 매수세가 강해지면 "이전에 존재했던 장벽이 무너졌다"고 생각했다. [13]

리버모어는 브레이크아웃을 '최소저항선'으로 정의했다. 그래서 "가격의 최소저항선이 형성되면 나는 그것을 따른다"고 설명했다. [14]

1940년 리버모어는 더 분명하게 추세추종 트레이더의 특성을 보이기 시작했다. 《주식매매하는 법》에서 그는 추세를 인식하고 분석해 매수 혹은 매도 신호로 활용해야 한다고 주장했다. 심지어 정확하게 "추세를 따르다"라는 표현을 쓰기도 했다. "많은 사람이 나의 트레이딩 방식을 보고 놀랄지도 모르겠다. 내 기록을 보면 상승세가 지속되곤 하다. 그래서 나는 주가가 일반적인 움직임을 보이다가 새로운 고점을 돌파하면 매수한다. 매도할 때도 마찬가지다. 왜냐고? 내가 추세에 따라 매매하기 때문이다. 나는 기록을 바탕으로 트레이딩을 지속하고 있다!" [15]

필자는 리버모어가 "추세를 따른다"고 정확하게 현재형으로 표현한 점이 개념상 매우 중요하다고 생각한다(물론 그 외에도 중요한 개념은 많다). 추세추종이 지속적인 활동이라는 점을 강조한 결과로 보이기 때문이다.

리버모어가 가진 투자 철학의 중심은 '피버탈 포인트pivotal point' 즉 상승 및 하락의 중간 단계에서 나타나는 고가 및 저가였다. 리버모어의 '피버탈 포인트'는 다우 이론에서 본 중간 단계의 고가 및 저가, 그리고 에드워즈와 마지가 설명한 '베이스 포인트basing point'와 부분적으로 일치한다. 리버모어는 투자 포지션에 대한 구축 및 청산 신호역시 피버탈 포인트를 기준으로 인식했는데, 일례로 주가가 30달러 이상인 종목의 경우 랠리의 종류와 반응에 따라 피버탈 포인트에서 3~6포인트를 구축 및 청산 신호라고 생각했다. 그래서 리버모어의 공식은 정확하게 브레이크아웃이나 추세선 시스템이라기보다는 일반적으로 활용되는 것보다 약간 복잡한 '필터 룰filter rule'*로 봐야 한다. 변수는 자의적으로 활용되었는데, 숙련된 트레이더인 리버모어는 풍부한 경험을 바탕으로 변수를 선택했다. 지금은 컴퓨터를 활용해 최적의 변수를 짧은 시간 내에 구할 수 있다.

리버모어의 투자 방식은 확실히 매력적이지만 차트를 활용했다면

---

* 가격이 가장 최근의 최고 수준으로 일정 정도 이상 상승하면 매입하고, 가장 최근의 최고 수준의 일정 정도 이상 하락하면 매도하는 것─역주

더 이해하기 쉽고, 더 나은 결과를 얻지 않았을까 싶다. 하지만 그는 차트를 신뢰하지 않았다. 그는 "개인적으로 차트에 전혀 매력을 느끼지 못하겠다. 차트는 너무 혼란스럽다"[16]고 생각했다.

에드워즈, 마지, 리버모어뿐 아니라 1930년대와 1940년대의 트레이더들 역시 추세추종기법과 관련된 이론과 증거들을 개선시켰다. 그중 가장 흥미로운 사례 중 하나로 1937년에 실시된 콜스경제조사위원회Cowles Commission for Economic Research(현재의 예일대학 콜스경제연구재단Cowles Foundation at Yale University)의 연구를 들 수 있다. 위원회를 설립한 알프레드 콜스Alfred Cowles Ⅲ와 허버트 E. 존스Herbert E. Jones가 공동집필했으며, 20분부터 7개월까지 다양한 기간 동안 주가가 지속적으로 등락할 가능성을 조사한 연구였다. 결론은 '그렇다'는 것이다. 연구 결과 시장은 한동안 같은 방향을 지속하는 경향이 있는 것으로 나타났다. 간단히 말하자면 연속적인 상관관계가 존재했는데, 적어도 특정 기간에서 다음 기간까지 추세가 지속된다는 사실을 발견할 수 있었다. 이는 현재 추세추종기법이라고 불리는 트레이딩 기술 활용을 정당화해주는 증거였다. 콜스와 존스는 연구 결과를 다음과 같이 정리했다.

"주가의 구조에 관한 증거는 예측과 관련해 많은 가능성을 내포하고 있다. 유명 금융 저널들에 소개된 것처럼 다우 이론 신봉자들을 포함해 전문 투기자들은 '시장의 물결과 함께 헤엄쳐야 유리하다'는 원칙을 바탕으로 다양한 시스템을 적용해왔다."[17]

1949년 《포춘》에 알프레드 윈슬로 존스Alfred Winslow Jones(그렇다. 헤지펀드의 개념을 처음 개발했고, 최초의 헤지펀드를 만든 바로 이 사람이다)가 〈주가 예측의 방식Fashions in Forecasting〉이라는 제목으로 게재한 논설 역시 주목할 만한 가치가 있다. 기사에서 존스는 당시 활용되던 다양한 주가 예측 기술들을 분석했는데, 여기에는 맨스필드 밀Mansfield Mill의 매수 및 매도 곡선, 다우 이론, 기타 추세추종기법의 특성을 가진 방법들이 포함되었다. 추세추종기법에 관해 존스는 "심리적인 추세에 모멘텀을 존재한다는 사실은 부정할 수 없다"라고 평가했다. 존스의 설명은 조지 소로스George Soros의 '재귀성reflexivity'*과 비슷했다.

그래서 주식시장의 변화는 비현실적인 낙관주의와 비관주의의 영향을 받게 된다. 그러면 가격의 추세는 중심 가치보다 크게 하락하거나 넘게 된다. 이후 이익 실현이나 주식을 싸게 매수하려는 투자자들에 의해 수요와 공급의 힘이 다시 변화하게 되고, 그러면 시장의 추는 반대로 움직여 또다시 합리적인 가치를 벗어나게 된다. 따라서 일단 추세가 상당한 수준으로 꺾인 다음에는(다우 이론으로 판단한 정도나 혹은 이동평균 및 추세선을 벗어난 정도) 새로운 추세가 추종할 가치가 있을 만큼 충분히 지속되는지 고려할 필요가 있다. ⓭

---

* 시장 참여자들이 갖고 있는 정보는 한계가 있기 때문에 이들의 편견이 시장의 가격에 영향을 미치게 된다는 이론—역주

특히 존스가 '추세추종 트레이더'와 '추세추종'이라는 단어를 모두 사용한 점이 눈에 띈다. 하지만 현재 사용되는 것과는 약간 의미가 다른데, 일례로 "밀스Mills와 로리Lowry는 여전히 추세추종 도구를 활용하는데, 여기에는 장점도 있지만 한계도 많다"고 설명해 '추세추종'이 아니라 '추세에 뒤처진다'는 의미로 이해한 것으로 보인다. 추세가 이미 시작된 후 이동평균이 크게 상승한 다음에야 추세가 파악된다는 식으로 생각했던 것이다. 이처럼 '추세추종'이라는 용어가 사용되긴 했지만 개념이 확실히 잡힌 건 아니어서 지금처럼 '현재의 추세를 따르는 투자 방식'의 의미는 아니었다.

'추세추종'이라는 용어의 정확한 의미를 최초로 짚어낸 사람은 1950년대 트레이더이자 기술적 분석가이며 캘리포니아 팔로 알토에서 비즈니스 사이클에 관한 책을 쓰는 작가로 활동했던 윌리엄 더니건William Dunnigan으로 봐야 한다. 그는 1930년 학술서인 《주가의 월별 변화에 관한 예측Forecasting the Monthly Movement of Stock Prices》을 시작으로 기술적 분석에 관한 다양한 책을 집필했다. 1934년 구식 인쇄기인 등사기로 출판된 《추세와 함께 트레이딩하라Trading With the Trend》도 그중 하나다. 더니건의 대표작은 1950년대에 출판된 책들로 봐야 한다.

더니건은 '단타 치기'와 '일방적인 투자 방법'으로 더 잘 알려져 있지만, 사실 시장 전반에 대해 폭 넓은 이해를 가지고 있었다. 또 새로운 용어를 만들어내는 데도 재주가 있었다. 예를 들면, '덫을 예측하기trap forecasting(시장을 잡을 덫을 놓는 것과 같다고 해서 붙여진 이름이다)'와

'지속적인 예측하기continuous forecasting' 등의 말을 만들어 수익을 빨리 실현하기 위한 매매와 기간을 정해놓지 않고 매일 시장의 변화를 관찰해 청산 시점을 잡기 위한 매매를 구분했다. 더니건의 아이디어에서 '추세추종'의 개념이 발전한 것은 어렵지 않게 추측할 수 있는 일이다. 만약 특정 시점에 시장이 '덫에 갇혀 있다가' 특정 방향으로 움직인다면, 즉 브레이크아웃으로 저점을 돌파한다면(신호가 발생한 것이다) 다음 '덫'에 걸릴 때까지 같은 방향으로 지속적으로 움직일 거라는 '지속적 예측'의 신호로 볼 수 있기 때문이다. 그렇다면 더니건의 모델에서 '예측하기' 부분이 군이 필요할까? 예측이라기보다는 시장이 다음 '덫'에 빠지는지 지켜보다가 그에 따라 행동하면 되는 것 아닐까? 더니건은 1954년《주식과 곡물투자 수익을 위한 새로운 청사진 New Blueprints for Gains in Stocks and Grains》에서 드디어 추세추종기법이 가진 투자 철학의 초기 아이디어를 제시했다.

우리는 '예측'을 오늘 하루 동안 추세의 방향을 측정하고, 해당 추세가 관성의 법칙Law of Inertia(혹은 모멘텀)을 지키면서 한동안 지속될지의 가능성을 확신하는 절차로 인식해야 한다. 추세추종은 마법사의 소매가 긴 옷을 입고 수정 구슬을 들여다보는 것을 요구하지 않는다. [19]

그리고 또 이렇게 설명했다.

오늘 하루 동안의 추세를 쫓으면 경제적 이익을 얻을 수 있다는 사실을 믿어보자. 일별, 주별, 월별 통계가 증명하고 있는 사실이다. 이때 기업이 더 성장할지, 파산할지에 대해 미리 고정관념을 갖지 않아야 한다. 다우존스가 500이 될지 50이 될지에 대해서도 마찬가지다. 단순히 앞으로의 항로를 정하고, 강한 바람이 부는 대로 배를 조종해나가면 된다. 경제의 날씨가 변화하면 다시 항로를 바꾸면 된다. 미래를 예측하거나 바람이 어떻게 불지 미리 알려고 하지 말자. [20]

요즘에는 더니건의 연구가 과소평가되는 경향이 있는데, 당시에는 다수의 경제학자들 사이에서도 상당한 인정을 받았다. 예를 들어, 엘머 클라크 브랫Elmer Clark Bratt은 당시 최고의 경제학 교과서로 손꼽힌 《비즈니스 사이클과 예측Business Cycles and Forecasting》에서 더니건을 "추세와 함께 트레이딩하고 있다"고 언급했다.

특정 기간 동안 주식시장의 움직임이 얼마나 지속될지는 알 수 없다. 따라서 언제 랠리 혹은 주식시장의 반응이 시작될지 알 순 없다. 더니건의 '추세와 함께 트레이딩'하는 방법이 주식시장의 예측과 관련해 우리가 얻을 수 있는 가장 중요한 원칙이다. [21]

그다음으로 소개할 추세추종기법의 개척자는 그나마 일반적으로 많이 알려져 있는 리처드 돈치안Richard Donchian이다. 그는 1957년《올해의 원자재 시장Commodity Yearbook》에 〈원자재 가격 분석에 있어서 추세추종기법Trend-Following Methods in Commodity Price Analysis〉이라는 제목의 글을 게재했다. 돈치안의 글은 자신감이 넘쳤고 또 명확했다. 그래서 그가 자신의 투자 원칙, 그중에서도 특히 추세추종기법의 실례로 소개한 '이동평균 활용'이나 '스윙 트레이딩swing trading'에 대해 오랜 기간에 걸쳐 자세한 지식을 쌓아왔다는 사실을 짐작할 수 있다. 더니건과 마찬가지로 돈치안 역시 트레이딩 시스템뿐 아니라 그 이면에 숨어 있는 투자 철학에 대해 설명했는데, 지금 시장에서도 충분히 활용 가능한 것이다.

훌륭한 추세추종 투자 방법들은 롱 포지션 및 숏 포지션 등 모든 투자 포지션에서 손실은 자동적으로 제한하고, 수익은 제한하지 않는 것이다. 일단 시작된 추세가 갑자기 방향을 바꿀 때는 전환점 직전의 아주 높거나 낮지 않은 지점에서 추세가 반대로 움직이기 시작했다는 증거가 있다. 이때 원래의 추세와 같은 방향으로 유지하고 있던 투자 포지션은 전환하거나 적어도 청산해야 손실을 제한할 수 있다. 하지만 수익은 제한하지 않도록 한다. 일단 시작된 추세는 확실한 전환의 증거가 없을 경우 한동안 지속되기 때문이다. 추세추종 원칙은 추세가 지속되는 한 투자 포지션을 유지할 것을 요구한다. ㉒

대부분의 트레이더가 그렇듯이 돈치안은 추세추종에 관한 책을 쓰는 것 외에도 많은 일을 했는데, 주식중개인이자 분석가, 트레이더였다. 하지만 무엇보다 눈에 띄는 경력은 1948년 이동평균을 활용하는 최초의 공식적 선물관리펀드인 퓨처스Futures, Inc.를 설립한 것이다. ❷❸

1960년 돈치안은 원자재 투자와 관련해《추세의 타이밍Trend Timing》이라는 주간지를 발행하기 시작했다. 돈치안의 추세추종 시스템으로 알려진 5~20일 이동평균을 기준으로 다양한 내용이 담겨 있기 때문에 그가 수십 년에 걸쳐 기록한 실적 자료인 셈이다. 뿐만 아니라 돈치안은 지금은 일반화된 포트폴리오 다변화 아이디어를 만들어낸 개척자이기도 하다.

> 내가 원자재 투자를 시작했을 때, 그 어느 누구도 다변화에 관심을 갖지 않았다. 코코아 투자자, 면화 투자자, 곡물 투자자는 모두 별개의 사람들이었다. 나는 원자재 시장을 통째로 보기 시작한 최초의 사람이다. 전에는 그 누구도 전체 그림을 보지 않았으며, 손실을 제한하고 추세를 따르기 위한 방법으로 다변화를 생각하지 못했다. ❷❹

더니건과 돈치안의 이야기는 여기까지다. 이들이 최초의 추세추종 트레이더는 아니다. 물론 절대 마지막 추세추종 트레이더도 아니다. 하지만 추세추종의 역사에서 분수령이 되었던 사람들이라는 사실은 분명하다. 더니건과 돈치안 이전에도 기본적으로는 추세추종기법의 특성을 지닌 아이디어들이 존재했다. 하지만 모두 걸음마 단계에 불과했다. 이들은 전반적으로 불완전했고, 자신들의 기본적인 철학을 정확하게 설명하지도 못했다. 더니건과 돈치안은 정확하게 자신들의 투자 철학을 설명하고 추세추종이라는 용어까지 언급했다. 덕분에 추세추종기법의 초석이 다져질 수 있었다. 물론 이후에도 추세추종의 역사는 계속되었다. 하지만 여기까지만 해도 충분하다고 생각해 추세추종의 기원에 대한 설명은 이만 마치려고 한다. 마지막으로, 우리 모두는 인식하든 그렇지 못하든 추세추종기법 개척자들의 영향을 받고 있다고 해도 과언이 아니라는 말을 하고 싶다.

철학에서는 인생을 거꾸로 이해하라고 한다. 맞는 말 같다. 그런데 또 인생은 앞을 보면서 사는 거라고 한다. 결국 생각하면 생각할수록 인생은 절대 이해할 수 없다는 결론을 얻게 된다. 스스로를 가만히 반추해볼 수 있을 만큼 완벽하게 고요한 순간은 없기 때문이다. [@]

스티그 오스트가드가 쓴 〈추세추종기법의 본질과 기원에 대하여On the Nature and Orogins of Trend Following〉의 전문을 읽고 싶은 독자들은 'www.trendfollowing.com/resource.html'을 참고하길 바란다.

❶ 제임스 그란트James Grant, 《위대한 메트로폴리스The Great Metropolis》 2권(런던, 1837년).

❷ 아서 커튼, 〈투기자 이야기The Story of a Speculator〉, 《새터데이 이브닝 포스트Saturday Evening Post》, 1932년 12월 3일.

❸ 에드윈 르페브르, 《어느 주식투자자의 회상》, 이레미디어, 2010년.

❹ 상동.

❺ 상동.

❻ 헨리 클루스, 《월스트리트에서의 28년》, 어빙 퍼블리싱Irving Publishing, 1888년.

❼ 로버트 프레처, 《엘리엇의 업적(가장 뛰어난 결과물 모음집)R.N. Elliott's Masterworks: The Definitive Collection》, 뉴 클래식 라이브러리New Classics Library, 1994년.

❽ 로버트 에드워즈와 존 마지, 《주식시장에서 발생하는 추세에 관한 기술적 분석 Technical Analysis of Stock Trends》, 1966년.

❾ 윌리엄 D. 갠, 《차트로 주식 투자하는 법》, 이레미디어, 2007년.

❿ 리처드 D. 와이코프, 《티커테이프 연구》, 파이낸셜 가디언 퍼블리싱 컴퍼니Financial Guardian Publishing Company, 1924년.

⓫ 리처드 D. 와이코프, 《주식투자의 기술》2, 프레이셔 퍼블리싱 컴퍼니Fraser Publishing Company, 1989년.

⓬ 리처드 D. 와이코프, 《티커테이프 연구》.

⓭ 에드윈 르페브르, 《어느 주식투자자의 회상》, 이레미디어, 2010년.

⓮ 상동.

⓯ 제시 L. 리버모어, 《주식 매매하는 법》, 이레미디어, 2007년.

⓰ 상동.

⓱ 알프레드 콜스와 허버트 E. 존스, 〈주식시장의 변동에 대한 귀납적 추론 가능성Some a Posteriori Probabilities in Stock Market Actions〉, 《이코노메트리카Econometrica》, 1937년 7월.

⓲ 알프레드 윈슬로 존스, 〈주가 예측의 방식Fashions in Forecasting〉, 《포춘》, 1949년 3월.

⓳ 윌리엄 더니건, 《주식과 곡물투자 수익을 위한 새로운 청사진》, 해리먼 하우스 리미티드Harriman House Limited, 2005년, 1954년과 1956년 개정판.

⓴ 상동.

㉑ 엘머 클라크 브랫, 《비즈니스 사이클과 예측》, 리처드 D. 어윈Richard D. Irwin Inc., 1953년.

㉒ 리처드 D. 돈치안, 〈원자재 가격 분석에서의 추세추종기법Trend-Following Methods in Commodity Price Analysis〉, 《코모디티 이어 북Commodity Year Book》, 1957년.

㉓ 윌리엄 볼드윈William Baldwin, 〈부자에게 박수를Rugs to Riches〉, 《포브스》, 1982년 3월 1일.

㉔ 대럴 잡맨Darrell Jobman, 〈추세추종기법의 개척자 리처드 돈치안Richard Donchian: Pioneer of Trend-Trading〉, 《코모디티스Commodities》, 1980년 9월.

㉕ 쇠렌 키르케고르Soren Kierkegaard.

커닝페이퍼

칼 세이건은 믿고 싶어 하지 않았다. 다만 알고 싶어 했다.

세스 고딘Seth Godin은 이렇게 말했다. "골프는 안전하지 않다. 우리 할아버지는 골프를 치다가 돌아가셨다. 목소리를 높여 자신의 주장을 외치는 것도 안전하지 않다. 다른 사람들이 상처 받을 수 있기 때문이다. 혁신은 안전하지 않다. 실패할 수도 있지 않은가? 그래서 혁신은 오히려 나쁜 건지도 모른다. 자, 이제 모든 위험에서 벗어났다. 그럼 이제 무엇을 하려고 하는가? 숨을 건가? 방 한 모퉁이에 쭈그리고 앉아 가능한 한 자신을 맞추어보고 싶은가? 하지만 그것 역시 안전하지 않다. 어차피 안전하지 않다면 그냥 중요한 일을 하는 게 낫다." ❶

필자에게 추세추종기법에 관한 연구는 삶이고, 숨 쉴 때마다 들이 마시는 공기와 같다. 사람들을 설득하고 가르치다 보면 뿌듯한 보람을 느낀다. 독자들이 필자가 쓴 글을 충분히 활용해 돈을 아끼고 또 벌기를 바란다. 그리고 책의 내용을 동료, 친구, 가족들에게도 전해 주길 바란다. 지금부터는 시스템을 이용하는 추세추종기법의 중요 항목을 다시 한 번 짚어보려고 한다.

▶ **시장이 상승할 때뿐만 아니라 하락할 때도 돈을 벌 수 있다.** 추세 추종기법은 강세장도 약세장도 선호하지 않는다. 다만 끝까지 추세를 쫓을 뿐이다. 추세의 시작이 우스워 보여도, 마지막 순 간에 추세가 너무 과도한 것 같아 보여도 상관없다. 그저 추세 를 따를 뿐이다. 왜냐고? 추세는 언제나 생각보다 더 과도하게 나타나기 때문이다. 모멘텀을 무시하면 대가를 치르게 된다.

▶ **매수 보유 전략, 분석, 뉴스는 없다.** 추세추종기법에 따라 결정 을 내릴 때 예외나 추측, 느낌 등은 중요하지 않다. 추세추종은 데이트레이딩도 아니고 매수 보유 전략도 아니다. 수동적인 인 덱스 투자, 단타, 펀더멘털 분석과도 관계없다. 24시간 생방송 뉴스나 매일 일어나는 사건, 세상을 떠들썩하게 만드는 광고도 필요 없다. 추세추종기법은 블랙박스도 아니고 마법의 공식도 아니다. 투자 세계에서 성배는 이제 잊어버려라.

▶ **예측은 그만!** 추세는 어디에나 존재한다. 늘 왔다가 사라지기를

반복한다. 시장에서도 마찬가지다. 그래서 시장의 미래는 예측할 수 없다. 시장에 대응할 뿐이다. 추세추종기법은 추세의 시작이나 끝을 예측하지 않는다. 절대로 추세가 시작 혹은 끝나기를 기다리지도 않는다. 추세가 변화할 때 행동을 시작할 뿐이다. 추세의 원인을 알아야 할 필요도 없다. 그냥 추세를 따르면 된다. 전기를 쓰기 위해 전기에 대해 완벽하게 이해해야 할 필요는 없다.

▶ **수익은 그냥 놔두어야 큰돈을 벌 수 있다.** 추세추종은 복리 수익을 목표로 한다. 그저그런 시장 평균 정도의 수익을 목표로 하지 않는다. 은행 예금 정도의 수익률이 아니라 깜짝 놀랄 정도의 수익률을 기록하는 게 목표다. 추세추종기법은 기회를 찾아내 기다릴 줄 아는 특별한 능력을 가지고 있다. 다시 말해 예측하지 못한 놀라운 기회를 포착해낸다는 뜻이다.

▶ **위기 관리가 최우선 과제다.** 추세추종기법은 투자 계좌를 보호하기 위해 언제나 정확한 청산 절차를 가지고 있어야 한다. 손절매와 레버리지를 적절하게 활용한다. 일반적으로 생각되는 투자 기회와는 상관관계가 적거나 없다.

▶ **군중심리를 이용한다.** 추세추종은 겁에 질린 양 떼처럼 몰려다니는 군중심리를 활용한다. 엄격한 절제를 통해 행동의 편견을 최소화한다. 뛸 듯이 기뻐하면서 수익을 실현하지도 않고, 손실을 처리하는데 머뭇거리지도 않는다. 쾌락에 눈이 먼 사람이

너무 많다. 대부분 현재의 충동에 사로잡히곤 한다. 덕분에 추세추종기법은 승리한다.

▶ **과학적으로 매매에 접근한다.** 추세추종기법은 아무것도 믿지 않는다. 다만 과학적 원칙을 지킬 뿐이다. MIT대학의 카드카운팅 팀이 라스베이거스 카지노를 이겼던 것처럼 투자에서도 과학적 접근 방법으로 남보다 앞서나갈 수 있다. 무기력하게 게임에 참여하지 말고, 스스로 게임을 이끌어나가라. 결과가 아니라 과정에 주목하라. 얼마나 자주 올바른 투자를 했는지가 아니라 올바르게 투자했을 때 수익을 증폭시키는 게 관건이다. 투자 성공률은 아무런 의미도 없다.

▶ **위기의 순간, 추세추종기법은 빛을 발한다.** 추세추종기법은 다양한 환경에 적용 가능한데, 변동성과 불확실성이 높아진 상황에서 특히 최고의 성과를 이끌어낸다. 예상치 못한 일은 언제나 발생하게 마련이다. 그래서 날뛰는 야생마에 올라탈 수 있어야 한다. 폭풍우를 견디고 살아남아보자.

▶ **전통적인 다변화로는 안 된다.** 추세추종기법은 하나의 시장이나 투자 종목에 제한되지 않는다. 추세추종기법은 가격을 보고 투자하기 때문에 어떤 시장에나 적용 가능하다. 가격은 모든 시장의 공통점이다. 미국 재무부 채권에 투자할 때나, 유럽의 유로화에 투자할 때나 동일한 시스템이 적용된다. 그래서 추세추종기법은 견고하다.

▶ **정부에 기대지 말자.** 사회보장제도, 정부의 구제금융, 경기부양책 등은 해결책이 아니다. 돈을 벌게 해주기는커녕 손실을 초래한다. 미국 연방준비위원회가 지금까지 달아준 보조바퀴(금리 조정)를 없애버린 다음에도 돈을 벌 수 있도록 만반의 준비를 갖추어야 할까? 아니면 다시 보조바퀴를 달아주길 기다려야 할까? 견고한 원칙에 따라 투자 포트폴리오를 만든다면, 어떤 일이 벌어져도 승리할 수 있다.

골프에서 가장 중요한 샷은 다음 샷이다. ❷

---

❶ 세스 고딘, 《세스 고딘의 시작하는 습관Poke the Box》, 21세기북스, 2011년.
❷ 벤 호건.

310

한눈에 보고 배우는
추세추종기법

> **질문:** 시장이 좋건 나쁘건 상관없이 돈을 벌 수 있을 거라고
> 생각하는가?
> **답:** 시장은 좋지도 나쁘지도 않다. 상승과 하락 추세만 있을
> 뿐이다.

뛰어난 추세추종 트레이더들은 가능성과 기회를 보고 투자한다. 한편 일반 투자자들은 겁에 질린 한 마리 양처럼 자신이 속한 무리를 떠날 의지도, 용기도 없다. 뛰어난 추세추종 트레이더들은 대안, 경험, 선택, 방법을 찾는다. 절대 포기하지 않으며, 분위기에 휩쓸리지도 않는다.

> 신경을 써야 할지, 신경을 쓰지 말아야 할지 가르쳐달라. 침착하게 기다릴 수 있는 방법을 가르쳐달라. ❶

리처드 돈치안, 윌리엄 더니건, 아모스 호스테터, 제시 리버모어, 로이 롱스트리트Roy Longstreet, 딕슨 와츠 등 추세추종기법 개척자의 주옥 같은 명언 중 필자가 좋아하는 구절을 소개한다.

▶ 티커테이프와 싸우려 들지 마라!

▶ 날카로운 도구와 강한 정신력만큼이나 레버리지는 많은 혜택이 가져다준다. 하지만 항상 조심해야 한다.

▶ 어떤 규칙을 적용하든지 반드시 손실은 제한하고 수익은 그냥 놔두어야 한다.

▶ 투기의 실수는 여러 가지가 있지만 그중에서 가장 심각한 건 물타기다.

▶ 손실이 난 종목은 무조건 매도하고, 수익이 난 종목은 보유하라.

▶ 시장이 주지 않으려 하는 것을 얻어낼 수는 없다.

▶ 말은 싸구려다. 소문은 더 싸구려다.

▶ 투기자의 용기란 자신이 내린 결정에 따라 행동할 수 있는 자신감이다.

▶ 매도 후 손실은 신경 쓰지 않아도 된다. 하지만 손실이 발생한 투자 포지션을 유지하면 투자 자산뿐 아니라 마음에도 상처를 입게 된다.

▶ 열린 생각과 합리적인 시각을 가진 사람은 분명하게 추세를 판단할 수 있다.

- 가격 변화가 거의 없는 시장에서 해야 할 일은 시장을 관찰하고, 티커테이프를 분석해 가격의 상단과 하단을 알아내고, 어느 방향으로든 브레이크아웃이 발생하기 전까지는 관심을 갖지 않겠다고 마음먹는 것이다.
- 시장을 관찰하는 목적은 바로 가격의 방향을 판단하려는 것이다.
- 다른 것도 마찬가지지만 가격 역시 최소 저항선을 따라 이동한다.
- 나는 트레이더의 숙적은 충동적인 성격과 똑똑한 머리의 결합이라는 교훈을 배우는 데 100만 달러의 수업료를 지불했다.
- 수익이 났다고? 잊어라. 손실이 났다고? 더 빨리 잊어라.
- 내가 부자가 된 건 똑똑해서가 아니다. 인내심을 가지고 참고 기다렸기 때문이다.
- 시장에는 강세장의 방향도, 약세장의 방향도 없다. 올바른 방향만 있을 뿐이다.
- 대체 무슨 일이 벌어지고 있는지 모르겠다면, 아무것도 하지 마라.
- 시장은 절대 틀리지 않는다. 의견이 틀릴 뿐이다.
- 변화의 이유를 궁금해하지 마라.
- 똑똑할수록 오래 걸린다.
- 시간이 되면, 시장의 추세는 반대로 흐르기 시작한다.
- 티커테이프는 선생님이 아니다. 무언가 잘못되었다는 것을 보여주는 것만으로 충분하다.

▶ 150달러에 팔던 것을 130달러에 샀다고 싸게 산 건 아니다.

▶ 약세장이든 강세장이든 집착해서는 안 된다.

▶ 사람들은 믿기 좋은 것만 믿는다.

▶ 추세추종 트레이더는 진입하기 전에 언제 청산해야 할지 계획한다.

▶ 자신의 투자 포트폴리오가 가치 있는지 매일 확인하라.

▶ 매일 모든 투자 포지션의 리스크를 계산하라.

▶ 리스크를 통제하는 것과 피하는 것은 다르다. 리스크 관리가 당신의 투자 철학 중 중요한 부분이라면, 리스크가 변화할 때마다 조절해야 한다.

▶ 강한 종목을 매수하고 약한 종목은 매도하라.

▶ 손실이 나더라도 긍정적인 태도를 유지하라.

▶ 그날의 투자를 집에까지 가져가서 곱씹지 마라.

▶ 크게 꿈꾸고, 크게 생각하라. 목표를 크게 잡는 사람은 드물다. 사람은 결국 생각한 대로 된다.

▶ 금융의 세계에서, 인간의 행동이 만든 세계에서 미래에 대해 가장 모르는 사람은 없다. '없다'라는 단어에 주목하자.

▶ 배가 가라앉기 시작하면, 기도를 그만두고 살 길을 찾아야 한다!

▶ 자신에게 맞는 투자 규칙을 꼭 명심하라.

▶ 추세가 상승 혹은 하락할 때, 반대로 투자해서는 안 된다.

▶ 증권가에 새로운 건 없다. 새로운 일이 일어날 가능성도 없다.

투자는 마치 오래된 언덕 같다.

▶ 오늘 주식시장에서 벌어지는 일은 어제도 벌어졌고, 내일도 벌어질 것이다.

▶ 팔아야 할 때가 아니라 팔 수 있을 때 팔아라.

▶ 변화의 시간이 오면 그에 따라 변화하는 능력이 필요하다.

▶ 가장 흔한 사기 행위는 자신을 속이는 것이다.

▶ 바보는 자신이 옳다고 증명하려고 든다. 현명한 사람은 언제 자신이 틀렸는지 알려고 한다.

▶ 보는 사람은 많다. 관찰하는 사람은 별로 없다. 비교하는 사람은 더 없다.

▶ 대다수의 바보짓은 소수에게 기회다.

▶ 순응하는 사람은 절대로 변화하지 못한다.

▶ 의심하기 시작할 때 남들과 달라지기 시작한다.

▶ 환상은 아이들뿐 아니라 사회가 하는 게임이다.

▶ 죽은 다음에도 살아 숨 쉬는 사람들이 있다. 살아 있는데도 이미 죽은 거나 다름없는 사람들도 있다.

▶ 얼마나 버느냐가 아니라 얼마나 잃느냐가 문제다.

▶ 돈을 벌지 않는 건 용서할 수 없는 죄다.

1870년대 윌리엄 파울러가 남긴 지혜로운 글로 이 책을 마치겠다.

상인이나 은행가에게 월가는 돈을 모으고 배분하며, 대륙 간 통화의 교환을 통제하고, 영국 및 독일 등 국가와 무역의 균형을 맞추는 금융의 중심이다. 외부인이나 초보자들에게 월가는 돈을 가지고 장난치는 교활한 사기꾼들의 작업실이고, 금이나 은으로 된 배들은 새로운 빛을 얻는 장소이며, 오래된 도자기는 새것처럼 바뀌는 곳이다. 도덕주의자들과 철학자들에게 월가는 도박장이고, 더러운 새들이 가득한 새장이며, 끔찍한 속임수가 난무하고 친구나 이웃을 등쳐먹는 시정잡배가 가득한 구역질나는 장소다. 혹은 검투사뿐 아니라 황소나 곰 같은 짐승들이 대중의 쾌락을 위해 처절하게 싸우는 거대한 공연장이다. 주식중개인에게 월가는 일터다. 상업적 용어로 설명하면 부지런히 합법적인 거래를 성사시켜 고객을 위해 매수와 매도를 거듭하고 수수료를 받는 장소다. 투기자들에게 월가는 오아시스를 향해 가는 도중 낙타의 짐을 싣기도 하고 부리기도 하면서 쉬는 쉼터다. 금융 감독자들에게 월가는 무기와 마차를 저장해놓는 무기고이자, 반드시 지켜내야 하는 요새이고, 전략을 세우고 전투와 약탈이 일어나는 전쟁터다.

실수를 한 뒤, 계속 대가를 치러야 할 때도 있다. ❷

주: 파울러에 대해 알고 싶은 독자들은 'Ritholtz.com'에 외쳐보자.

---

❶ T.S. 엘리엇T.S.Eliot.
❷ 버나드 맬러머드Bernard Malamud, 《내추럴The Natural》, 해코트 브레이스Harcourt Brace, 1952년.

추세추종기법과
마이클 코벨

자신이 잘하는 일을
절대 무료로 제공해서는 안 된다. ❶

마이클 W. 코벨은 추세추종Trend FollowingTM(터틀 트레이더Turtle
Trader®) 연구소를 운영해왔으며, 1996년에는 터틀트레이더닷컴
TurtleTrader.com®을 공동 설립했다. 지금까지 코벨의 웹사이트를 방문
한 사람은 수백만 명이 넘는다.

코벨의 처녀작인 《추세추종전략》은 독일어, 일본어, 중국어, 한국
어, 프랑스어, 아라비아어, 터키어, 포르투갈어, 러시아어로 번역된
투자의 고전이다. 두 번째 책인 《터틀 트레이딩》은 유명 트레이더 리
처드 데니스와 그의 제자를 가리키는 '터틀'들의 이야기다. 매매에 관

한 정확한 내용을 담고 있으며 역시 독일어, 일본어, 중국어, 한국어, 러시아어로 번역되었다.

〈파산〉은 코벨이 만든 첫 번째 다큐멘터리 영화로 2007년부터 2009년 시장이 붕괴됐을 당시 사람들의 행동과 추세추종기법에 대해 고찰했다. 2009년 가을에는 다큐멘터리채널The Documentary Channel에서 시사회를 열었다. 이 영화는 3개 대륙의 13개 주요 도시에서 촬영되었으며, 래리 하이트, 짐 로저스, 데이비드 하딩, 마크 모비우스Mark Mobius, 빌 밀러Bill Miller 등 최고의 트레이더들이 출연했다. 노벨상을 수상한 해리 마코위츠Harry Markowitz와 버논 스미스도 등장한다.

그의 네 번째 책인 《트레이딩 소책자The Little Book of Trading》에는 다양한 인생과 경험을 가진 최고의 추세추종 트레이더 열한 명의 이야기와 인터뷰 내용이 소개되어 있다.

- **코벨의 블로그**

  www.covel.com

- **추세추종 연구소에서 제공하는 서비스**

  www.trendfollowing.com

  - 트레이딩 시스템

  - 시스템 코드

  - 뉴스레터

  - 컨설팅

- 세미나
- 영화: www.brokemovie.com

- **이전 터틀트레이더 웹사이트**

  www.turtletrader.com

- **마이클 코벨의 트위터**

  www.twitter.com/covel

- **마이클 코벨 페이스북**

  www.facebook.com/covel

- **추세추종기법 서적**

  www.trendcommandments.com

- **무료 자료**

  - 영상자료: www.trendfollowing.com/free.html
  - 뉴스레터: www.trendfollowing.com/list.html
  - 자료: www.trendfollowing.com/resources.html

- **이메일주소**

  info@trendfollowing,.com

  info@trendcommandments.com

---

❶ 〈다크 나이트The Dark Knight〉, 크리스토퍼 놀런Christopher Nolan, 히스 레저Heath Ledger, 레전더리 픽처스 신카피 필름Legendary Pictures Syncopy Films, 2008년 7월 14일.

월가 최고의 수익률, 최적의 투자전략

왜 추세추종전략인가

초판 1쇄 발행 | 2014년 5월 15일
8쇄 발행 | 2024년 3월 13일

지은이 | 마이클 코벨
옮긴이 | 박준형

펴낸곳 | (주)이레미디어
전화 | 031-908-8516(편집부), 031-919-8511(주문 및 관리)
팩스 | 0303-0515-8907
주소 | 경기도 파주시 문예로 21, 2층
홈페이지 | www.iremedia.co.kr
이메일 | mango@mangou.co.kr
등록 | 제396-2004-35호

기획·편집 | 허지혜, 유소영, 박성연, 정내현
디자인 | 박정현
마케팅 | 김하경

ISBN 978-89-91998-89-6 13320

- 책값은 뒤표지에 있습니다.
- 잘못된 책은 구입하신 서점에서 교환해드립니다.

이 책은 투자참고용이며, 투자 손실에 대해서는 법적 책임을 지지 않습니다.

이 도서의 국립중앙도서관 출판시도서목록(CIP)은 서지정보유통지원시스템 홈페이지(http://seoji.nl.go.kr)와 국가자료공동목록시스템(http://www.nl.go.kr/kolisnet)에서 이용하실 수 있습니다. (CIP제어번호: CIP2014011210)